汽车法律法规

（第 3 版）

主编 高腾玲 赵晓东

"互联网+"教材

全书富媒体资源

北京理工大学出版社
BEIJING INSTITUTE OF TECHNOLOGY PRESS

版权专有　侵权必究

图书在版编目(CIP)数据

汽车法律法规/高腾玲,赵晓东主编. —3 版. —北京：北京理工大学出版社, 2019.11(2024.1 重印)

ISBN 978-7-5682-7867-6

Ⅰ. ①汽… Ⅱ. ①高…②赵… Ⅲ. ①汽车工业 - 工业法 - 中国 - 高等学校 - 教材②道路交通安全法 - 中国 - 高等学校 - 教材　Ⅳ. ①D922.292②D922.14

中国版本图书馆 CIP 数据核字(2019)第 248083 号

责任编辑：李慧智　　**文案编辑**：李慧智
责任校对：周瑞红　　**责任印制**：李志强

出版发行 /	北京理工大学出版社有限责任公司
社　　址 /	北京市丰台区四合庄路 6 号
邮　　编 /	100070
电　　话 /	(010) 68914026（教材售后服务热线）
	(010) 68944437（课件资源服务热线）
网　　址 /	http://www.bitpress.com.cn
版印次 /	2024 年 1 月第 3 版第 4 次印刷
印　　刷 /	三河市天利华印刷装订有限公司
开　　本 /	787 mm×1092 mm　1/16
印　　张 /	13.25
字　　数 /	312 千字
定　　价 /	39.80 元

图书出现印装质量问题，请拨打售后服务热线，负责调换

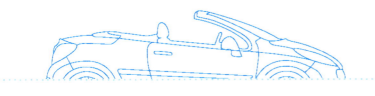 

前言
PREFACE

随着国外先进经验的引进、国内自主创新能力的提升、法规政策的调整及互联网技术的广泛应用，当今中国汽车市场发展呈现出新的时代特征：市场的供给增多，同质化竞争日益激烈，全球化市场特征增强，区域化市场特征减弱，用户导向型企业增多，互联网应用迅猛发展，网络化经营不断扩大。中国汽车产业正经历着发展的黄金期，也取得了举世瞩目的成就，成为国家支柱产业之一。一系列政策法规相继颁布、施行，对规范汽车行业秩序，优化汽车产业结构，化解汽车产业纠纷，促进其持续、健康发展起到了举足轻重的作用。

本教材着眼于汽车行业整体发展现状，汇编了汽车产业相关法律法规，具备系统全面、高效实用、科学规范的显著特征，体系上紧密围绕汽车营销与服务，涵盖合同、金融、保险、二手车等诸多层面，同时将汽车产业所涉及的重要主体，即政府部门、企业单位、消费者个人紧密相连。

本教材出版以来已经过了两次修订，其中第二版为全国高等学校汽车类专业规划教材，并于"十二五"期间被教育部立项为"面向21世纪课程教材"。第三版，紧跟国家最新标准，针对信息化环境中教与学的新需求，以提高教学和学习效果，发展学生核心素养为目标，融合教材、数字资源、学科工具、应用数据于一体，体现了对我国汽车产业相关的最新法律法规的解读。

十九大报告指出，教育的首要目标是"立德树人"，培育和践行社会主义核心价值观，培养担当民族复兴大任的时代新人是实现中华民族梦的关键。为了体现与时俱进的培养理念，本教材特别设置了"项目思政"板块，将思政内容引入课堂，增强了思对考生的思想教育力度。

本教材由高腾玲、赵晓东担任主编，参与编写的还有王旭、刘丽华。

不足之处敬请批评指正。由于作者水平所限，书中难免存在一些不适之处，敬请各位读者不吝指正。

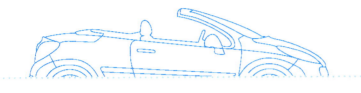 

目 录

项目一　汽车行业发展政策与法律法规概论 ····· 001

任务一　汽车行业发展政策 ····· 004
- 任务 1.1.1　汽车产业中长期发展规划 ····· 004
- 任务 1.1.2　新能源汽车行业发展规划 ····· 015

任务二　我国汽车法律法规体系 ····· 021

项目二　汽车标准与技术法规 ····· 024

任务一　汽车行业标准 ····· 028
任务二　汽车技术法规 ····· 034
- 任务 2.2.1　汽车技术法规概述 ····· 034
- 任务 2.2.2　汽车技术法规 ····· 038

任务三　汽车认证法规 ····· 046

项目三　汽车销售法律法规 ····· 050

任务一　汽车销售合同法律法规 ····· 052
- 3.1.1　合同法的概述 ····· 052
- 3.1.2　汽车销售合同 ····· 058

任务二　汽车消费信贷与销售管理法律法规 ····· 064
- 3.2.1　汽车消费信贷 ····· 064
- 3.2.2　汽车销售管理办法 ····· 068

任务三　进出口汽车销售管理法律法规 ····· 073

项目四　汽车保险法律法规 ····· 082

任务一　保险概述 ····· 084
- 4.1.1　保险的概念 ····· 084
- 4.1.2　保险法律关系 ····· 085
- 4.1.3　保险的分类 ····· 087

任务二　汽车保险 088
　　　4.2.1　汽车保险险种 088
　　　4.2.2　汽车保险的特征 094
　　　4.2.3　汽车保险的理赔流程 094

项目五　汽车税费管理法律法规 097

　　任务一　汽车税法概述 100
　　　5.1.1　税收的概述 100
　　　5.1.2　税法的概述 102
　　任务二　汽车税收 104
　　　5.2.1　汽车消费税 104
　　　5.2.2　汽车燃油税 106
　　　5.2.3　车船税 109
　　　5.2.4　增值税 112
　　　5.2.5　车辆购置税 113

项目六　汽车产品质量与消费者权益保护 115

　　任务一　产品质量法 118
　　　6.1.1　产品质量法概述 118
　　　6.1.2　产品质量义务 125
　　　6.1.3　生产者与销售者的产品质量责任 126
　　任务二　汽车召回制度 128
　　　6.2.1　《缺陷汽车产品召回管理条例》 128
　　　6.2.2　《缺陷汽车产品召回管理条例实施办法》 131
　　任务三　汽车三包规定 135

项目七　汽车维修与报废法律法规 142

　　任务一　汽车维修管理法规 144
　　　7.1.1　机动车维修管理规定 144
　　　7.1.2　汽车维修技术信息公开管理 153
　　任务二　机动车报废与回收管理 161
　　　7.2.1　机动车报废管理 161
　　　7.2.2　报废机动车回收管理 166

项目八　二手车流通政策法规 171

　　任务一　二手车流通管理办法 173
　　任务二　二手车交易规范 179
　　任务三　二手车评估标准——二手车鉴定评估技术规范 188

项目一
汽车行业发展政策与法律法规概论

汽车行业发展政策与法律法规概论 { 汽车行业发展政策 { 汽车产业中长期发展规划
新能源汽车行业发展规划
我国汽车法律法规体系 { 我国有关机动车管理的法律基本组成
我国机动车法规体系的基本组成

1. 了解汽车行业发展相关政策;
2. 理解汽车法律法规对汽车行业发展的影响;
3. 掌握汽车法律法规体系。

筑梦者成就汽车梦——"中国汽车之父"饶斌

中华人民共和国刚刚成立之初,中国的汽车工业还是一片空白。1953年第一汽车制造厂(以下简称"一汽")破土动工,这是中国有史以来第一次建设自己的汽车厂。从那天起,新中国汽车工业才开始真正起步。

新中国汽车工业的创始人是一位"白面书生"——饶斌。1953年7月,是他把第一锹黑土抛向毛泽东亲自题词的一汽建设奠基石;又是他接受了生产红旗轿车的任务;1964年,他又奉命到武当山下,主持创建第二汽车制造厂(以下简称"二汽")。

饶斌祖籍南京,生于吉林,当时要筹建第一汽车制造厂,饶斌自告奋勇去担任厂长。在中央讨论人选时,毛泽东想起在哈尔滨见过高大英武的饶斌,就问:"是那个当市长的白面书生吗,他够厉害吗?"在得到肯定的回答后,毛主席点点头,中央正式任命饶斌为长春第一汽车制造厂厂长。

一汽起步

第一汽车制造厂的兴建,是毛泽东和当时的苏联领导人斯大林亲自商定的。当时的机械工业部对于能否在三年内建成感到疑虑,而苏联专家则要求一定要如期完成。为此,中共中央政治局召开会议专门研究此事,决定全国都来支持一汽建设。1953年6月9日,毛泽东签发《中共中央关于三年建成长春第一汽车制造厂的指示》,这天成为新中国汽车工业的发祥日。

有全国人民的支持,壮志满腔的饶斌全身心投入轰轰烈烈的建设热潮之中,他不仅是汽车制造厂厂长,也是建筑公司经理,工作强度很大,以至于回到家常常饭菜没有端上桌,人已酣然入梦。为掌握汽车工业制造技术和建筑技术,他虚心向技术人员和有经验的老工人求教,成为能够推车送浆和操作机床、摘掉不懂汽车工业"白帽子"的领导干部。

1956年7月14日,一汽总装线上开出由中国人自己制造的第一批解放牌载货汽车,结束了中国不能自己制造汽车的历史。

二汽风云

1964年,中国经济形势好转,毛泽东说:"建设第二汽车制造厂是时候了。"筹建二汽的工作理所当然地又落到饶斌头上。项目选址确定在湖北十堰。此后,赶上"文革",一群刚毕业的大学生造反派非要把饶斌揪回长春批斗,还让他跪在桌腿上,用胶管裹着钢丝抽打。

这位在青年时期就投身革命的老人无法理解"他们为什么这样狠毒"。一番波折后,他侥幸脱身回到二汽基地,经过缜密思考,提出用"聚宝"的办法建设二汽,由全国的汽车和机械制造企业包建各个分厂,形成系统的现代化汽车制造企业。

但二汽建设一直受到各种干扰。当时武汉军区司令和政委提出要把二汽建设为村落化、乡土化企业,搞"四边"企业,即边设计、边施工、边安装(设备)、边生产。造反的技术人员还要搞"设计革命",非要把一些减轻体力的设备和必要的厂房设备取消,以免工人变成"修正主义",气得李先念副总理说:"不建这个厂不是更节约吗!"

"质量第一"

为了抵制对二汽建设的干扰,饶斌提出"质量第一"的要求,军代表马上责问,把林副主席(林彪)的四个第一摆在什么位置?饶斌软中带硬地说,这是毛主席批示的,不能批判。

整个"文革"期间,政治走向一直阻挠着二汽的建设,和建设一汽相比,饶斌不仅呕心沥血地领导了二汽的基本建设和设备安装,还要用高度的政治智慧对应极左思潮的干扰。在一汽,他工作了7年,而在二汽,则一干就是16年。

晚年岁月

二汽建成投产后,饶斌调回北京,担任机械部部长。改革开放之初,邓小平同意引进汽车合资项目,饶斌建议由上海承担。在一些国家拒绝合作的同时,美国通用、福特和德国大众都表示了浓厚兴趣,经过60多轮谈判,基本上确定与德国合作15万辆的项目,因为只有他们愿意提供1982年投产的桑塔纳新车。

不料,中国代表团一行赴德国考察时,德国大众内部却出现分歧,负责财务的总裁认为这样大的项目花钱多、利润少,而且外汇难以平衡,于是派人到北京打退堂鼓。饶斌在与德方谈判时建议,将15万辆的规模压缩为3万辆,主张要走少投资、快见效、滚雪球发展的思路,这个建议获得大众公司高层首肯。

但此时饶斌的老战友、汽车专家孟少农表示了反对意见。他认为这样组装进口散件进行小规模生产，是买卖的方式而不是搞汽车工业的方式。上海方面也出现阻力，有人出于朴素的阶级感情，认为这个项目不符合中国国情，同时经过计算，结果是德国人稳赚，中国人肯定赔。这件事直接捅到中央，薄一波副总理亲自过问，时任上海书记和市长的陈国栋与汪道涵联名给中央写报告坚决支持这个项目，此后两任市长江泽民、朱镕基也为其付出心血，才有了今天上汽大众的辉煌。

随着年岁渐长和经济改革加速，饶斌渐感力不从心。20世纪80年代初，饶斌先后担任机械工业部部长和中国汽车工业公司董事长。1984年8月11日，中央财经领导小组在北戴河召开会议研究汽车工业发展，针对饶斌想把汽车工业统管起来的想法，当时的中央领导批评说"你们中汽公司想搞垄断"，并提出中国汽车公司应该搞得虚一些，主要任务是搞好行业规划管理、信息、技术政策以及对中小企业进出口业务的服务，一汽、二汽才是实体企业。

最后一次演讲

1987年7月15日，饶斌回到一汽参加解放牌卡车出车30年纪念大会。会上，他突然激动地讲起了轿车："我老了，不能和大家一起投身第三次创业。但是，我愿意躺在地上，化作一座桥，让大家踩着我的身躯走过，齐心协力把轿车造出来，去实现我们中国几代汽车人的轿车梦！"说完，他的泪水潸然而下。

十几天后，他病倒在上海，时任上海市市长的江泽民对医生说："这是我的老首长，是汽车工业的创始人，要不惜一切代价医治他。"1987年8月29日，饶斌在上海逝世，享年74岁。

筑梦者成就汽车梦，中国汽车工业从无到有，由小到大。从生产卡车到生产高级轿车，从单一的自主品牌到合资品牌，再到自主品牌的全面崛起和升级。如今，中国超越日、美成为全球最大新车消费市场。站在历史的门槛回望，中国汽车工业真正实现了历史性的跨越，从自行车王国到汽车社会，中国正以超越想象力的速度成为"车轮上的国家"。

来源：搜狐汽车

谈一谈怎样延续和传承饶斌同志给中国汽车人留下的最宝贵的财富，"为民族汽车工业自主、自立、自强奋斗不息"。

"红旗法案"打败英国汽车工业

当年英国的汽车商业化，导致马车业受到巨大损失。于是在1865年，英国议会通过了一部《机动车法案》。这部法案规定，蒸汽车时速不得超过4英里①，经过城镇与村庄时，

---

① 1英里 = 1.609 344 千米。

时速不得超过2英里，车辆至少由3人驾驶，1人添煤，1人开车，1人在车辆前方50米以外，一边步行一边摇动红旗，为机动车开道。这一荒谬的规定被戏称为"红旗法案"，"红旗法案"直接让汽车等于马车，也扼杀了英国在当年成为汽车大国的机会。随后，汽车工业在德国迅速崛起。1895年，整整耽搁30年后，"红旗法案"被废除，到1896年"红旗法案"被废止之前，英国对汽车的研制几乎处于停滞状态，令英国错失了汽车工业的发展良机。而夕阳产业——马车业也没因为"红旗法案"而起死回生，英国可谓赔了夫人又折兵。

思考：合理的法律政策对汽车业的发展在哪些方面可以起到促进作用？

任务一　汽车行业发展政策

任务1.1.1　汽车产业中长期发展规划

汽车产业是推动新一轮科技革命和产业变革的重要力量，是建设制造强国的重要支撑，是国民经济的重要支柱。汽车产业健康、可持续发展，事关人民群众的日常出行、社会资源的顺畅流通和生态文明的全面跃升。当前，新一代信息通信、新能源、新材料等技术与汽车产业加快融合，产业生态深刻变革，竞争格局全面重塑，我国汽车产业进入转型升级、由大变强的战略机遇期。为落实党中央、国务院关于建设制造强国的战略部署，推动汽车强国建设，制定本发展规划。

一、发展现状与面临形势

（一）我国汽车产业发展成绩显著

进入新世纪以来，我国汽车产业快速发展，形成了种类齐全、配套完整的产业体系。整车研发能力明显增强，节能减排成效显著，质量水平稳步提高，中国品牌迅速成长，国际化发展能力逐步提升。特别是近年来在商用车和运动型多用途乘用车等细分市场形成了一定的竞争优势，新能源汽车发展取得重大进展，由培育期进入成长期。2016年，我国汽车产销突破2 800万辆，连续8年位居全球第一，其中中国品牌汽车销量占比50%左右，市场认可度大幅提高。

汽车产业不断发展壮大，在国民经济中的地位和作用持续增强，对推动经济增长、促进社会就业、改善民生福祉做出了突出贡献。汽车相关产业税收占全国税收比、从业人员占全国城镇就业人数比、汽车销售额占全国商品零售额比均连续多年超过10%。

与此同时，我国汽车产业大而不强的问题依然突出，表现在关键核心技术掌握不足，产业链条存在短板，创新体系仍需完善，国际品牌建设滞缓，企业实力亟待提升，产能过剩风险显现，商用车安全性能有待提高。巨大汽车保有量带来的能源、环保、交通等问题日益凸显。

（二）汽车产业发展形势面临重大变化

产品形态和生产方式深度变革。随着能源革命和新材料、新一代信息技术的不断突破，汽车产品加快向新能源、轻量化、智能和网联的方向发展，汽车正从交通工具转变为大型移动智能终端、储能单元和数字空间，乘员、车辆、货物、运营平台与基础设施等实现智能互联和数据共享。汽车生产方式向充分互联协作的智能制造体系演进，产业上下游关系更加紧密，生产资源实现全球高效配置，研发制造效率大幅提升，个性化定制生产模式将成为趋势。

新兴需求和商业模式加速涌现。互联网与汽车的深度融合，使得安全驾乘、便捷出行、移动办公、本地服务、娱乐休闲等需求充分释放，用户体验成为影响汽车消费的重要因素。互联网社交圈对消费的导向作用逐渐增强，消费需求的多元化特征日趋明显，老龄化和新生代用户比例持续提升，共享出行、个性化服务成为主要方向。

产业格局和生态体系深刻调整。汽车业发达国家纷纷提出产业升级战略，加快推进产业创新和融合发展。发展中国家也在加紧布局，利用成本、市场等优势，积极承接国际产业和资本转移。中国深化改革全面推进，汽车产业国际化发展进程提速。产业边界日趋模糊，互联网等新兴科技企业大举进入汽车行业。传统企业和新兴企业竞合交融发展，价值链、供应链、创新链发生深刻变化，全球汽车产业生态正在重塑。

（三）建设汽车强国具备较好基础和有利条件

新能源汽车和智能网联汽车有望成为抢占先机、赶超发展的突破口。当前，我国新能源汽车技术水平大幅提升，产业规模快速扩大，产业链日趋完善。支撑汽车智能化、网联化发展的信息技术产业实力不断增强，互联网产业在全球占有一定优势，信息通信领域技术和标准的国际话语权大幅提高，北斗卫星导航系统即将实现全球组网。

潜力巨大、层次丰富的市场需求为产业发展提供持续动力和上升空间。随着新型工业化和城镇化加快推进，海外新兴汽车市场的发展，我国汽车产量仍将保持平稳增长，预计2020年将达到3 000万辆左右、2025年将达到3 500万辆左右。维修保养、金融保险、二手车等后市场规模将快速扩大。同时，差异化、多元化的消费需求，将推动企业在技术、产品、服务、标准等多维度创新发展，抢占新兴领域发展先机。

制造强国战略实施和"一带一路"建设为产业发展提供重要支撑和发展机遇。智能制造的推广实施将有力推动产业转型升级，工业强基逐步夯实共性技术基础，"一带一路"建设将使海外发展通道更加畅通，沿线市场开发更为便捷，汽车产业协同其他优势产业共谋全球布局、国际发展的机制加快形成。

建设汽车强国，必须紧紧抓住当前难得的战略机遇，积极应对挑战，加强统筹规划，强化创新驱动，促进跨界融合，完善体制机制，推动结构调整和转型升级。

二、指导思想、基本原则和规划目标

（一）指导思想

深入贯彻党的十八大和十八届三中、四中、五中、六中全会精神，牢固树立和贯彻落实创新、协调、绿色、开放、共享的发展理念，推动大众创业、万众创新，推进汽车产业供给侧结构性改革，调控总量、优化结构、协同创新、转型升级。以加强法制化建设、推动行业内外协同创新为导向，优化产业发展环境；以新能源汽车和智能网联汽车为突破口，引领产业转型升级；以做强做大中国品牌汽车为中心，培育具有国际竞争力的企业集团；以"一带一路"建设为契机，推动全球布局和产业体系国际化。控总量、优环境、提品质、创品牌、促转型、增效益，推动汽车产业发展由规模速度型向质量效益型转变，实现由汽车大国向汽车强国转变。

（二）基本原则

创新驱动、重点突破。深入实施创新驱动发展战略，围绕价值链部署创新链，围绕创新链配置资源链，完善政产学研用协同创新体系，推进技术、管理、体制和模式等创新，全面提升创新能力，实现重点领域和关键环节的突破发展。

协同发展、合作共赢。加快推进设计、制造和服务一体化，实现产品全生命周期网络协同。创新整车与零部件企业合作模式，推进全产业链协同发展。引导信息通信、能源交通、材料环保等与汽车产业深度融合，构建新型产业生态。

市场主导、政府引导。发挥市场在资源配置中的决定性作用和政府的宏观调控引导作用，完善法制建设，坚持质量为先，明确法律责任，规范产业发展秩序，突出企业主体地位，鼓励兼并重组，优化产业布局，推动特色优势产业集群发展。

开放包容、竞合发展。优化投资和产品准入管理，深化开放合作，营造统一开放、有序竞争的良好市场环境。鼓励优势企业牢固树立国际化发展理念，统筹利用两种资源、两个市场，积极进行海外布局，加快融入全球市场。

（三）规划目标

力争经过十年持续努力，迈入世界汽车强国行列。

——关键技术取得重大突破。产业创新体系不断完善，企业创新能力明显增强。动力系统、高效传动系统、汽车电子等节能技术达到国际先进水平，动力电池、驱动电机等关键核心技术处于国际领先水平。到2020年，培育形成若干家进入世界前十的新能源汽车企业，智能网联汽车与国际同步发展；到2025年，新能源汽车骨干企业在全球的影响力和市场份额进一步提升，智能网联汽车进入世界先进行列。

——全产业链实现安全可控。突破车用传感器、车载芯片等先进汽车电子以及轻量化新材料、高端制造装备等产业链短板，培育具有国际竞争力的零部件供应商，形成从零部件到整车的完整产业体系。到2020年，形成若干家超过1 000亿规模的汽车零部件企业集团，在部分关键核心技术领域具备较强的国际竞争优势；到2025年，形成若干家进入全球前十名的汽车零部件企业集团。

——中国品牌汽车全面发展。中国品牌汽车产品品质明显提高，品牌认可度、产品美誉度及国际影响力显著增强，形成具有较强国际竞争力的企业和品牌，在全球产业分工和价值链中的地位明显提升，在新能源汽车领域形成全球创新引领能力。到2020年，打造若干世界知名汽车品牌，商用车安全性能大幅提高；到2025年，若干中国品牌汽车企业产销量进入世界前十名。

——新型产业生态基本形成。完成研发设计、生产制造、物流配送、市场营销、客户服务一体化智能转型，实现人、车和环境设施的智能互联和数据共享，形成汽车与新一代信息技术、智能交通、能源、环保等融合发展的新型智慧生态体系。到2020年，智能化水平显著提升，汽车后市场及服务业在价值链中的比例达到45%以上；到2025年，重点领域全面实现智能化，汽车后市场及服务业在价值链中的比例达到55%以上。

——国际发展能力明显提升。统筹利用国际国内两种资源，形成从技术到资本、营销、品牌等多元化、深层次的合作模式，企业国际化经营能力显著提升。到2020年，中国品牌汽车逐步实现向发达国家出口；到 2025 年，中国品牌汽车在全球影响力得到进一步提升。

——绿色发展水平大幅提高。汽车节能环保水平和回收利用率不断提高。到 2020 年，新车平均燃料消耗量乘用车降到 5.0L/100km、节能型汽车燃料消耗量降到 4.5L/100km 以下、商用车接近国际先进水平，实施国六排放标准，新能源汽车能耗处于国际先进水平，汽车可回收利用率达到 95%；到 2025 年，新车平均燃料消耗量乘用车降到 4.0L/100km、商用车达到国际领先水平，排放达到国际先进水平，新能源汽车能耗处于国际领先水平，汽车实际回收利用率达到国际先进水平。

三、重点任务

（一）完善创新体系，增强自主发展动力

坚持把增强创新能力作为提高产业竞争力的中心环节，坚持创新驱动发展导向，完善创新体系建设，加强核心技术攻关，提升平台服务能力，增强自主发展动力。

①完善创新体系。加强顶层设计与动态评估，建立健全部门协调联动、覆盖关联产业的协同创新机制。完善以企业为主体、市场为导向、产学研用相结合的技术创新体系，建立矩阵式的研发能力布局和跨产业协同平台，推进大众创业、万众创新，形成体系化的技术创新能力。充分发挥企业在技术创新中的主体地位，支持高水平企业技术中心建设。鼓励企业、院所、高校等创新主体围绕产业链配置创新资源，组建动力电池、智能网联汽车等汽车领域制造业创新中心。依托汽车产业联合基金等，推动创新要素向产业链高端和优势企业聚集流动。

②加强核心技术攻关。发布实施节能与新能源汽车、智能网联汽车技术路线图，明确近、中、远期目标。引导创新主体协同攻关整车及零部件系统集成、动力总成、轻量化、先进汽车电子、自动驾驶系统、关键零部件模块化开发制造、核心芯片及车载操作系统等关键核心技术，增加基础、共性技术的有效供给。加强燃料电池汽车、智能网联汽车技术的研发，支持汽车共享、智能交通等关联技术的融合和应用。

③提升支撑平台服务能力。推进技术标准、测试评价、基础设施、国际合作等产业支撑平台建设，完善整车和零部件技术标准体系，形成支撑产业发展的系统化服务能力。提升认证检验检测能力，推进建立汽车开发数据库、工程数据中心和专利数据库，为企业提供创新知识和工程数据的开放共享服务。重点支持具有较好基础、创新能力强、成长性好的产业链服务型企业发展。

> **专栏 1：创新中心建设工程**
>
> 制定节能汽车、纯电动汽车和插电式混合动力汽车、氢能燃料电池汽车、智能网联汽车、汽车动力电池、汽车轻量化、汽车制造等技术路线图，引导汽车及相关行业自主集成现有创新资源，组建协同攻关、开放共享的创新平台，加大研发投入，共同开展前沿技术和共性关键技术的研发，推动技术成果转移扩散和首次商业化，面向行业、企业提供公共技术服务。
>
> 到 2020 年，完成动力电池、智能网联汽车等汽车领域制造业创新中心建设，实现良好运作；到 2025 年，创新中心高效服务产业发展，具备较强国际竞争力。

(二)强化基础能力,贯通产业链条体系

产业基础和先进装备是建设汽车强国的重要支撑。夯实安全可控的汽车零部件基础,大力发展先进制造装备,提升全产业链协同集成能力。

①夯实零部件配套体系。依托工业强基工程,集中优势资源优先发展自动变速器、发动机电控系统等核心关键零部件,重点突破通用化、模块化等瓶颈问题。引导行业优势骨干企业联合科研院所、高校等组建产业技术创新联盟,加快培育零部件平台研发、先进制造和信息化支撑能力。引导零部件企业高端化、集团化、国际化发展,推动自愿性产品认证,鼓励零部件创新型产业集群发展,打造安全可控的零部件配套体系。

②发展先进车用材料及制造装备。依托国家科技计划(专项、基金等),引导汽车行业加强与原材料等相关行业合作,协同开展高强钢、铝合金高真空压铸、半固态及粉末冶金成型零件产业化及批量应用研究,加快镁合金、稀土镁(铝)合金应用,扩展高性能工程塑件、复合材料应用范围。鼓励行业企业加强高强轻质车身、关键总成及其精密零部件、电机和电驱动系统等关键零部件制造技术攻关,开展汽车整车工艺、关键总成和零部件等先进制造装备的集成创新和工程应用。推进安全可控的数字化开发、高档数控机床、检验检测、自动化物流等先进高端制造装备的研发和推广。加快3D打印、虚拟与增强现实、物联网、大数据、云计算、机器人及其应用系统等智能制造支撑技术在汽车制造装备的深化应用。

③推进全产业链协同高效发展。构建新型"整车-零部件"合作关系,探索和优化产业技术创新联盟成本共担、利益共享合作机制,鼓励整车骨干企业与优势零部件企业在研发、采购等层面的深度合作,建立安全可控的关键零部件配套体系。推动完善国家科技计划(专项、基金等)项目遴选取向,建立关键零部件产业化及"整车-零部件"配套项目考核指标,鼓励整车和零部件企业协同发展。开展关键零部件和"四基"薄弱环节联合攻关,推进企业智能化改造提升,促进全产业链协同发展。

> **专栏2:关键零部件重点突破工程**
>
> 支持优势特色零部件企业做强做大,培育具有国际竞争力的零部件领军企业。针对产业短板,支持优势企业开展政产学研用联合攻关,重点突破动力电池、车用传感器、车载芯片、电控系统、轻量化材料等工程化、产业化瓶颈,鼓励发展模块化供货等先进模式以及高附加值、知识密集型等高端零部件。
>
> 到2020年,形成若干在部分关键核心技术领域具备较强国际竞争力的汽车零部件企业集团;到2025年,形成若干产值规模进入全球前十名的汽车零部件企业集团。

(三)突破重点领域,引领产业转型升级

大力发展汽车先进技术,形成新能源汽车、智能网联汽车和先进节能汽车梯次合理的产业格局以及完善的产业配套体系,引领汽车产业转型升级。

1. 新能源汽车

加快新能源汽车技术研发及产业化。利用企业投入、社会资本、国家科技计划(专项、

基金等）统筹组织企业、高校、科研院所等协同攻关，重点围绕动力电池与电池管理系统、电机驱动与电力电子总成、电动汽车智能化技术、燃料电池动力系统、插电/增程式混合动力系统和纯电动力系统等6个创新链进行任务部署。

实施动力电池升级工程。充分发挥动力电池创新中心和动力电池产业创新联盟等平台作用，开展动力电池关键材料、单体电池、电池管理系统等技术联合攻关，加快实现动力电池革命性突破。

加大新能源汽车推广应用力度。逐步提高公共服务领域新能源汽车使用比例，扩大私人领域新能源汽车应用规模。加快充电基础设施建设，构建便利高效、适度超前的充电网络体系。完善新能源汽车推广应用，尤其是使用环节的扶持政策体系，从鼓励购买过渡到便利使用，建立促进新能源汽车发展的长效机制，引导生产企业不断提高新能源汽车产销比例。不断完善新能源汽车标准体系，提高新能源汽车生产企业及产品准入门槛，加强新能源汽车出厂安全性能检测，强化新能源汽车生产监管，建立健全新能源汽车分类注册登记、交通管理、税收保险、车辆维修、二手车管理等政策体系。逐步扩大燃料电池汽车试点示范范围。

> **专栏3：新能源汽车研发和推广应用工程**
>
> 掌握驱动电机及控制系统、机电耦合装置、增程式发动机等关键技术，支持动力电池、燃料电池全产业链技术攻关，实现革命性突破，大幅提升新能源汽车整车集成控制水平和正向开发能力，鼓励企业开发先进适用的新能源汽车产品。建设便利、高效、适度超前的充电网络体系，建立新能源汽车安全监测平台，完善新能源汽车推广应用扶持政策体系。
>
> 到2020年，新能源汽车年产销达到200万辆，动力电池单体比能量达到300Wh/kg以上，力争实现350Wh/kg，系统比能量力争达到260Wh/kg、成本降至1元/瓦时以下。到2025年，新能源汽车占汽车产销20%以上，动力电池系统比能量达到350Wh/kg。

2. 智能网联汽车

加大智能网联汽车关键技术攻关。充分发挥智能网联汽车联盟、汽车产业联合基金等作用，不断完善跨产业协同创新机制，重点攻克环境感知、智能决策、协同控制等核心关键技术，促进传感器、车载终端、操作系统等研发与产业化应用。研究确定我国智能网联汽车通信频率，出台相关协议标准，规范车辆与平台之间的数据交互格式与协议，制定车载智能设备与车辆间的接口、车辆网络安全等相关技术标准。促进智能汽车与周围环境和设施的泛在互联，在保障安全前提下，实现资源整合和数据开放共享，推动宽带网络基础设施建设和多行业共建智能网联汽车大数据交互平台。

开展智能网联汽车示范推广。出台测试评价体系，分阶段、有步骤推进智能网联汽车应用示范，稳步扩大试点范围。示范区内建设测试、验证环境及相应的数据收集分析、管理监控等平台，集中开展智能网联汽车产品性能验证的示范与评价，建立智能网联汽车与互联网、物联网、智能交通网络、智能电网及智慧城市等的信息交流和协同机制，探索适合中国国情、多领域联动的智能网联汽车创新发展模式。加快推进智能网联汽车法律法规体系建设，明确安全责任主体界定、网络安全保障等法律要求。

> **专栏4：智能网联汽车推进工程**
>
> 推进智能网联汽车技术创新，着力推动关键零部件研发，重点支持传感器、控制芯片、北斗高精度定位、车载终端、操作系统等核心技术研发及产业化。组织开展应用试点和示范，完善测试评价体系、法律法规体系建设。
>
> 到2020年，汽车DA（驾驶辅助）、PA（部分自动驾驶）、CA（有条件自动驾驶）系统新车装配率超过50%，网联式驾驶辅助系统装配率达到10%，满足智慧交通城市建设需求。到2025年，汽车DA、PA、CA新车装配率达80%，其中PA、CA级新车装配率达25%，高度和完全自动驾驶汽车开始进入市场。

3. 节能汽车

加大汽车节能环保技术的研发和推广。推动先进燃油汽车、混合动力汽车和替代燃料汽车研发，突破整车轻量化、混合动力、高效内燃机、先进变速器、怠速启停、先进电子电器、空气动力学优化、尾气处理装置等关键技术。不断提高汽车燃料消耗量、环保达标要求，加强对中重型商用车节能减排的市场监管。完善节能汽车推广机制，通过汽车燃料消耗量限值标准、标识标准以及税收优惠政策等，引导轻量化、小型化乘用车的研发和消费。鼓励天然气、生物质等资源丰富的地区发展替代燃料汽车，允许汽车出厂时标称油气两用，开展试点和推广应用，促进车用能源多元化发展。

> **专栏5：先进节能环保汽车技术提升工程**
>
> 依托现有资金渠道，按规定建立联合攻关平台，重点攻克先进发动机、混合动力、先进电子电器等乘用车节能环保技术和高压共轨喷射系统、高性价比混合动力总成、高效尾气处理装置等商用车节能环保技术。通过节能汽车车船税优惠、汽车消费税等税收政策，引导、鼓励小排量节能型乘用车消费。
>
> 到2020年，乘用车新车平均燃料消耗量达到5L/100km、怠速启停等节能技术应用率超过50%；到2025年，乘用车新车平均燃料消耗量比2020年降低20%、怠速启停等节能技术实现普遍应用。

（四）加速跨界融合，构建新型产业生态

坚持跨界融合、开放发展，以互联网与汽车产业深度融合为方向，加快推进智能制造，推动出行服务多样化，促进汽车产品生命周期绿色化发展，构建泛在互联、协同高效、动态感知、智能决策的新型智慧生态体系。

①大力推进智能制造。推进数字工厂、智能工厂、智慧工厂建设，融合原材料供应链、整车制造生产链、汽车销售服务链，实现大批量定制化生产。引导企业在研发设计、生产制造、物流配送、市场营销、售后服务、企业管理等环节推广应用数字化、智能化系统。重点攻关汽车专用制造装备、工艺、软件等关键技术，构建可大规模推广应用的设计、制造、服务一体化示范平台，推动建立贯穿产品全生命周期的协同管理系统，推进设计可视化、制造

数字化、服务远程化，满足个性化消费要求，实现企业提质增效。

②加快发展汽车后市场及服务业。引导汽车企业积极协同信息、通信、电子和互联网行业企业，充分利用云计算、大数据等先进技术，挖掘用户工作、生活和娱乐等多元化的需求，创新出行和服务模式，促进产业链向后端、价值链向高端延伸，拓展包含交通物流、共享出行、用户交互、信息利用等要素的网状生态圈。推动汽车企业向生产服务型转变，实现从以产品为中心到以客户为中心发展，支持企业由提供产品向提供整体解决方案转变。鼓励发展汽车金融、二手车、维修保养、汽车租赁等后市场服务，促进第三方物流、电子商务、房车营地等其他相关服务业同步发展。

③推动全生命周期绿色发展。以绿色发展理念引领汽车产品设计、生产、使用、回收等各环节，促进企业、园区、行业间链接共生、原料互供、资源共享。制定发布汽车产品生态设计评价标准，建立统一的汽车绿色产品标准、认证标识体系。依托现有资金渠道，按规定支持汽车制造装备绿色改造，推动绿色制造技术创新和产业应用示范。推进汽车领域绿色供应链建设，生产企业在设计生产阶段应采取环境友好的设计方案，确保产品具有良好的可拆解、可回收性。逐步扩大汽车零部件再制造范围，提高回收利用效率和效益。落实生产者责任延伸制度，制定动力电池回收利用管理办法，推进动力电池梯级利用。

> **专栏6："汽车＋"跨界融合工程**
>
> 推进智能化、数字化技术在企业研发设计、生产制造、物流仓储、经营管理、售后服务等关键环节的深度应用，不断提高生产装备和生产过程的智能化水平，推动建立充分互联协作的智能制造体系。围绕跨领域大数据的应用，创新出行和服务模式，推动汽车企业向生产服务型转变。加快推进汽车产业绿色改造升级，积极构建绿色制造体系。
>
> 到2020年，智能化水平大幅提升；到2025年，骨干企业研发、生产、销售等全面实现一体化智能转型，主要产品单耗达到世界先进水平。未来10年，汽车服务业在价值链中的比例年均提高2个百分点。

（五）提升质量品牌，打造国际领军企业

坚持把质量建设和品牌建设作为提高产竞争力的根本要求，严格质量控制，加强品牌培育，推进企业改革，培育具有国际竞争力的领军企业。

①提升质量控制能力。推进汽车企业加强技术研发、质量保证、成本控制、营销服务等能力建设，增强企业产品综合竞争力。引导汽车企业加强可靠性设计、试验与验证技术开发应用，构建包含前期策划、中间监管、售后反馈的质量管理闭环系统，制定和完善产品质量标准体系，完善质量责任担保机制，发挥认证检验检测高技术服务业作用，健全全生命周期的质量控制和追溯机制。引导企业实施质量提升计划，以全面提高服务水平为突破口，以降低汽车故障率和稳定达标排放为工作目标，充分利用互联网、大数据等先进技术，建设汽车质量动态评价系统，持续提升产品品质和服务能力。

②加强品牌培育。提高品牌培育意识，引导企业实施品牌战略，夯实中国品牌汽车竞争力基础，强化中国汽车品牌文化内涵设计和推广工作，提升品牌价值。推动建立中国汽车品

牌建设促进组织和机制，充分利用国际产业合作、重大活动等机会推广中国汽车品牌。引导行业组织研究建立适合中国汽车产业特色的质量品牌评价体系，积极推动汽车品牌评价国际新秩序建设。改造提升现有汽车产业集聚区，推动产业集聚向产业集群转型升级。密切产融合作，支持优势企业进行国际知名品牌收购和运管。

③激发企业发展活力。健全国有企业内部治理和监管机制，加快建立与市场经济相适应的经营决策、选人用人、业绩考核、收入分配等激励约束机制，推行实施国企考核研发投入按比例折算为利润。稳妥推进混合所有制改革，通过市场化手段和多种模式，实现国企和其他非公有制企业在产能、渠道、投融资等方面的合作。充分发挥社会监督机制作用，落实政府投资责任追究制度，引导民营资本、新兴科技企业等依法合规进入汽车领域。

④打造龙头企业。支持优势特色企业做大做强，成为具有较强国际竞争力的汽车领军企业，积极培育具有技术创新优势的零部件、连锁维修企业、汽车咨询服务企业成长为"小巨人"。支持以企业为主导开展国内外有序重组整合、企业并购和战略合作，鼓励企业国际化发展。鼓励汽车产业链内以及跨产业的资本、技术、产能、品牌等合作模式，支持优势企业以相互持股、战略联盟等方式强强联合，不断提升产业集中度。

> **专栏7：汽车质量品牌建设工程**
>
> 　　建立和完善中国汽车质量品牌培育和发展机制，鼓励行业组织建立和推广中国汽车品牌评价标准体系，开展汽车品牌价值专业评价工作，引导行业企业加强品牌培育；鼓励优势企业通过收购国际知名汽车品牌和企业，实施品牌培育的跨越发展。
>
> 　　到2020年，骨干汽车企业研发经费占营业收入4%左右，新车平均故障率比2015年下降30%，形成若干世界知名汽车品牌；到2025年，骨干汽车企业研发经费占营业收入6%左右，骨干企业新车平均故障率达到国际一线品牌同等水平，若干中国品牌汽车企业产销量进入世界前十名。

（六）深化开放合作，提高国际发展能力

坚持把国际化发展作为汽车产业可持续发展的重要保障，健全服务保障体系，提升国际化经营能力，加强国际合作，加快推动中国汽车产业融入全球市场。

①加快"走出去"步伐。引导汽车企业树立国际化发展的战略理念，制定国际化发展战略。发挥多双边合作和高层对话机制作用，促成产业合作整体框架和支持政策协定。深化境外投资管理改革，搭建"汽车产业国际合作绿色通道"。抓住"一带一路"建设、国际产能合作等机遇，加大力度开拓国际市场。鼓励优势企业选择差异化发展路径，逐步从出口贸易为主向投资、技术、管理等深度合作模式转变，实现产品、服务、技术和标准协同"走出去"。支持整车企业协同零部件企业选择重点发展地区建设汽车产业园区，形成科学布局、联动发展的产业格局。推动中国品牌汽车与国际工程项目"协同出海"。

②健全国际化服务体系。鼓励行业组织推动建立汽车产业海外发展联盟，着重培育包括政策法规、知识产权和认证等领域的系统性服务能力。整合国内外资源，推动行业企业自主设立汽车产业海外发展基金，联合相关国家和地区政府与社会资本，打造多维度、市场化资金保障体系。鼓励银行业金融机构基于商业可持续发展原则，建立适应汽车企业境外发展的

信贷管理和贷款评审制度，加快建立多层次汽车产业境外投资担保体系。促进国内金融和保险机构跨境服务体系建设，探索在海外开展汽车融资租赁和相关保险业务。加大对发达国家尤其是"一带一路"国家和地区标准、认证和检验监管等制度研究，有效破解国际贸易壁垒。整合国内资源，促进中外政府汽车质量安全监管制度交流与合作，完善平行进口等多种贸易方式汽车监督管理。

③提高国际化经营能力。充分发挥现有政策的引导作用，鼓励和支持企业开展跨国合作，充分利用国际优势资源设立研发中心，推动产业合作由加工制造环节为主向合作研发、市场营销、品牌培育等产业链高端环节转移。推动企业品牌国际化建设，鼓励多投资主体共建共享国际营销渠道，创新营销模式，打造独立经销品牌。加强与汽车产业相关国际机构、组织的交流与合作，鼓励行业中介机构积极组织重点企业、高等院校等会同国际组织申请全球环境基金等绿色发展应用示范项目，建设新能源汽车分布式利用可再生能源的智能示范区，探索新能源汽车与可再生能源、智能电网的深度融合和协同发展的商业化推广模式，形成可在全球复制推广的经验和样本。

④提高国际合作水平。继续扩大对外开放，鼓励利用外资及引进相关先进技术和高端人才，加强与国外企业的战略合作，全面提高合作水平。加强政策引导，促进合资合作品牌与中国品牌共同发展，共同开拓国际、国内两个市场。鼓励合资合作企业加大研发投入，提高本地化开发车型比例。鼓励合资合作企业与内资企业加强技术和人才交流。

> **专栏8：海外发展工程**
>
> 基于多双边高层合作机制，促进汽车产业合作战略框架协议达成。鼓励重点企业深化国际合作，在重点国家布局汽车产业园和开展国际产能合作，推动中国品牌商用车与国际工程项目"协同出海"。引导组建汽车产业对外合作联盟，提升汽车企业海外发展服务能力。
>
> 到2020年，中国品牌汽车海外市场影响力明显提高，实现向发达国家市场的批量出口；到2025年，中国品牌汽车国际市场占有率大幅提高，实现全球化发展布局。

四、保障措施

（一）深化体制机制改革

深化改革汽车产业管理体制，强化法制化管理，建立健全适合我国国情和产业发展规律的法制化、集约化、国际化管理制度。研究制定机动车生产管理相关法规，明确生产企业、政府等各方责任，建立健全有力的惩罚性赔偿制度和企业退出机制。完善车辆产品随机抽查抽检制度，大力查惩违法违规生产销售行为。逐步完善投资项目管理，实施事前的机动车辆生产企业及产品准入制度，事中的环保信息公开、达标监管及车辆维修信息公开、生产一致性核查制度，事后的缺陷产品召回和环保召回制度"三位一体"的管理体系，简化事前审批，强化事中、事后监管。优化和改革汽车产品公告管理，强化整车企业能力要求，实施委托改装制度。依托企业信息公示系统实现企业信用信息归集共享，加快推进汽车行业企业诚信体系和售后服务质量担保责任体系建设，落实产品质量主体责任和法律责任，建立多部门、跨地区的信用联动奖惩机制。完善内外资投资管理制度，有序放开合资企业股比限制。加强汽车产能监测预警，动态跟踪行业产能变化，定期发布产能信息，引导行业和社会资本合理投资。

（二）加大财税金融支持

依托各类产业投资基金、汽车产业联合基金等资金渠道，支持创新中心建设等8大工程实施。通过国家科技计划（专项、基金等）统筹支持前沿技术、共性关键技术研发。以创新和绿色节能为导向，鼓励行业企业加大研发投入，全面实施营改增试点，落实消费税、车辆购置税等税收政策。积极发挥政策性金融和商业金融各自优势，加大对汽车关键零部件、新能源汽车、智能网联汽车等重点领域的支持力度。支持中国进出口银行在业务范围内加大对汽车企业走出去的服务力度。

（三）强化标准体系建设

充分发挥标准的基础性和引导性作用，促进政府主导制定与市场自主制定的标准协同发展，建立适应我国国情并与国际接轨的汽车标准体系。完善汽车安全、节能、环保等领域强制性标准，健全标准实施效果评估机制。以整车安全与性能评价、基础设施为重点，优化完善新能源汽车标准体系。以功能安全、网络安全为重点，加强智能网联汽车标准体系建设。以轻量化、智能化制造、典型测试工况、先进节能技术为重点，完善节能汽车标准体系。以车辆本质安全、节能高效、严格贯标为重点，加强商用汽车标准的建设和贯彻执行。开展重点领域标准综合体的研究，发挥企业在标准制定中的重要作用。鼓励企业积极采用国际标准，推动汽车相关标准法规体系与国际接轨。积极参与国际标准制定，发挥标准化组织作用，推动优势、特色技术标准成为国际标准，提升我国在国际标准制定中的话语权和影响力。强化认证检验检测体系建设，完善认证认可管理模式。

（四）加强人才队伍保障

加强对汽车人才队伍建设的统筹规划和分类指导，开展汽车人才培养及管理模式等专项研究，健全人才评价体系，完善人才激励机制，优化人才流动机制，改善人才生态环境，构建具有国际竞争力的人才制度。加强汽车学科专业建设，改革院校创新型人才培养模式，强化职业教育和技能培训，搭建普通教育与职业教育的流动通道，着力培养科技领军人才、企业家、复合型等紧缺人才队伍，扩大培养技艺精湛的能工巧匠和高级技师。弘扬工匠精神，推进现代学徒制，支持企业推行订单培养、顶岗实习等人才培养模式，实现培养与产业需求的精准结合。建立科技领军人才、汽车大国工匠等表彰制度。构建汽车产业人才供需对接、互动交流、成长服务等专业特色平台，构建和完善各类人才数据库，指导人才合理流动和定向培养。实施积极开放、有效的人才引进政策，促进国际化人才培养。

（五）完善产业发展环境

着力提高汽车产品节能、环保、安全、智能水平，完善道路交通安全法规和标准，建立道路交通事故深度调查研究机制，对事故车辆存在质量问题的依法追究生产改装企业责任。加快研究制定规范管理低速电动车的指导意见，从源头解决非法生产销售问题。加强机动车污染防治，科学制定并严格执行机动车排放和车用燃料标准，建立实施汽车排气检测与维护制度，鼓励使用清洁车用能源，推广使用节能环保车型，以市场化手段推动老旧、高排放汽车淘汰更新。提高城市规划和交通布局的前瞻性和科学性，合理建设布局城市道路、停车场、加油站、充电站（桩）等基础设施，大力建设安全便捷、畅通高效、绿色智能的现代综合交通运输服务体系。促进汽车共享经济发展，全方位提高汽车使用效率。

（六）发挥行业组织作用

发挥行业组织熟悉行业、贴近企业的优势，为政府和行业提供双向服务。行业组织应加强数据统计、成果鉴定、检验检测、标准制定等能力建设，提高为行业企业发展服务的水平。行业组织应密切跟踪产业发展动态，开展专题调查研究，及时反映企业诉求，充分发挥连接企业与政府的桥梁作用。鼓励行业组织完善公共服务平台，协调组建行业交流及跨界协作平台，开展联合技术攻关，推广先进管理模式，培养汽车科技人才。行业组织应完善工作制度，提高行业素质，加强行业自律，抵制无序和恶性竞争。

五、规划实施

各地区、各部门要充分认识推动汽车产业转型升级、由大到强的重大意义，加强组织领导，健全工作机制，强化部门协同，形成发展合力。各部门要根据自身职能，制定工作方案，细化政策措施。各地区要结合当地实际，研究制定具体实施方案，确保各项任务落实到位。工业和信息化部要会同相关部门加强跟踪分析和督促指导，开展年度检查与效果评估，适时对目标任务进行必要调整。研究建立汽车产业发展国家级智库，开展产业发展前瞻性、战略性等重大问题研究，对重大决策提供咨询评估。

任务1.1.2 新能源汽车行业发展规划

《节能与新能源汽车产业发展规划（2012—2020年）》

汽车产业是国民经济的重要支柱产业，在国民经济和社会发展中发挥着重要作用。随着我国经济持续快速发展和城镇化进程加速推进，今后较长一段时期汽车需求量仍将保持增长势头，由此带来的能源紧张和环境污染问题将更加突出。加快培育和发展节能汽车与新能源汽车，既是有效缓解能源和环境压力，推动汽车产业可持续发展的紧迫任务，也是加快汽车产业转型升级、培育新的经济增长点和国际竞争优势的战略举措。为落实国务院关于发展战略性新兴产业和加强节能减排工作的决策部署，加快培育和发展节能与新能源汽车产业，特制定本规划。规划期为2012—2020年。

一、发展现状及面临的形势

新能源汽车是指采用新型动力系统，完全或主要依靠新型能源驱动的汽车，本规划所指新能源汽车主要包括纯电动汽车、插电式混合动力汽车及燃料电池汽车。节能汽车是指以内燃机为主要动力系统，综合工况燃料消耗量优于下一阶段目标值的汽车。发展节能与新能源汽车是降低汽车燃料消耗量，缓解燃油供求矛盾，减少尾气排放，改善大气环境，促进汽车产业技术进步和优化升级的重要举措。

我国新能源汽车经过近10年的研究开发和示范运行，基本具备产业化发展基础，电池、电机、电子控制和系统集成等关键技术取得重大进步，纯电动汽车和插电式混合动力汽车开始小规模投放市场。近年来，汽车节能技术推广应用也取得积极进展，通过实施乘用车燃料消耗量限值标准和鼓励购买小排量汽车的财税政策等措施，先进内燃机、高效变速器、轻量化材料、整车优化设计以及混合动力等节能技术和产品得到大力推广，汽车平均燃料消耗量明显降低；天然气等替代燃料汽车技术基本成熟并初步实现产业化，形成了一定市场规模。但总体上看，我国新能源汽车整车和部分核心零部件关键技术尚未突破，产品成本高，社会配套体系不完善，产业化和市场化发展受到制约；汽车节能关键核心技术尚未完全掌握，燃料经济性与国际先进水平相比还有一定差距，节能型小排量汽车市场占有率偏低。

为应对日益突出的燃油供求矛盾和环境污染问题，世界主要汽车生产国纷纷加快部署，将发展新能源汽车作为国家战略，加快推进技术研发和产业化，同时大力发展和推广应用汽车节能技术。节能与新能源汽车已成为国际汽车产业的发展方向，未来10年将迎来全球汽车产业转型升级的重要战略机遇期。目前我国汽车产销规模已居世界首位，预计在未来一段时期仍将持续增长，必须抓住机遇、抓紧部署，加快培育和发展节能与新能源汽车产业，促进汽车产业优化升级，实现由汽车工业大国向汽车工业强国转变。

二、指导思想和基本原则

（一）指导思想

以邓小平理论和"三个代表"重要思想为指导，深入贯彻落实科学发展观，把培育和发展节能与新能源汽车产业作为加快转变经济发展方式的一项重要任务，立足国情，依托产业基础，按照市场主导、创新驱动、重点突破、协调发展的要求，发挥企业主体作用，加大政策扶持力度，营造良好发展环境，提高节能与新能源汽车创新能力和产业化水平，推动汽车产业优化升级，增强汽车工业的整体竞争能力。

（二）基本原则

坚持产业转型与技术进步相结合。加快培育和发展新能源汽车产业，推动汽车动力系统电动化转型。坚持统筹兼顾，在培育发展新能源汽车产业的同时，大力推广普及节能汽车，促进汽车产业技术升级。

坚持自主创新与开放合作相结合。加强创新发展，把技术创新作为推动我国节能与新能源汽车产业发展的主要驱动力，加快形成具有自主知识产权的技术、标准和品牌。充分利用全球创新资源，深层次开展国际科技合作与交流，探索合作新模式。

坚持政府引导与市场驱动相结合。在产业培育期，积极发挥规划引导和政策激励作用，聚集科技和产业资源，鼓励节能与新能源汽车的开发生产，引导市场消费。进入产业成熟期后，充分发挥市场对产业发展的驱动作用和配置资源的基础作用，营造良好的市场环境，促进节能与新能源汽车大规模商业化应用。

坚持培育产业与加强配套相结合。以整车为龙头，培育并带动动力电池、电机、汽车电子、先进内燃机、高效变速器等产业链加快发展。加快充电设施建设，促进充电设施与智能电网、新能源产业协调发展，做好市场营销、售后服务以及电池回收利用，形成完备的产业配套体系。

三、技术路线和主要目标

（一）技术路线

以纯电驱动为新能源汽车发展和汽车工业转型的主要战略取向，当前重点推进纯电动汽车和插电式混合动力汽车产业化，推广普及非插电式混合动力汽车、节能内燃机汽车，提升我国汽车产业整体技术水平。

（二）主要目标

1. 产业化取得重大进展。到 2015 年，纯电动汽车和插电式混合动力汽车累计产销量力争达到 50 万辆；到 2020 年，纯电动汽车和插电式混合动力汽车生产能力达 200 万辆、累计产销量超过 500 万辆，燃料电池汽车、车用氢能源产业与国际同步发展。

2. 燃料经济性显著改善。到 2015 年，当年生产的乘用车平均燃料消耗量降至 6.9L/100km，节能型乘用车燃料消耗量降至 5.9L/100km 以下。到 2020 年，当年生产的乘用车平均燃料消耗量降至 5.0L/100km，节能型乘用车燃料消耗量降至 4.5L/100km 以下；商用车新车燃料消耗量接近国际先进水平。

3. 技术水平大幅提高。新能源汽车、动力电池及关键零部件技术整体上达到国际先进水平，掌握混合动力、先进内燃机、高效变速器、汽车电子和轻量化材料等汽车节能关键核心技术，形成一批具有较强竞争力的节能与新能源汽车企业。

4. 配套能力明显增强。关键零部件技术水平和生产规模基本满足国内市场需求。充电设施建设与新能源汽车产销规模相适应，满足重点区域内或城际间新能源汽车运行需要。

5. 管理制度较为完善。建立起有效的节能与新能源汽车企业和产品相关管理制度，构建市场营销、售后服务及动力电池回收利用体系，完善扶持政策，形成比较完备的技术标准和管理规范体系。

四、主要任务

（一）实施节能与新能源汽车技术创新工程

增强技术创新能力是培育和发展节能与新能源汽车产业的中心环节，要强化企业在技术创新中的主体地位，引导创新要素向优势企业集聚，完善以企业为主体、市场为导向、产学研用相结合的技术创新体系，通过国家科技计划、专项等渠道加大支持力度，突破关键核心技术，提升产业竞争力。

1. 加强新能源汽车关键核心技术研究。大力推进动力电池技术创新，重点开展动力电池系统安全性、可靠性研究和轻量化设计，加快研制动力电池正负极、隔膜、电解质等关键材料及其生产、控制与检测等装备，开发新型超级电容器及其与电池组合系统，推进动力电池及相关零配件、组合件的标准化和系列化；在动力电池重大基础和前沿技术领域超前部署，重点开展高比能动力电池新材料、新体系以及新结构、新工艺等研究，集中力量突破一批支撑长远发展的关键共性技术。加强新能源汽车关键零部件研发，重点支持驱动电机系统及核心材料，电动空调、电动转向、电动制动器等电动化附件的研发。开展燃料电池电堆、发动机及其关键材料核心技术研究。把握世界新能源汽车发展动向，对其他类型的新能源汽车技术加大研究力度。

到 2015 年，纯电动乘用车、插电式混合动力乘用车最高车速不低于 100km/h，纯电驱动模式下综合工况续驶里程分别不低于 150km 和 50km；动力电池模块比能量达到 150Wh/kg 以上，成本降至 2 元/Wh 以下，循环使用寿命稳定达到 2 000 次或 10 年以上；电驱动系统功率密度达到 2.5kW/kg 以上，成本降至 200 元/kW 以下。到 2020 年，动力电池模块比能量达到 300Wh/kg 以上，成本降至 1.5 元/Wh 以下。

2. 加大节能汽车技术研发力度。以大幅提高汽车燃料经济性水平为目标，积极推进汽车节能技术集成创新和引进消化吸收再创新。重点开展混合动力技术研究，开发混合动力专用发动机和机电耦合装置，支持开展柴油机高压共轨、汽油机缸内直喷、均质燃烧以及涡轮增压等高效内燃机技术和先进电子控制技术的研发；支持研制六档及以上机械变速器、双离合器式自动变速器、商用车自动控制机械变速器；突破低阻零部件、轻量化材料与激光拼焊成型技术，大幅提高小排量发动机的技术水平。开展高效控制氮氧化物等污染物排放技术研究。

3. 加快建立节能与新能源汽车研发体系。引导企业加大节能与新能源汽车研发投入，鼓励建立跨行业的节能与新能源汽车技术发展联盟，加快建设共性技术平台。重点开展纯电动乘用车、插电式混合动力乘用车、混合动力商用车、燃料电池汽车等关键核心技术研发；建立相关行业共享的测试平台、产品开发数据库和专利数据库，实现资源共享；整合现有科技资源，建设若干国家级整车及零部件研究试验基地，构建完善的技术创新基础平台；建设若干具有国际先进水平的工程化平台，发展一批企业主导、科研机构和高等院校积极参与的产业技术创新联盟。推动企业实施商标品牌战略，加强知识产权的创造、运用、保护和管理，构建全产业链的专利体系，提升产业竞争能力。

（二）科学规划产业布局

我国已建设形成完整的汽车产业体系，发展节能与新能源汽车既要利用好现有产业基础，也要充分发挥市场机制作用，加强规划引导，以提高发展效率。

1. 统筹发展新能源汽车整车生产能力。根据产业发展的实际需要和产业政策要求，合理发展新能源汽车整车生产能力。现有汽车企业实施改扩建时要统筹考虑建设新能源汽车产能。在产业发展过程中，要注意防止低水平盲目投资和重复建设。

2. 重点建设动力电池产业聚集区域。积极推进动力电池规模化生产，加快培育和发展一批具有持续创新能力的动力电池生产企业，力争形成2~3家产销规模超过百亿瓦时、具有关键材料研发生产能力的龙头企业，并在正负极、隔膜、电解质等关键材料领域分别形成2~3家骨干生产企业。

3. 增强关键零部件研发生产能力。鼓励有关市场主体积极参与、加大投入力度，发展一批符合产业链聚集要求、具有较强技术创新能力的关键零部件企业，在驱动电机、高效变速器等领域分别培育2~3家骨干企业，支持发展整车企业参股、具有较强国际竞争力的专业化汽车电子企业。

（三）加快推广应用和试点示范

新能源汽车尚处于产业化初期，需要加大政策支持力度，积极开展推广试点示范，加快培育市场，推动技术进步和产业发展。节能汽车已具备产业化基础，需要综合采用标准约束、财税支持等措施加以推广普及。

1. 扎实推进新能源汽车试点示范。在大中型城市扩大公共服务领域新能源汽车示范推广范围，开展私人购买新能源汽车补贴试点，重点在国家确定的试点城市集中开展新能源汽车产品性能验证及生产使用、售后服务、电池回收利用的综合评价。探索具有商业可行性的市场推广模式，协调发展充电设施，形成试点带动技术进步和产业发展的有效机制。

探索新能源汽车及电池租赁、充换电服务等多种商业模式，形成一批优质的新能源汽车服务企业。继续开展燃料电池汽车运行示范，提高燃料电池系统的可靠性和耐久性，带动氢的制备、储运和加注技术发展。

2. 大力推广普及节能汽车。建立完善的汽车节能管理制度，促进混合动力等各类先进节能技术的研发和应用，加快推广普及节能汽车。出台以企业平均燃料消耗量和分阶段目标值为基础的汽车燃料消耗量管理办法，2012年开始逐步对在中国境内销售的国产、进口汽车实施燃料消耗量管理，切实开展相关测试和评价考核工作，并提出2016至2020年汽车产品节能技术指标和年度要求。实施重型商用车燃料消耗量标示制度和氮氧化物等污染物排放公示制度。

3. 因地制宜发展替代燃料汽车。发展替代燃料汽车是减少车用燃油消耗的必要补充。积极开展车用替代燃料制造技术的研发和应用，鼓励天然气（包括液化天然气）、生物燃料等资源丰富的地区发展替代燃料汽车。探索其他替代燃料汽车技术应用途径，促进车用能源多元化发展。

（四）积极推进充电设施建设

完善的充电设施是发展新能源汽车产业的重要保障。要科学规划，加强技术开发，探索有效的商业运营模式，积极推进充电设施建设，适应新能源汽车产业化发展的需要。

1. 制定总体发展规划。研究制定新能源汽车充电设施总体发展规划，支持各类适用技术发展，根据新能源汽车产业化进程积极推进充电设施建设。在产业发展初期，重点在试点城市建设充电设施。试点城市应按集约化利用土地、标准化施工建设、满足消费者需求的原则，将充电设施纳入城市综合交通运输体系规划和城市建设相关行业规划，科学确定建设规模和选址分布，适度超前建设，积极试行个人和公共停车位分散慢充等充电技术模式。通过总结试点经验，确定符合区域实际和新能源汽车特点的充电设施发展方向。

2. 开展充电设施关键技术研究。加快制定充电设施设计、建设、运行管理规范及相关技术标准，研究开发充电设施接网、监控、计量、计费设备和技术，开展车网融合技术研究和应用，探索新能源汽车作为移动式储能单元与电网实现能量和信息双向互动的机制。

3. 探索商业运营模式。试点城市应加大政府投入力度，积极吸引社会资金参与，根据当地电力供应和土地资源状况，因地制宜建设慢速充电桩、公共快速充换电等设施。鼓励成立独立运营的充换电企业，建立分时段充电定价机制，逐步实现充电设施建设和管理市场化、社会化。

（五）加强动力电池梯级利用和回收管理

制定动力电池回收利用管理办法，建立动力电池梯级利用和回收管理体系，明确各相关方的责任、权利和义务。引导动力电池生产企业加强对废旧电池的回收利用，鼓励发展专业化的电池回收利用企业。严格设定动力电池回收利用企业的准入条件，明确动力电池收集、存储、运输、处理、再生利用及最终处置等各环节的技术标准和管理要求。加强监管，督促相关企业提高技术水平，严格落实各项环保规定，严防重金属污染。

五、保障措施

（一）完善标准体系和准入管理制度

进一步完善新能源汽车准入管理制度和汽车产品公告制度，严格执行准入条件、认证要求。加强新能源汽车安全标准的研究与制定，根据应用示范和规模化发展需要，加快研究制定新能源汽车以及充电、加注技术和设施的相关标准。制定并实施分阶段的乘用车、轻型商用车和重型商用车燃料消耗量目标值标准。积极参与制定国际标准。2013年前，基本建立与产业发展和能源规划相适应的节能与新能源汽车标准体系。

(二) 加大财税政策支持力度

中央财政安排资金，对实施节能与新能源汽车技术创新工程给予适当支持，引导企业在技术开发、工程化、标准制定、市场应用等环节加大投入力度，构建产学研用相结合的技术创新体系；对公共服务领域节能与新能源汽车示范、私人购买新能源汽车试点给予补贴，鼓励消费者购买使用节能汽车；发挥政府采购的导向作用，逐步扩大公共机构采购节能与新能源汽车的规模；研究基于汽车燃料消耗水平的奖惩政策，完善相关法律法规。新能源汽车示范城市安排一定资金，重点用于支持充电设施建设、建立电池梯级利用和回收体系等。

研究完善汽车税收政策体系。节能与新能源汽车及其关键零部件企业，经认定取得高新技术企业所得税优惠资格的，可以依法享受相关优惠政策。节能与新能源汽车及其关键零部件企业从事技术开发、转让及相关咨询、服务业务所取得的收入，可按规定享受营业税免税政策。

(三) 强化金融服务支撑

引导金融机构建立鼓励节能与新能源汽车产业发展的信贷管理和贷款评审制度，积极推进知识产权质押融资、产业链融资等金融产品创新，加快建立包括财政出资和社会资金投入在内的多层次担保体系，综合运用风险补偿等政策，促进加大金融支持力度。支持符合条件的节能与新能源汽车及关键零部件企业在境内外上市、发行债务融资工具；支持符合条件的上市公司进行再融资。按照政府引导、市场运作、管理规范、支持创新的原则，支持地方设立节能与新能源汽车创业投资基金，符合条件的可按规定申请中央财政参股，引导社会资金以多种方式投资节能与新能源汽车产业。

(四) 营造有利于产业发展的良好环境

大力发展有利于扩大节能与新能源汽车市场规模的专业服务、增值服务等新业态，建立新能源汽车金融信贷、保险、租赁、物流、二手车交易以及动力电池回收利用等市场营销和售后服务体系，发展新能源汽车及关键零部件质量安全检测服务平台。研究实行新能源汽车停车费减免、充电费优惠等扶持政策。有关地方实施限号行驶、牌照额度拍卖、购车配额指标等措施时，应对新能源汽车区别对待。

(五) 加强人才队伍保障

牢固树立人才第一的思想，建立多层次的人才培养体系，加大人才培养力度。以国家有关专项工程为依托，在节能与新能源汽车关键核心技术领域，培养一批国际知名的领军人才。加强电化学、新材料、汽车电子、车辆工程、机电一体化等相关学科建设，培养技术研究、产品开发、经营管理、知识产权和技术应用等人才。按照《国家中长期人才发展规划纲要（2010—2020年）》的有关要求推进人才引进工作，鼓励企业、高校和科研机构从国外引进优秀人才。重视发展职业教育和岗位技能提升培训，加大工程技术人员和专业技能人才的培养力度。

(六) 积极发挥国际合作的作用

支持汽车企业、高校和科研机构在节能与新能源汽车基础和前沿技术领域开展国际合作研究，进行全球研发服务外包，在境外设立研发机构、开展联合研发和向国外提交专利申请。积极创造条件开展多种形式的技术交流与合作，学习和借鉴国外先进技术和经验。完善出口信贷、保险等政策，支持新能源汽车产品、技术和服务出口。支持企业通过在境外注册商标、境外收购等方式培育国际化品牌。充分发挥各种多双边合作机制的作用，加强技术标准、政策法规等方面国际交流与协调，合作探索推广新能源汽车的新型商业化模式。

六、规划实施

成立由工业和信息化部牵头，发展改革委、科技部、财政部等部门参加的节能与新能源汽车产业发展部际协调机制，加强组织领导和统筹协调，综合采取多种措施，形成工作合力，加快推进节能与新能源汽车产业发展。各有关部门根据职能分工制定本部门工作计划和配套政策措施，确保完成规划提出的各项目标任务。

有关地区要按照规划确定的目标、任务和政策措施，结合当地实际制定具体落实方案，切实抓好组织实施，确保取得实效。具体工作方案和实施过程中出现的新情况、新问题要及时报送有关部门。

任务二　我国汽车法律法规体系

《汽车工业产业政策》明确规定了国家依法对汽车产品安全、排放控制和节能实施管理。要强化政府对车辆的法制化管理就必须有法可依。

一、我国有关机动车管理的法律基本组成

我国有关机动车管理的基本法律 包括以下各项内容：

① 有关机动车结构和装置方面的，包括机动车安全法、大气污染治法、噪声控制法、节约能源法等。

② 有关驾驶员、行人和有关人员方面的，包括道路交通法、道路运输法、汽车责任赔偿保障法等。

③ 有关进口车管理的方面的，包括进出口商品检验法等。

④ 有关道路建设与维护方面的，包括公路法等。

在上述基本法律的基础上，国务院及有关主管部门根据各个法律的具体情况和实施要求制定相应的行政法规和部门规章，其目的是使有关法律更加细分和具体化，使其更具有可操作性。

二、我国机动车法规体系的基本组成

我国机动车法规体系主要分为两大部分：一是管理法规，其内容涉及为实施技术法规而制定的带有共性要求的管理规章、规则、规定以及程序性要求等；二是具体的技术法规，包括有关车辆结构和装置的具体技术规定等。综合考虑我国汽车工业的现状和未来发展要求，以及现有汽车强制性标准的基础，我国机动车法规体系的基本组成包括以下各项内容：

（一）汽车管理法规

①为制定技术法规而规定的统一要求、程序性规则，包括汽车技术法规制定程序、法规编写的基本规定、法规编号规则等。

②为具体实施技术法规，建立有关管理制度而制定的共性及综合性管理规章，包括汽车产品型式认证规则、产品同一型式判定规程、产品缺陷与不符合法规规程、汽车检查和维修与保养规程、车辆注册规程、在用车检验规程、进口车商检规程、以及车辆事故赔偿规定、

车辆运输安全规定等。

（二）汽车技术法规

1. 有关汽车安全性法规

①视野与刮刷系统。包括驾驶员前视野、除雾与除霜、利水与洗涤、汽车与摩托车后视镜等。

②照明与信号装置。包括汽车与摩托车前照灯、汽车前后雾灯、位置与制动灯、倒车灯、转向信号灯、牌照灯、灯泡、回复反射器、声响（喇叭）报警系统，以及摩托车光信号装置等。

③制动。包括汽车与摩托车制动系统、制动软管等。

④车身及有关部件。包括大型客车结构、座椅及其头枕、安全带及其固定点、保险杠、内外凸出物、侧门强度、门锁与铰链、安全玻璃、发动机罩锁、儿童约束系统、侧面及后下部防护、车轮安全防护装置等。

⑤轮胎与轮辋。包括轻型车辆（含轿车）轮胎与轮辋、除轻型车辆外其他汽车轮胎与轮辋、摩托车轮胎与轮辋等。

⑥防火。包括燃油箱、燃油泄漏规定、内饰材料阻燃性等。

⑦其他有关安全方面的法规。包括汽车与摩托车操纵件、指示器及信号装置的标志规定，以及转向系统、加速器控制系统、车速表、防盗锁、车辆轴载质量与总质重、外廓尺寸、车辆识别号、摩托车乘员头盔、车辆号牌板和车辆分类等。

2. 有关环境保护法规

①车辆排放。包括汽油车及汽油机排放控制、柴油车及柴油机排放控制、摩托车排放控制、机动车排放控装置等。其内容涉及汽油车怠速排放、燃油蒸发排放、曲轴箱排放、柴油车自由加速与全负荷烟度排放，乃至微粒排放限值规定等。

②车辆噪声。应包括汽车噪声控制、摩托车噪控制以及机动车噪声控制装置等。

3. 有关节能法规

应主要包括汽车燃料经济性、摩托车燃料经济性以及汽车企业（公司）车辆平均燃料经济性等。

总之，我国的汽车技术法规包括必需的汽车安全、排放控制及节能等方面的各项内容。

三、有关机动车管理制度

我国要真正实现对车辆的政府管理，必须建立与有关法律、法规相配套的管理制度，以进一步贯彻法律的基本宗旨。

1. 汽车产品认证制度

整车产品及有关安全部件和装置，必须按照汽车法规要求进行符合性检验，并达到一致性生产要求。汽车产品必须通过这种国际通行的政府的认证才允许制造、销售和使用。

2. 机动车注册制度

所有新车在投入运行时，车辆所有者必须到当地公安机关办理新车注册手续，核发车辆牌照。车辆注册的程序既要方便用户，又要确保车辆合法使用和安全行驶。

3. 车辆缺陷与不符法规及回收制度

经认证后的车辆，在正常使用条件下，在规定的使用期限内，由于设计或制造，或不正当使用，导致缺陷和不符合法定要求，必须采取相应的强制管理措施，包括纠正缺陷、更换部件直至采取回收或强制报废等，旨在确保认证后的车辆都能符合有关技术法规要求。

4. 用车检查、维护和保养制度

这一制度包括各车辆监理机构的例行年检、车辆使用者定期的检查、维护和保养等。旨在保持在用车的安全性和符合有关规定。

5. 进口车商品检验制度

所有进入中国境内销售的汽车，在入关前，必须进行符合我国技术法规的检验或产品认证。符合法规或通过认证者，准予进口，否则不得进入我国市场。这一制度旨在防止国外那些不符合基本安全规定的车辆进入国内，以维护社会公共利益和保护消费者权益。

在各项机动车管理制度中，以机动车法规为依据的汽车产品型式认证，是机动车管理的基本制度，也是机动车法规最主要、最直接、最有效的实施手段。

同步测试

项目一　汽车行业发展政策与法律法规概论

项目二 汽车标准与技术法规

```
                       ┌ 标准化概述
            汽车行业标准 ┤
            │          └ 中国的汽车标准
            │
            │                      ┌ 法规体系与标准体系的不同点
            │          ┌ 汽车技术法规概述 ┤ 国外汽车技术法规体系
            │          │           └ 中国现行强制性安全标准
            │          │
            │          │ 汽车安全法规
汽车标准与   │ 汽车技术法规┤ 汽车节能法规
技术法规    ┤          │
            │          │          ┌ 汽车排放法规
            │          │ 汽车环保法规┤
            │          │          └ 乘用车空气质量控制法规
            │          │
            │          └ 汽车噪声法规
            │
            │          ┌ 汽车行业强制性产品认证
            └ 汽车认证法规┤ 强制性产品认证管理规定
                       └ 中国生态汽车评价规程
```

1. 理解标准化的重要意义;
2. 掌握中国汽车技术法规体系;
3. 掌握汽车安全、节能、环保和噪声法规基本内容;
4. 掌握汽车认证法规基本内容。

"大国工匠"黄金娟：更高目标 让智能检定中国标准国际化运用

她成功研制了世界上首条电能表自动化检定流水线，实现了电能计量自动化检定从无到有的突破。

她用三十余年的专注与坚守，给工匠精神做了一个精美的注解。

她叫黄金娟，是国网浙江省电力有限公司电力科学研究院计量中心高级技师、高级工程师。她扎根电力计量检定生产一线，苦心钻研，不断提升业务技能和创新能力，成为智能化计量检定的领创者。她是平凡工作岗位上的普通劳动者，也是智能化计量检定道路上的勇敢追梦人。

6月20日，国务院新闻办公室举行中外记者见面会。黄金娟作为新时期产业工人代表，围绕"做新时期知识型、技能型、创新型劳动者"与中外记者进行了交流，讲述了自己35年的追梦历程。

巾帼何须让须眉

在今天，电已经成为我们日常生活中必不可少的能源。而用来测定电量的电能表，也就是民间俗称的"电表、电度表"，也成了家中和企业里必不可少的物件。

然而，和如今准确高效的智能化计量不同，在早些年间，电量的测定是由人工完成的。1984 年的夏天，刚刚走出校门的黄金娟来到绍兴电力局，那时她从事的是电能表的实验室计量检定工作。这项工作就是每天站在密密麻麻的接线前，眼睛一刻不停地盯着刻度与报表，快速校验比对，再将电能表与接线连接、检定。

她这一站，就是二十多年。2006 年年初，由于浙江电能计量管理由县级向市级集中，市级计量中心电能表检定量骤然成倍增长，当时的电能表检定存在大量机械性重复劳动，检定质量也难以保障。一直在基层一线的黄金娟敏锐地意识到传统的电能表计量检定模式无论是检定质量还是检定效率均已无法匹配实际需求，随着时间的推移，矛盾必将更加突出。她开始试图寻求突破。

几经思索，黄金娟脑海中萌发出利用自动化控制技术实现电表智能化检定的想法。当时在很多人看来，这种想法无异于"天方夜谭"，但这些质疑丝毫没有动摇她的决心。她在业余时间收集资料、做功课，向业内专家、厂家技术人员请教。在研究最关键的那几年，黄金娟的生活就在实验室、办公室、宿舍三点一线之间打转，通宵的分析、测算、试验成了家常便饭。她带领团队开了 120 多次的协调会，手绘图装了三大麻袋，在一次次推倒、一次次重来的过程中改进技术方案。最终，最关键的自动拆接线装置实现了从传统人工 45 分钟到 2 秒钟的飞跃。

2009 年，她带领团队终于成功研发了国内外首套电能表自动化检定工程样机，突破了自动接拆线、自动巡检、自动加封等一系列难题，实现了检定全过程无人工干预，成为国内电能计量检定技术的一次全新突破。

"一路走来，我感觉创新不全是高大上的事情，我们一些职工也可以创新，创新的平台就是我们自己所实践的岗位,就是解决实际工作当中的难题、问题。同时,作为技术工人,我们不仅在技术上要创新,还需要在标准化建设中创新。"谈及自己的奋斗历史,黄金娟谦逊又充满自信地向中外记者说道。2010年,国网浙江省电力公司承接了国网系统内首个省级计量中心智能生产系统的建设任务。黄金娟再次披挂上阵,从绍兴供电公司调入省计量中心,担任技术总协调人,负责项目技术研发工作。

建设期间,从酝酿讨论,确定技术方案,到每一个模块的设计、测试、验收,黄金娟带领团队艰难有序推进,终于在2012年3月迎来了国内外首套智能电能表自动化检定系统的顺利竣工验收。据鉴定,该系统年检定能力达到了640万只,检定可靠性100%,相对于传统人工检定模式,整体效率提升58倍,人员精简90%以上。

如今,电能表智能化检定系统已经累计检定检测表计1.80亿只,推广效益达17.93亿元。该项技术也已广泛应用于全国28个省市,并在丹麦、韩国、马来西亚等9个国家得到推广。

让工匠精神流传下去

黄金娟现年56岁,在电力系统计量检定领域默默耕耘了35年,对于质量和效益永无止境的追求推动着她不断探索前行。

黄金娟不仅对自己严格要求,也十分注重团队建设和人才培养。作为黄金娟劳模工作室的领衔人,黄金娟带领工作室19名成员不断探索,勇于创新,不断攻克一个个难题。每到晚上,劳模工作室经常灯火通明,那是黄金娟带领着团队成员攻坚克难的身影。

现在已成长为专业室负责人的严华江回忆自己当年刚刚毕业进入绍兴电力局工作时的情景。印象最深刻的事就是,有一次黄金娟把他叫去办公室谈话,一边说着一边从自己抽屉里掏出了一本手写的笔记本,"先看看这个,你们年轻人脑子比我好用,可以钻一钻,以后一定用得上。"严华江打开笔记本顿时傻眼了——里面全是关于SQL语言的抄写,英文单词下面都密密麻麻地写满了中文注释。作为电力专业科班毕业生,他很清楚这些知识并不是本专业知识,而是跨专业的知识。很显然,所有的这些笔记都是黄金娟自己一点点摸索着自学出来的。"我真的被震撼到了,我们年轻人的学习劲头还完全不如她!那两年,刚走出校门的我学得更认真了,成长得很快。"

这个笔记本后来被严华江仔细收藏了起来。笔记里写下的不仅仅是知识,更是黄金娟三十多年来不懈的专注与坚守。在技能上孜孜以求、格物致知,在细节上如琢如磨、尽善尽美,在传承上倾囊相授、星火燎原,这就是黄金娟为工匠精神做出的最好注解。

用精益求精成就事业

35年的时间,黄金娟从一个刚毕业的技校学生到浙江省电力公司优秀技能人才。她在电能表计量检定领域,走出了自己的一片天地,获得了一系列荣誉:智能化计量检定成果获授权美国专利2项,发明专利18项,实用新型和外观设计专利21项,软件著作权8项。核心专利获中国专利优秀奖、国际发明展览会金奖……同时成果以技术标准的形式推广至全国26个省级计量中心,累计检定检测表计2.7亿只,推广效益达26.95亿元。

不止于此,她的研究成果还成功延伸应用于燃气表、水表检测,为提升电、水、气等计量仪表的质量水平提供了有效的解决方案。

2018年1月8日,在年度国家科学技术奖励大会上,黄金娟作为国家科技进步奖自设立以来首位获奖的女性工人登上领奖台,其完成的"电能表智能化计量检定技术与应用"被授予国家科技进步奖二等奖。"对我个人来说,我是一线工人,能够走上国家科技进步奖的领奖台,这也是国家对技能人才重视的体现。接过奖牌的那一刻我的眼眶湿润了,内心抑制不住地激动,我为自己是一名产业工人感到无比的高兴。"

取得了智能化计量检定的巨大成就,黄金娟并未因此停止创新的步伐,而是以此为新的起点,带领团队继续开展了一系列的卓有成效的创新实践。例如,将物联网技术融入计量仓储领域,牵头开发了覆盖省、市、县供电企业的三级智能化计量仓储系统,历经无数次现场调研,起草了三类五项技术规范,建立了运维管理制度,开发了远程监控系统等,最终构建了从计量检定到仓储配送全过程的智能化计量资产生产管理链,并在浙江573个点实现全覆盖,目前已作为成功样板在整个国网公司推广;与主流通信运营商做技术对接,打破系统壁垒,牵头开发SIM卡智能管理终端,为规范计量SIM卡小、多、散带来的管理难题,避免流量资费损失,推广应用以来经济效益显著;利用大数据分析方法实现了电表拆装底度自动复核,建立了完整的工作方法,解决了电力计量"机器换人"的又一瓶颈,自2016年推广以来,年均为浙江电力公司降低人力成本达5 000万元以上……

如今,黄金娟正带领团队向着一个更高的目标出发——将电能表自动化试验系统的研究成果向国际电工委员会(IEC)国际标准转化。"我要继续为中国标准国际化运用执着追梦、向上而行!"

"我心匪石,不可转也。"作为全国最美职工、全国"五一劳动奖章"获得者和国家电网公司"特等劳模"的黄金娟如今已经56岁了。但她依旧奋斗在项目攻坚第一线。每每被问到为什么快退休了依然这么拼命工作,黄金娟总是笑笑说:"今后的事业终究是要靠年轻人的,趁现在自己还有余热,能发挥就尽量发挥出来。"

来源:央视网

谈一谈黄金娟是如何从一线工人到大国工匠的。

据央视报道,河北任丘的小王驾驶比亚迪F3回家途中,被一辆逆行车撞上,安全气囊却无法打开。同样的事发生在湖北省的李先生身上,尽管这一事故中,其比亚迪车前脸已经凹陷变形,但安全气囊仍未打开,李先生最终不治身亡。厂方称,安全气囊未打开是因为撞击力度不够。记者调查得知,目前我国安全气囊并无国家标准和行业标准,各汽车厂家使用的安全气囊,其标准都是自己制定的企业标准。正因如此,在消费者的维权车中,比亚迪厂家才敢理直气壮地说——我们的安全气囊合格。而国标和行标的缺失使得没有鉴定检测机构肯为失去亲人的消费者做鉴定,从而导致了当事人维权艰难。

思考:什么是标准,汽车标准有什么作用?

任务一 汽车行业标准

一、标准化概述

标准化是指在经济、技术、科学和管理等社会实践中,对重复性的事物和概念,通过制定、发布和实施标准达到统一,以获得最佳秩序和社会效益。标准化的重要意义是改进产品、过程和服务的适用性,防止贸易壁垒,促进技术合作。

标准化包括制定、发布及实施标准的过程。通过标准化以及相关技术政策的实施,可以整合和引导社会资源,加速技术积累和科技进步,推动自主创新与开放创新,实现经济、社会、环境的全面、协调、可持续发展。

标准化管理是一项复杂的系统工程,具有系统性、国际性、动态性、超前性、经济性。标准化管理遵循 PDCA 模式,建立文件化体系,坚持预防为主、全过程控制,实现持续改进的目标。

标准化的表现形式:

①标准化为科学管理奠定了基础。科学管理应依据生产技术的发展规律和客观经济规律,而科学管理制度的形成都是以标准化为基础的。

②标准化可以避免重复的科学研究,可以缩短产品设计周期,可以进行科学的和有秩序的生产,可以实现统一、协调、高效率的目标。

③标准化是科研、生产、使用三者之间的桥梁。标准化可使新技术和新科研成果得到推广应用,从而促进技术进步。

④通过制定和使用标准,来保证各相关分工生产的活动,在技术上保持高度的统一和协调,标准化为组织现代化生产创造了前提条件。

⑤合理利用自然资源,保持生态平衡,维护人类社会当前和长远的利益。

⑥合理发展产品品种,更好地满足社会需求;保证产品质量,维护消费者利益。

⑦安全、环保和卫生标准的强制执行,是对人民生命财产和健康的根本保障。

二、中国的汽车标准

为了保证汽车产品的质量,特别是为了满足有关安全、环境保护和节约能源等方面的要求,促进汽车生产的系列化、通用化和标准化,各国都制定了一系列的汽车标准,作为汽车厂家、销售商和使用者必须共同遵守的准则。

汽车标准的内容很多,主要包括:汽车及发动机的名词术语,连接尺寸,试验方法,各种涉及环境、安全及资源保护的强制性标准,整车、发动机及各部件的技术条件以及有关产品设计、工艺、原材料及企业管理等方面的标准。

中国的汽车标准分为国家标准(GB、GB/T)、行业标准(QC)、地方标准和企业标准,如图 2-1 所示。其中,国家标准中涉及人体健康、人身财产安全、污染和能耗及资源等方面的标准纳入强制性标准(GB),其他标准是推荐性标准(GB/T)。

1. 国家标准

我国汽车标准体系是由强制性标准体系和推荐性标准体系组成的,标准代号分别为 GB

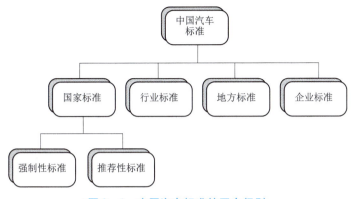

图 2-1 中国汽车标准的四个级别

和 GB/T。国家标准的编号由国家标准的代号、国家标准发布的顺序号和国家标准发布的年号（发布年份）构成。GB 代号国家标准含有强制性条文及推荐性条文，当全文强制时不含有推荐性条文，GB/T 代号国家标准为全文推荐性。强制性条文是保障人体健康、人身、财产安全的标准和法律及行政法规规定强制执行的国家标准，主要是涉及安全、环保及节约能源等技术要求方面的标准。在汽车质量安全方面，我国已经形成了相对完整的汽车强制性国家标准体系。据统计，截至 2014 年 3 月底，我国已制定发布汽车强制性国家标准 117 项，其中主动安全技术标准 34 项，被动安全技术标准 29 项，一般安全技术标准 30 项，环保节能标准 24 项。推荐性国标是指生产、检验、使用等方面，通过经济手段或市场调节而自愿采用的国家标准，但推荐性国标一经接受并采用，或各方商定同意纳入经济合同中，就成为各方必须共同遵守的技术依据，具有法律上的约束性。表 2-1 为 5 项汽车国家标准编号、名称等。

表 2-1 5 项汽车国家标准编号、名称等一览表

序号	标准编号	标准名称	代替标准号	实施日期
1	GB 5920—2019	汽车及挂车前位灯、后位灯、示廓灯和制动灯配光性能	GB 5920—2008	2020 年 1 月 1 日
2	GB 15742—2019	机动车用喇叭的性能要求及试验方法	GB 15742—2001	2020 年 1 月 1 日
3	GB 23255—2019	机动车昼间行驶灯配光性能	GB 23255—2009	2020 年 1 月 1 日
4	GB/T 18411—2018	机动车产品标牌	GB/T 18411—2001	2019-01-01
5	GB/T 36282—2018	电动汽车用驱动电机系统电磁兼容性要求和试验方法		2019-01-01

2. 行业标准

对没有国家标准而又需要在全国汽车行业范围内统一的技术要求，可制定汽车行业标准。汽车行业标准的主管部门原为国家发展和改革委员会，2008 年以后为工业和信息化部。汽车行业标准需报国家标准化管理委员会备案，汽车的行业标准（代号 QC/T）有 600 余项。表 2-2 为 16 项汽车行业标准编号、名称、主要内容等。

表2-2 16项汽车行业标准编号、名称、主要内容等一览表

序号	标准编号	标准名称	标准主要内容	代替标准	发布日期	实施日期
1	QC/T 1002—2015	摩托车和轻便摩托车台架耐久性试验方法	本标准规定了摩托车和轻便摩托车进行台架耐久性的试验方法及试验记录等。本标准适用于摩托车和轻便摩托车台架耐久性试验		2015-07-14	2016-01-01
2	QC/T 1003—2015	摩托车金属载体催化转化器贵金属含量的测定方法	本标准规定了摩托车(含轻便摩托车)用金属载体催化转化器中贵金属元素铂(Pt)、钯(Pd)、铑(Rh)等含量的试液制备及电感耦合等离子体发射光谱(ICP-OES/AES)、电感耦合等离子体质谱(ICP-MS)、原子吸收光谱(AAS)的测定方法。本标准适用于摩托车用金属载体催化转化器中贵金属含量的测定		2015-07-14	2016-01-01
3	QC/T 1004—2015	汽车电动真空泵性能要求及台架试验方法	本标准规定了汽车制动系统中使用的电动真空泵的术语定义及性能要求及台架试验方法。本标准适用于汽车制动系统中为真空助力伺服装置提供独立真空源的电动真空泵。不适用于电动辅助真空泵		2015-07-14	2016-01-01
4	QC/T 200—2015	汽车和挂车气压制动装置用储气筒性能要求及试验方法	本标准规定了汽车和挂车气压制动系统用储气筒的性能要求及试验方法。本标准适用于汽车和挂车气压制动系统用的、圆柱形金属本体储气筒;其他材料或结构的储气筒可参照执行	QC/T 200—1995	2015-07-14	2016-01-01

续表

序号	标准编号	标准名称	标准主要内容	代替标准	发布日期	实施日期
5	QC/T 35—2015	汽车和挂车 气压控制装置技术要求及台架试验方法	本标准规定了汽车与挂车气压制动系统中气压控制装置的术语和定义、性能要求及台架试验方法。本标准适用于汽车和挂车气压制动系统中输出气压随操纵力、操纵手柄位置或控制气压的改变而变化的各种控制装置，如脚制动阀、手制动阀、挂车控制阀、感载比例阀、挂车紧急继动阀等。其他类似的控制阀可以参照执行	QC/T 35—1992、QC/T 36—1992	2015-07-14	2016-01-01
6	QC/T 37—2015	汽车与挂车 气压调节保护装置技术要求及台架试验方法	本标准规定了汽车与挂车气压制动系统中的气压调节保护装置的术语及定义、性能要求及台架试验方法。本标准适用于汽车与挂车气压制动系统中起压力调节分配、过载或失效保护作用的气压调节保护装置，如调压阀、压力保护阀、溢流阀、限压阀、安全阀等。其他类似产品可参照执行	QC/T 37—1992、QC/T 38—1992	2015-07-14	2016-01-01
7	QC/T 77—2015	汽车液压制动轮缸技术要求及台架试验方法	本标准规定了汽车液压数芯式制动器轮缸总成的产品分类、性能要求、试验设备、试验相关要求及试验方法。本标准适用于使用非石油基制动液的轮缸	QC/T 77—1993	2015-07-14	2016-01-01

续表

序号	标准编号	标准名称	标准主要内容	代替标准	发布日期	实施日期
8	QC/T 1005—2015	汽车防抱制动系统液压电磁调节器技术要求及台架试验方法	本标准规定了汽车防抱制动系统液压电磁调节器（包含阀体、常闭阀、常开阀、阻尼器、储液罐、回流泵及电机等）的术语和定义、性能要求、台架试验方法。本标准适用于各种开关阀类型的ABS液压电磁调节器，其他类型的ABS液压电磁调节器可参照执行		2015－07－14	2016－01－01
9	QC/T 1006—2015	汽车防抱制动系统气压电磁调节器技术要求及台架试验方法	本标准规定了汽车防抱制动系统气压电磁调节器的术语和定义、性能要求、台架试验方法。本标准适用于各种类型的ABS气压电磁调节器		2015－07－14	2016－01－01
10	QC/T 1007—2015	汽车用燃油滤清器过滤性能的评定 颗粒计数法	本标准规定了汽车用燃油滤清器采用颗粒计数法测定滤清效率的试验方法。本标准适用于汽车柴油机用燃油滤清器和高压共轨柴油机用燃油滤清器过滤性能的评定		2015－07－14	2016－01－01
11	QC/T 1008—2015	油箱通风用过滤器技术条件	本标准规定了油箱通风用过滤器的术语和定义、技术要求、试验方法和检验规则以及标志、包装、运输和贮存。本标准适用于体积流量不大于6 000 L/min的汽车液压油箱通风用过滤器，其他型式的油箱通风用过滤器可参照执行		2015－07－14	2016－01－01

续表

序号	标准编号	标准名称	标准主要内容	代替标准	发布日期	实施日期
12	QC/T 1009—2015	乘用车自动变速器用过滤器技术条件	本标准规定了乘用车自动变速器用过滤器的术语和定义、要求、试验方法、检验规则以及标志、包装、运输和贮存。本标准适用于乘用车自动变速器用过滤器		2015-07-14	2016-01-01
13	QC/T 1010—2015	离合器液压气助力系统助力器技术要求和台架试验方法	本标准规定了离合器液压气助力器的产品分类、技术要求、试验方法。本标准适用于汽车用离合器液压气助力系统助力器		2015-07-14	2016-01-01
14	QC/T 1011—2015	离合器液压气助力系统总泵技术要求和台架试验方法	本标准规定了离合器液压气助力系统总泵的技术要求、试验方法。本标准适用于汽车用离合器液压气助力系统总泵		2015-07-14	2016-01-01
15	QC/T 1012—2015	汽车液压助力转向系统清洁度技术要求及测定方法	本标准规定了汽车液压助力转向系统各部件清洁度技术要求及测定方法。本标准适用于汽车液压助力转向系统各部件，包括：汽车液压助力转向器、转向油泵、转向油罐、转向助力缸、转向油管、接头		2015-07-14	2016-01-01
16	QC/T 1013—2015	转向器输入轴用旋转轴唇形密封圈技术要求和试验方法	本标准规定了转向器输入轴用旋转轴唇形密封圈技术要求和试验方法。本标准主要适用于机械转向器输入轴油封，也可适用于液压助力转向器及电控液压助力转向器输入轴油封		2015-07-14	2016-01-01

3. 地方标准（DB）

在没有国家标准和行业标准，又需要在省级范围内统一的地方发布的产品技术标准。在油品、挂车等方面，北京、山东等省市就推出了其地方标准。

4. 企业标准（Q）

企业对其生产的产品制定企业标准，作为组织生产的依据。企业标准是企业对产品要求的集中体现，在企业内部适用。

任务二　汽车技术法规

任务2.2.1　汽车技术法规概述

一、法规体系与标准体系的不同点

1. 标准和技术法规的定义是不同的

中国国家标准 GB/T3935.1-1996《标准化和有关领域的通用术语 第1部分：基本术语》给出标准的定义为：为在一定的范围内获得最佳秩序，对活动或其结果规定共同的和重复使用的规则、导则或特性的文件，该文件经协调一致制定并经一个公认机构的批准。

标准应以科学、技术和经济的综合成果为基础，以促进最佳社会效益为目的。

技术法规是指规定技术要求的法规，可以引用"标准""技术规范"或"实施规程"的全部或部分内容。

2. 制定的目的不同

标准是为满足产业活动需要，针对共同和重复应用的实际或潜在的问题提出的，是为在一定范围内求得最佳秩序而制定的。技术法规是为政府法制化的行政管理活动服务的。二者的目的、服务对象截然不同。

3. 制定、批准和采用的机构不同

标准的起草、批准或采用是由一个公认机构负责的。所谓公认机构就是有能力在标准化领域开展活动，在国际上得到各国认可，在一个国家内得到本国政府认可或是已经树立起威信和信誉并为社会有关方面一致接受的标准化机构。比如ISO就是得到各国公认的非官方组织。

技术法规方面的工作则是由政府直接负责的，由政府的某一个权威机构具体管理。所谓权威机构是指法律授权的有法规"立法权"和法规"执法权"的机构，在一些情况下二者可以是同一个机构，而在另一些情况下，有法规"立法权"和法规"执法权"的机构可以是两个机构。

技术法规从制定、批准到执行都是政府的本职工作，属政府职能；而标准的制定、批准和执行，严格说不是政府职能。

4. 约束力不同

标准仅在其承认的范围内有约束力，其约束力为一种自觉承担义务性质的约束力，而没有法律意义上的约束力。所以一般标准的执行是非强制的。例如，国际标准是各参加国的标准化组织协商一致后制定，并由ISO批准的。如果某国不同意该项标准则可不签字，这个标准对该国就无约束力。相反签字国却有义务执行该标准。所以一般标准的执行是非强制的。

技术法规是法律直接派生的产物，是法律的配套文件，是政府为贯彻法律的原则通过一

定形式的立法程序制定的行政管理规则。因此它具有法律含义上的约束力。在一个国家里必然是强制执行的。

5. 体系构成不同

标准体系的构成是国际标准、区域标准、国家标准、团体标准和企业标准。

技术法规体系的构成则为区域技术法规、中央政府的技术法规和地方政府的技术法规。

6. 内容的构成不同

标准与技术法规有着密切的联系，表现在技术法规经常要直接引用标准作为其重要组成部分。

二者都要以技术和科研成果为基础，但二者在内容上仍有十分明显的差别：标准一般只包括"纯"技术的内容。而技术法规除了技术的内容外，一定还包括有为管理需要而由行政部门制定的行政规则。

汽车标准与法规是在汽车工业的发展过程中不断完善形成的，二者相互依存，在汽车产品生产与管理中共同发挥其不可替代的作用。技术法规与标准的比较见表2-3。

表2-3 技术法规与标准的比较

项目	技术法规	标准
定义	执法权威机构采用的规定或行政规则等约束性文件	为协调相关各方面工作关系而确定采用的各项原则
目的	从保障人民生命、财产安全、保护环境，节约能源等方面维护全社会的公共利益	保障行业、协作单位之间的协调关系，不断提高产品的技术水平；克服国际贸易中的技术壁垒，获取最佳经济效益
制定、批准、管理机构	政府颁布，由政府或授权机构执行、监督和管理	由不具有政府管理职能的有关机构或组织颁布，由相应的机构协调
内容	涉及汽车安全、环境保护、节约能源的技术内容，并包括为管理需要而制定的行政规划	一般为纯技术内容，不包括行政规则
适用范围	国家主权范围内	一般不受限制，可以跨越区域
管理方式	强制性，产品需通过认证机构的认证才有可能在法规管辖区域内得到认可	非强制性，企业可根据合同要求自主选择

二、国外汽车技术法规体系

世界上主要的汽车法规有美国汽车法规、欧洲汽车法规、日本汽车法规，形成了三大汽车法规体系。

此外加拿大、澳大利亚、沙特阿拉伯、南非、中国香港、新加坡等国家和地区也都有自己的汽车法规。但这些法规基本上都是参照美国法规或欧洲法规再结合本国具体情况制定的。

1. 欧洲汽车技术法规体系

欧洲各国除有自己国家的汽车法规外，主要有两个地区性的汽车法规，一是联合国欧洲经济委员会（Economic Commission for Europe，简称ECE）制定的汽车法规，ECE共有28个欧洲国家参加，美国、日本、加拿大、澳大利亚等国也以观察员身份参加其活动，ECE法规是由欧洲经济委员会下属的道路运输工作组的车辆结构专家组（WP29）负责起草。WP29

下设有6个专家小组：一般安全性规定专家组、乘员保护装置专家组、污染与能源专家组、灯光及光信号专家组、噪声专家组、制动及底盘、车辆状况、客车等专家组。二是欧洲经济共同体（European Economic Community，简称EEC）制定的指令（Directives）。

ECE法规由各国任意自选，是非强制性的，而EEC指令则作为成员国统一的法规，是强制性的。但ECE法规已被大多数国家所接受，并引入本国的法律体系中。表2-4的部分产品ECE认证法规号。图2-2为目前ECE法规体系。

表2-4 部分产品ECE认证法规号

序号	法规名称	法规号
1	R2和/或HS1类型丝灯灯泡前照灯	ECE R1
2	白炽灯丝灯泡前照灯	ECE R2
3	回复反射器	ECE R3
4	后牌照板照明装置	ECE R4
5	封闭式前照灯（SB）	ECE R5
6	转向灯	ECE R6
7	位置灯、制动灯和示廓灯	ECE R7
8	H系列卤素灯丝灯泡前照灯	ECE R8
9	L类车辆噪声	ECE R9
10	电磁兼容	ECE R10

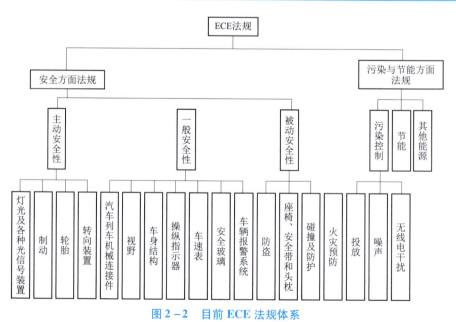

图2-2 目前ECE法规体系

三、中国现行强制性安全标准

对汽车产品实行定型试验和目录管理制度，只开展汽车标准化工作，尚无一个完整的汽车法规体系。1989年我国颁布《中华人民共和国标准化法》，明确将涉及人体健康、人身财产安全、污染和能耗及资源等方面的标准纳入强制性标准。

我国已将涉及汽车安全、环境保护和节能方面的111项标准纳入汽车强制性标准体系，其中主动安全标准30项，被动安全标准31项，一般安全标准32项，环保及节能标准18项。我国汽车、摩托车强制性标准构成如图2-3所示。我国汽车强制性标准体系见表2-5。

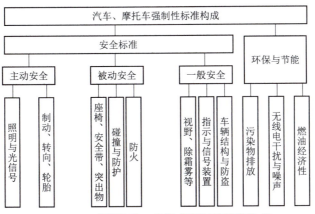

图2-3 我国汽车、摩托车强制性标准构成

表2-5 我国汽车强制性标准体系表

列入强标体系项目总数（135）	主动安全（38）		被动安全（33）			一般安全（37）			环保与节能（27）				总计	合计
	照明与光信号装置（28）	操控、制动、转向、轮胎（10）	座椅、门锁、安全带、凸出物（13）	车身、碰撞防护（14）	防火（6）	视野（6）	指示与信号装置（7）	车辆结构与防盗（24）	污染物排放（13）	噪声（3）	燃油经济性（6）	电磁兼容（3）	回收利用与再制造（2）		
汽车（111）	22	8	12	14	5	5	6	21	8	1	4	3	2	111	135
摩托车（24）	6	2	1	0	1	1	1	3	5	2	2	0	0	24	
已发布项目（112）	主动安全（34）		被动安全（28）			一般安全（27）			环保与节能（23）				总计	合计
	照明与光信号装置（25）	制动、转向、轮胎（9）	座椅、门锁、安全带、凸出物（11）	车身、碰撞防护（13）	防火（4）	视野（6）	指示与信号装置（6）	车辆结构与防盗（15）	污染物排放（13）	噪声（3）	燃油经济性（5）	电磁兼容（2）	回收利用与再制造（0）		
汽车（86）	19	7	10	13	3	5	5	12	8	1	3	2	0	88	112
摩托车（24）	6	2	1	0	1	1	1	3	5	2	2	0	0	24	

为确保国家对汽车产品安全性、环境保护和节能三方面的有效控制，今后我国（可能）将逐步实现强制性标准向技术法规的过渡，并将现行的汽车新产品定型办法向型式认证制度过渡。参照 EEC 指令和 ECE 法规制定我国强制性标准有助于与国际市场接轨，将促进我国汽车工业的发展。

任务2.2.2 汽车技术法规

一、汽车安全法规

自 1993 年第一批强制性标准发布以来，我国现在有关汽车安全方面的标准共有 93 项。

1. 主动安全性

定义：在交通事故发生之前的安全性，主要涉及汽车的动力性、操纵稳定性及汽车的舒适性、制动性以及灯光、视野等方面，称为汽车的主动安全性。

研究的目的：防止和减少交通事故的发生，涉及的安全性措施，如发生危险状态时，驾驶者采取操纵方向盘进行避让或者进行紧急制动。在汽车正常行驶时，确保操纵稳定性、对周围环境的视认性和基本行驶性能的措施等被称为主动安全性措施，涉及的安全装置：如防抱制动系统、防滑系统、主动悬架、四轮驱动、动力转向、灯光照明系统、刮水器、后视镜、防止车辆追尾的车距报警系统和激光雷达等称为主动安全系统或预防安全系统。

2. 被动安全

事故发生后的安全性，主要涉及汽车结构安全性及司乘人员的保护性安全性，这些称为汽车的被动安全。

研究的目的：尽量减小事故发生后司乘人员和行人直接的受害程度，涉及的安全性措施和装置。

如：汽车安全结构（车身、车架及内装饰等）、司乘人员保护系统（安全带、安全气囊）、防止火灾扩大和使司乘人员能够迅速从事故汽车中解脱出来的安全系统等称为被动安全性措施和系统。

我国汽车安全研究一直偏重于主动安全性方面，对被动安全了解较少，也缺乏被动安全方面的试验测试能力。

近 10 年来这方面的工作逐步起步，特别是清华大学汽车安全与节能国家重点实验室的建立，大大推动了我国这方面的研究。

二、汽车节能法规

为应对全球性的资源短缺和气候变暖，世界各国都在抓紧制定新的汽车油耗控制法规，控制汽车燃料消耗增长。

日本在汽车节能方面一直处于领先地位，早在 2005 年就推出乘用车和轻型汽车 2015 年燃料经济性标准，大幅度提高燃料经济性要求，并于 2006 年推出了世界上第一个重型商用车辆燃料消耗量试验方法和限值标准。美国于 2011 年发布了 2017—2025 年轻型汽车平均温室气体燃油经济性标准和 2014—2018 年重型商用车辆燃料经济性标准。在欧洲，欧盟于 2009 年有关乘用车 CO_2 减排的指令，要求各制造商在 2015 年最终实现 $130gCO_2/km$（对应汽油约为 5.5L/100km）的 CO_2 削减目标，并重申 2020 年实现 $95gCO_2$/km（对应汽油、柴油燃料消耗量分别 4.5L/100km、4L/100km）的长期目标。

综合来看，世界各国乘用车燃料消耗量标准法规整体控制目标趋势是在 2020 年达到 5L/100km 左右或 5L/100km 以下。

（一）我国汽车节能标准法规体系现状

为推动汽车节能技术进步和应用，提高汽车燃料经济性水平，我国从 2001 年开始加强了汽车节能标准研究，先后发布了《乘用车燃料消耗量限值》《轻型商用车辆燃料消耗量限值》《轻型汽车燃料消耗量标识》等一系列汽车节能领域重要标准，基本建立了轻型汽车节能标准体系（见表 2-6），在推动轻型汽车节能降耗方面发挥了积极作用。

表 2-6 中国汽车节能标准体系

项目	轻型汽车	重型汽车
标识标准	轻型汽车燃料消耗量标识（国标）	重型商用车辆燃料消耗量标识（国标，拟制定）
	汽车燃料消耗量标识（行标）	
限值标准	乘用车燃料消耗量限值（国际）	重型商用车辆燃料消耗量限值（国标）
	乘用车燃料消耗评价方法及指标（国际）	
	轻型商用车辆燃料消耗量限值（国际）	
试验方法	轻型汽车燃料消耗量试验方法（国际）	重型商用车辆燃料消耗量测量方法（国标）
	轻型混合动力电动汽车能量消耗量试验方法	重型混合动力电动汽车能量消耗量试验方法（国标）

1. 轻型汽车燃料消耗量试验方法

《轻型汽车燃料消耗量试验方法》（GB/T19233—2008）首次发布于 2003 年，于 2008 年修订，是我国现行轻型汽车节能标准法规体系建立的基础标准，对规范和统一轻型汽车燃料消耗量测定具有重要意义。该标准参照联合国有关二氧化碳和燃料消耗量测定的法规 ECE R101 制定，通过车辆在底盘测功机上模拟市区、市郊行驶工况运行（即所谓 NEDC 工况），测量 CO_2、CO 和碳氢化合物 HC 的排放量，依据碳原子守恒原理（碳平衡法）计算车辆的燃料消耗量。

2. 乘用车燃料消耗量限值

《乘用车燃料消耗量限值》（GB/T 19578—2014）是我国汽车节能领域强制性国家标准，完全依据中国汽车产品的技术特点和实际情况制定，以"淘汰落后产品、促进技术进步"为目标。

标准采用按质量分组的单车燃料消耗量评价体系，对应油耗/排放试验按整备质量分成 16 个不同的质量段，在每个质量段内适用统一的燃料消耗量限值；考虑到低重量车绝对油耗较低这一事实，在不同质量段之间，对低质量段的油耗限值适当放松，对高质量段的油耗限值则适当加严，即所谓"抓大放小"的控制策略。考虑到采用某些车辆技术、特殊用途所需的车辆结构对燃料经济性造成的不利影响，将装有自动变速器（AT）、具有三排或三排以上座椅或属 M1G 类的车辆油耗限值适当放宽。装有手动挡变速器且具有三排以下座椅的燃料消耗量限值见表 2-7，其他车辆的燃料消耗量限值见表 2-8。

表2-7 装有手动挡变速器且具有三排以下座椅的车辆的燃料消耗量限值

整车整备质量（CM）/kg	车型燃料消耗量限值/（L·100km^{-1}）
CM≤750	5.2
750＜CM≤865	5.5
865＜CM≤980	5.8
980＜CM≤1 090	6.1
1 090＜CM≤1 205	6.5
1 205＜CM≤1 320	6.9
1 320＜CM≤1 430	7.3
1 430＜CM≤1 540	7.7
1 540＜CM≤1 660	8.1
1 660＜CM≤1 770	8.5
1 770＜CM≤1 880	8.9
1 880＜CM≤2 000	9.3
2 000＜CM≤2 110	9.7
2 110＜CM≤2 280	10.1
2 280＜CM≤2 510	10.8
2 510＜CM	11.5

表2-8 其他车辆的燃料消耗量限值

整车整备质量（CM）/kg	车型燃料消耗量限值/（L·100km^{-1}）
CM≤750	5.6
750＜CM≤865	5.9
865＜CM≤980	6.2
980＜CM≤1 090	6.5
1 090＜CM≤1 205	6.8
1 205＜CM≤1 320	7.2
1 320＜CM≤1 430	7.6
1 430＜CM≤1 540	8.0
1 540＜CM≤1 660	8.4
1 660＜CM≤1 770	8.8
1 770＜CM≤1 880	9.2
1 880＜CM≤2 000	9.6
2 000＜CM≤2 110	10.1

续表

整车整备质量（CM）/kg	车型燃料消耗量限值/（L·100km^{-1}）
2 110 < CM ≤ 2 280	10.6
2 280 < CM ≤ 2 510	11.2
2 510 < CM	11.9

3. 轻型汽车燃料消耗量标识

《轻型汽车燃料消耗量标识》是我国汽车行业第一项以服务消费者为目的标准。该标准适用范围涵盖能够燃用汽油或柴油燃料的、最大设计总质量不超过 3.5t 的 M1、M2 类和 N1 类车辆，不适用于混合动力电动汽车及可燃用其他单燃料的车辆。

（1）标识方案

标识的核心信息是汽车燃料消耗量，出于不同消费者需求不同的考虑，标识将提供市区、市郊和综合工况的燃料消耗量。除此以外，标识还应包括与燃料消耗量相关的车辆结构说明和参数。标识主背景色为黄色，由"标题区""信息区""说明区"和"附加信息区"四个功能区组成。其中，"信息区"是标识的核心部分，由"车型基本信息""标识图案"和"燃料消耗量信息"构成，如图 2-4 所示。

（2）使用要求

标识尺寸规定了 A5、A4 幅面，并允许在其他幅面中使用尺寸为 A5 或 A4 幅面的标识并保证其格式符合要求。标识可采用纸质或塑料材质，粘贴在车辆内部侧车窗或挡风玻璃上、不对驾驶员视野构成影响的显著部位。

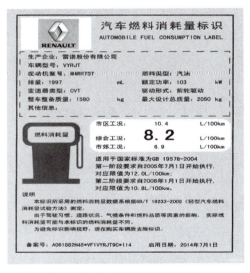

图 2-4 汽车燃料消耗量标识

三、汽车环保法规

（一）汽车排放法规

汽车排放是指从废气中排出的 CO（一氧化碳）、HC + NO$_x$（碳氢化合物和氮氧化物）、

PM（微粒、碳烟）等有害气体。

从1943年美国洛杉矶出现光化学烟云以后，人类逐步明确了汽车排放是大气污染的主要来源。1961年美国加州颁布了世界上第一部汽车排放法规。随着汽车尾气污染的日益严重，汽车尾气排放立法势在必行，世界各国早在六七十年代就对汽车尾气排放建立了相应的法规制度，通过严格的法规推动了汽车排放控制技术的进步，而随着汽车排放控制技术的不断提高，又使更高标准的制定成为可能。

我国的排放标准分为：国一、国二、国三、国四、国五、国六，截至2018年12月31日，全国地区轻型汽油车实施的是国5排放标准。国5排放标准全称是《轻型汽车污染物排放限值及测量方法》（中国第五阶段）。国六的燃油标准已经在某些省市作为试点了，大多炼油企业生产的燃油也都能达到国六标准，国六燃油标准相比国五燃油中的含铅、铁、锰等重金属比例做了更严格的规定，还有硫、氧、甲醇、苯等的含量也变得更为严格。国六燃油标准的提高对环境的改善将产生重大作用，毕竟机动车排放的污染物占到总污染物的35%。

国六排放标准分两个阶段实施：

第一阶段，从2020年7月1日起，所有销售和注册登记的汽车都必须符合国六A标准；

第二阶段，从2023年7月1日起，所有销售和注册登记的汽车都必须符合国六B标准；部分城市已提前至2019年1月1日实施轻型汽车国六排放标准。

国六排放标准被认为是全球控制汽车污染物排放最严格的标准之一，相比国五排放标准限值，国六A阶段排放标准汽油车一氧化碳限值加严30%；国六B阶段排放标准汽油车的一氧化碳和氮氧化物限值加严了50%和42%。不仅如此，国六标准中还首次采用了燃油中立的限制，对轻型汽油车和柴油车的要求一致，同时还大大加严了蒸发排放的测试规程和限值要求，并增加了车载加油油气回收的要求。国六标准是对国五标准的升级，它将严格控制污染物的排放限制，主要的升级在于：限值的要求更加严格。相比国五加严了40%至50%左右，并且，对于柴油车采用的也是同样的标准。汽车污染物限值对比见表2-9。

表2-9 汽车污染物限值对比

标准	一氧化碳	烃类	非甲烷烃	氮氧化物	颗粒物
国五	<1g/km	<100mg/km	<68mg/km	<60mg/km	<4.5mg/km
国六	<0.5g/km	<50mg/km	<35mg/km	<30mg/km	<3.0mg/km

（二）乘用车内空气质量控制法规

在过去几年中，关于车内空气污染的投诉从来没有消停过。某豪华品牌遭遇集体投诉的事件依然历历在目，开车2年相当于吸烟10年更不是一个传说。一边是车内空气污染如顽疾一般，难以治愈；另一边是我们在车内的时间越来越长。2014年《中国人群暴露参数手册》显示：驾乘人员在所有交通工具中暴露时间最长的是小客车。全国的平均暴露时间是每天40分钟，其中北京、天津、广东等地驾乘人员的平均暴露时间高达每天60分钟。而且随着交通拥堵情况加剧，会使得驾乘人员在车内的时间越来越长，同时，车内装饰水平也是花样越来越多，更好的车厢密闭性也使车内空气污染物更容易聚积而产生污染。车内空气质量问题的根源主要是汽车内饰材料释放的有毒物质，这与车辆制造工艺和零部件有着直接关系，影响比较大的有汽车仪表板总成、车门门饰板、地毯、顶棚、汽车线束、座椅总成等。

根据环保部最新发布的《乘用车内空气质量评价指南》强制标准征求意见稿，标准主要针对新车，车内空气中的苯、甲苯、二甲苯和乙苯等有害物质都有了更为严苛的限量值，并给出了汽车厂家强制执行的时间表：2017年1月1日起，所有新定型销售车辆必须满足该标准要求；此前已经定型的车辆，自2018年7月1日起实施强制标准要求。

车内污染物中，苯、甲苯、二甲苯、乙苯、苯乙烯、甲醛、乙醛、丙烯醛等8种物质对人体的危害较为严重，新标准对这些有害物质都给出了明确限值，特别是苯由原标准的 $0.11mg/m^3$ 加严为 $0.06mg/m^3$，甲苯由原标准的 $1.10mg/m^3$ 加严为 $1.00mg/m^3$，二甲苯和乙苯由原标准 $1.50mg/m^3$ 加严为 $1.00mg/m^3$。

标准提出，汽车制造企业应保证批量生产车辆的内饰零部件与备案信息一致，否则将判定为环保一致性检查不合格。行业主管部门可以随机在生产线上抽取批量生产的汽车进行环保一致性检查，如果抽取的样车检测合格，则判定环保一致性检测合格。如果检测发现8项指标中任何一种污染物超标，都将判定为不合格。

《乘用车内空气质量评价指南》强制标准征求意见稿

1. 范围

本标准规定了M1类车车内苯、甲苯、二甲苯、乙苯、苯乙烯、甲醛、乙醛、丙烯醛等8种挥发性物质的浓度限值。

本标准适用新生产M1类车车内空气质量状况的评价。

2. 规范性引用文件

本标准内容引用了下列文件中的条款，凡是不注日期的引用文件，其最新版本适用于本标准。

CB/T 15089 机动车辆及挂车分类。

HJ/T 400 车内挥发性有机物和醛酮类物质采样测定方法。

3. 术语和定义

GB/T 15089 和 HJ/T 400 确立的以及下列术语和定义适用于本标准。

3.1 新生产车 new produced vehicle

汽车厂新生产下线合格车辆。

3.2 M1类车 vehicle of category M1

至少有四个车轮，用于载客目的，包括驾驶员座位在内，座位数不超过9座的乘用车。

3.3 车内空气控制物质 vehicle indoor air quality control materials

按"HJ/T 400 – 2007 车内挥发性有机物和醛酮类物质采样测定方法"测量得到的苯、甲苯、二甲苯、

乙苯、苯乙烯、甲醛、乙醛、丙烯醛等八种物质。

4. 车内空气质量要求

车内空气质量应符合表1规定的浓度限值要求。

表1　车内空气污染物浓度限值

单位：mg/m³

序号	项目	限值
1	苯	0.06
2	甲苯	1.00
3	二甲苯	1.00
4	乙苯	1.00
5	苯乙烯	0.26
6	甲醛	0.10
7	乙醛	0.20
8	丙烯醛	0.05

5. 受检车辆的规定

5.1 受检车辆为新下线后28±5天以内，且未经销售者或者使用者擅自改变车辆内饰的车辆。在接受检验前，不得进行影响车内空气质量的任何人为改造，除非这些改造措施是制造厂必需的生产过程，或者运输过程的一部分。

5.2 受检车内不得临时安放影响检测结果的吸附或净化装置，除非这些装置是按照制造厂的制造要求所必须配置的装置。

5.3 车辆燃油箱中的燃料种类和燃料量按制造厂的规定添加。

5.4 本标准规定的车辆下线时间28±5天以内，是指车辆进行定型实验和环保一致性检查时间，下线时间超过33天的车辆更应该满足本标准规定的限值要求。主管部门在组织实施环保一致性检查实验时，可以不受上述时间上限规定的限制。

6. 检验方法

检验方法按"HJ/T 400—2007 车内挥发性有机物和醛酮类物质采样测定方法"的规定进行。

7. 信息公开

汽车制造企业或者授权代理商应向环境保护主管部门上报备案，并按规定公开拟批量生产车型的车内空气质量信息，备案并公开的信息包括样车车内空气质量测量结果，主要内饰零部件配置等相关信息。

8. 环保一致性检查

汽车制造企业应保证批量生产车辆的内饰零部件与备案信息一致，否则判定环保一致性检查不合格。

如果被抽查车辆的内饰零部件与备案信息相符，环境保护主管部门可以要求被抽查车辆进一步进行车内空气质量检查实验，并根据下列原则进行结果判定。

8.1 合格性判定

环境保护主管部门，或者授权机构可以在生产线末端，随机抽取一辆汽车进行车内空气质量检测。

测量结果中，如果8种控制污染物均不大于表1规定的浓度限值，则判定环保一致性合格。

8.2 不合格性判定

如果抽检车辆的 8 种控制物质中，有一种或以上物质超出表 1 规定的浓度限值，则判定环保一致性检查不合格。

8.3 不合格性判定的追加实验判定

8.3.1 如果上述被抽查车辆的车内空气质量实验结果判定为不合格，汽车制造商有权向环境保护主管部门申请追加抽查 3 辆车进行实验，追加实验中，被抽查的车辆必须是与上述抽查车辆的车型及内饰属于同一系族的车辆，被抽查车辆须满足本文 5.4 规定的下线时间。

8.3.2 如果被抽查的 3 辆车均满足标准要求，则判定环保一致性检验合格。否则判定环保一致性检验不合格。

9. 更改和扩展

9.1 车型的扩展

如果其他车型的内饰零部件与已经通过批准的车型相同，则批准可以扩展到相同的内饰系族，内饰系族的确定原则如下：

9.1.1 同一汽车制造厂生产的汽车，尽管排量可能不同，但其内部和外部尺寸可能是相同的，只要车辆内部结构尺寸和主要内饰零部件相同，就可以视为相同内饰系族。

9.1.2. 相同外型尺寸的车辆，两厢车和三厢车由于内部空间不同，不应被视为相同内饰系族。

9.2
对已通过批准车型车辆内饰零部件的更改，应在批量生产前，通知批准该车型的主管部门，主管部门可以做出如下决定：

——如果所做的内饰零部件的更改不会影响该车型的车内空气质量，则对该车型的批准依然适用于更改车型；

——如果所做的内饰零部件更改影响该车型的车内空气质量，则可以要求企业按照本标准的相关规定，提交更改车型的试验报告，以及车辆内饰零部件的相关信息资料。

9.3
为了减少企业的负担，汽车生产企业可以在其车型系族中，定义一个车内空气质量"最差"车型系族，该最差车型系族是各系族中车内空气最差的车型，并提交该最差车型系族的实验结果数据代表多个系族的车内空气质量，上述"最差"车型系族的定义由汽车生产企业和环境保护主管部门共同协商确定。

10. 标准实施日期

10.1 备案和信息公开

自本标准发布之日起，即可依据本标准进行有关车内空气质量的备案和信息公开。

10.2 销售和登记注册

自 2017 年 1 月 1 日起，所有新定型销售车辆必须满足本标准要求。

本标准发布前已经定型车辆，自 2018 年 7 月 1 日起实施本标准要求。

10.3 环保一致性检查

对按本标准获得批准生产的乘用车，其生产一致性检查自批准之日起执行。

四、汽车噪声法规

随着国民经济建设事业的蓬勃发展，我国城市机动车数量日益增多，加剧了城市的噪声污染。据国内几十个大、中城市的噪声实测结果，机动车辆噪声已成为城市的主要噪声源。

为减少汽车行驶噪声的污染，各国和各大汽车厂商都制定标准限制汽车噪声，其主要内容包括：车外加速行驶噪声标准、车外匀速行驶噪声标准、车内噪声标准、发动机噪声标准、定置噪声标准、排气噪声标准等方面（其中部分为强制性标准）。

1979年我国首次颁布了两项国家标准GB 1495—1979《机动车辆允许噪声》和GB 1496—1979《机动车辆噪声测量方法》，主要适用于新型车型式认证，规定了各类车辆加速行驶噪声的限值和测量方法。1996年，由于我国城市交通噪声污染日益严重，国家环境保护局和国家技术监督局联合发布了国标GB 16170—1996《汽车定置噪声限值》，对在用车辆处于定置工况下的噪声辐射实行控制，该标准至今仍有效，对轿车和重型货车的定置噪声分别规定了85dB（A）和103dB（A）的限值。2002年，为了适应现代车型的噪声测量以及国际惯例保持一致，国家环境保护总局和国家质量监督检验检疫总局又联合发布了GB 1495—2002《汽车加速行驶车外噪声限值及测量方法》，GB 1495—2002主要参考了联合国欧洲经济委员会法规ECE Reg. No. 51和ISO362噪声测量标准，GB 1495—2002取代了原有两项国标GB 1495—79和GB 1496—79，自2002年10月1日起分两个阶段实施。

任务三　汽车认证法规

一、强制性产品认证管理规定

强制性产品认证制度是各国政府为保护广大消费者人身和动植物生命安全，保护环境保护国家安全，依照法律法规实施的一种产品合格评定制度，它要求产品必须符合国家标准和技术法规。强制性产品认证，是通过制定强制性产品认证的产品目录和实施强制性产品认证程序，对列入目录或公告中的产品实施强制性的检测和审核。凡列入强制性产品认证目录内的产品，没有获得指定认证机构的认证证书，没有按规定加贴认证标志，一律不得进口、不得出厂销售和在经营服务场所使用。

3C认证的全称为"强制性产品认证制度"，它是各国政府为保护消费者人身安全和国家安全、加强产品质量管理、依照法律法规实施的一种产品合格评定制度。所谓3C认证，就是中国强制性产品认证制度，英文名称China Compulsory Certification，英文缩写CCC。国家对强制性产品认证使用统一的3C标志，通过3C认证的产品要使用3C认证标志。需要注意的是3C标志并不是质量标志，而只是一种最基础的安全认证。

3C认证主要是试图通过"统一目录，统一标准、技术法规、合格评定程序，统一认证标志，统一收费标准"等一揽子解决方案，彻底解决长期以来我国产品认证制度中出现的政出多门、重复评审、重复收费以及认证行为与执法行为不分的问题，并建立与国际规则相一致的技术法规、标准和合格评定程序，可促进贸易便利化和自由化。

3C标志一般贴在产品表面，或通过模压压在产品上，仔细看会发现多个小菱形的"CCC"暗记。每个3C标志后面都有一个随机码，每个随机码都有对应的厂家及产品。认证标志发放管理中心在发放强制性产品认证标志时，已将该编码对应的产品输入计算机数据库中，消费者可通过国家质量认证中心进行编码查询。

二、汽车行业强制性产品认证

伴随着汽车工业的发展，国内广大消费者在选购汽车时，汽车的安全系数已经成为一个重要决定因素。汽车整车及零部件产品的安全性能与认证也越来越受到广大厂商和行业的关注，其中汽车安全产品等需要3C认证的产品发展态势尤为迅猛。早在2002年，国家质量监督检验检疫总局推出"3C"强制认证制度，规定：在强制目录中的汽车产品，必须符合强制性产品认证规则要求，否则不得出厂、销售、进口或在其他经营活动中使用。3年多后，在2005年2月1日，国家有关部门再次发布公告，对机动车灯具产品等零部件实施强制认证。车辆零部件产品3C强制性认证目录，主要包括机动车用喇叭、机动车回复反射器、制动软管汽车灯具照明、汽车后视镜、汽车内饰材料、汽车燃油箱、汽车行驶记录仪、车身反光标志等产品。值得注意的是，这次强制目录从汽车销售扩展到了汽配业，范围更广。

（一）为什么要实行3C认证制度

近几年来，提高汽车自身安全系数的呼声越来越高，从实际情况来看，有些交通事故就是由汽车本身的缺陷造成的，所以，国家逐步对机动车零部件产品实施强制认证，是出于对人身安全的考虑。实行3C认证，是在给老百姓传达一个信息：经过国家强制认证的产品，质量有保证，请放心使用。汽车作为商品，有着它的特殊性。因此，国家对汽车产品质量要求比较高，认证也比较严格，同时还实施了缺陷汽车产品召回、"三包"等制度，这最大限度地保护了广大消费者的人身安全。

对汽车厂家来讲，3C认证，这是一个门槛，跨过去了，那就继续生存；跨不过去，就意味着被淘汰，其实归根到底，国家在强调一个汽车产品的质量问题，为防滥竽充数，就强制设置了一种市场准入门槛。每个企业必须保证生产出来的汽车整车、零部件等达到国家有关标准，质量合格，从而保证人身安全。一些生产劣质零部件、技术水平落后的企业，将会被淘汰出局。此外，作为一种技术产业政策，按照WTO规则，国外汽车厂家享受国民待遇的同时，也必须经过3C产品认证，才能进口使用。

（二）汽车3C如何"认证"

省质量技术监督局按照颁布的汽车零部件产品第二批强制认证目录强制执法，未经强制产品认证的机动车相关产品，将不得出厂、销售或在经营活动中使用，违者将面临高额罚款。一个企业要想获得3C认证，得经过以下几个步骤：

第一，企业先提出申请；

第二，用送样的方式，将产品送到指定的经国家认可的检测机构，做各种性能指标试验；

第三，如果各项条件达标，经认证检查机构现场审核，最后由认证机构认可，将颁发3C认证证书，这样，该企业才能够在产品上使用3C认证标志。

一般来讲，从申报到最后审批，如果符合相关条件，整个认证周期不超过90天。今后国家对于汽车产品，将会更进一步严格管理。比如，加大对缺陷汽车产品的召回力度、规范农用机动车等。这意味着，使用着农用机动车的千百万农民兄弟，将来买车驾车会更安全、更放心。

（三）汽车3C"认证"如何收费

据了解，申请3C认证的费用共有7项，包括申请费、产品检测费、工厂审查费、批准与注册费、监督复查费、年金和认证标志费。单这 7 项的费用就约为 30 万元人民币。然而，通过认证的费用远不止这些，因为国家对整车产品的检测就有 47 项，而费用最大的是碰撞试验，单个车型就要报废 4 辆车，其中 3 辆用于碰撞，1 辆用于散体。花费百万元人民币以上以通过 3C 认证对企业来说也不是一个小数目。在中国质量认证中心的网站上，人们可以发现一些高档进口汽车品牌尚未列入 "3C 认证" 的名单。这种认证成本对于销量比较大的汽车产品关系不大，但对于销量不多，而且单一辆车就价值上百万的品牌来说，就显得有点 "代价" 昂贵了。业内人士指出，对于一些在中国认知度不是太高的顶级轿车来说，尽管平均每一辆车的利润较高，但因为在中国市场上每年销量才几辆十几辆，而且车价越高赔车成本越高，确实面临进退的选择，如原装进口的丰田小型 Sovran4 不再接受订单，丰田方面的解释是两款车型都将出新款，无意将两款旧车型做 3C 认证。

（四）如何正确识别 3C 标志

没有获得 3C 认证的车办不了牌照，所以假冒 3C 标志就随即出世。3C 标志采用了 10 种防伪措施，如激光防伪、微缩文字处理、荧光防伪等，最重要的防伪措施是数码防伪技术。每枚 3C 标志的背面都有一个唯一的编码。认证标志发放管理中心在发放 3C 标志时，已将该编码对应的产品输入计算机数据库中，该数据库主要包含以下内容：编码及发放数量、标志的规格、申请人名称、标志所对应的产品、工厂名称、证书编号等。现在市场上出现的 3C 标志有两种形式。一种是椭圆形的不干胶激光防伪标志，这种形式的标志多用在汽车配件上。标志中间是英文 CCC，外边是一个黑色的圈，第三个 C 的右边还有一个 s。3C 标志的背景为镀铝膜材料，采用点阵全息方法制作动态变光全息图，消费者从不同角度能看到不同的色彩，光线入射角的变化也会引起色彩的变换。其次在第一个 C 的左边有一个不容易看到的小暗记 s，在紫外灯的照射下它就变成了绿色，非常明显。真品的 3C 标志由两层构成，揭开上面的一层后可在第二层上看到一个序列号码，消费者可以打电话查询或登录国家认监委网站（www.cnca.gov.cn）查询。3C 认证标志还有消防认证标志、电磁兼容标志和安全与电磁兼容标志 3 种。另一种形式为印刷 3C 标志，汽车安全玻璃和汽车、摩托车轮胎上多采用印制 3C 标志。印制的 3C 标志从表面上看不容易辨别真伪，消费者遇到这种情况一是可以通过印刷的证书编号到国家认监委网站查询，二是可以通过消费者协会、质量技术监督部门、工商局 12315 等单位帮助认定。

三、中国生态汽车评价规程

随着汽车保有量的急剧增加，能源、环境和健康等矛盾日趋突出，检测数据表明，近 35% 的汽车都存在车内空气醛类或苯类含量超标的问题，每年新增石油消费量的 70% 以上被新增汽车所消耗，而且尾气排放已成为我国空气污染的重要来源，是造成灰霾、光化学烟雾污染的重要原因，对人类的健康、生活环境造成了极大的危害。基于这一现象，中国汽车技术研究中心在国家宏观调控的领导下，针对汽车领域开展生态汽车评价。《中国生态汽车评价规程》（China Eco - Car Assessment Programme，简称 C - ECAP），于 2015 年正式编制完成。随着汽车产品生态设计技术的不断发展和相关标准的不断更新，中国汽车技术研究中心有限公司根据行业发展趋势，对《中国生态汽车评价规程（2015 年版）》进行了改进和完善，经过与业内专家的反复研讨，形成新的《中国生态汽车评价规程（2019 年版）》，以推动汽车产品生态性能不断进步，促进汽车行业健康可持续发展。

生态汽车评价，是基于生态设计的理念，在汽车产品的全生命周期内，对汽车产品健康、节能、环保等绩效指标进行的综合性评价，并根据评价结果进行生态汽车等级划分的认证活动。

生态设计是按照全生命周期理念，从源头减少环境污染，在产品设计开发阶段系统考虑原材料选用、制造、生产、使用、处理等各个环节可能对环境造成的影响，力求产品在全生命周期中最大限度降低资源消耗、尽可能少用或不用含有有毒有害物质的原材料，减少污染物产生和排放，从而实现环境保护的活动。

中国生态汽车评价体系由产品检验和技术参数评定 2 个部分组成。其中，产品检验部分包含车内空气质量、车内噪声、有害物质、综合油耗、尾气排放 5 个项目，技术参数评定部分包含可再利用率和可回收利用率核算报告、企业温室气体排放报告、汽车生命周期评价报告 3 个项目。综合分数满分为 100 分。根据综合分数及产品检验部分中单项得分系数，中国生态汽车评价结果见表 2 – 10。

表 2 – 10　中国生态汽车评价结果表

总分	星级	认证注册
≥90 分，且产品检验部分单项得分系数均≥70%	5 星（★★★★★）	是
≥80 且 <90 分，且产品检验部分单项得分系数均≥60%	4 星（★★★★）	是
≥70 且 <80 分	3 星（★★★）	是
≥60 且 <70 分	2 星（★★）	是
<60 分	1 星（★）	否

备注：
1）当总分≥90 分，而产品检验部分中出现单项得分系数 <70% 时，评级为 4 星；
2）当总分≥80 分，而产品检验部分中出现单项得分系数 <60% 时，评级为 3 星。

《中国生态汽车评价规程》详见中国生态汽车评价规程（C – ECAP）官方网站。

同步测试
项目二　汽车标准与技术法规

项目三
汽车销售法律法规

```
                                      ┌ 合同的概念
                                      │ 合同关系
                        ┌ 合同法的概述 ┤ 合同法的概念和适用范围
                        │             │ 合同法的基本原则
                        │             │ 合同的生效要件
         ┌ 汽车销售法律法规             └ 违约责任
         │              │             ┌ 新车订购单
         │              └ 汽车销售合同 ┤ 购车协议
         │                            └ 交车单
         │                            ┌ 银行贷款购车
汽车销售合│              ┌ 汽车消费信贷 ┤ 汽车金融公司贷款购车
同法律法规┤ 汽车消费信贷与│             └ 汽车贷款管理办法（2017 年修订）
         │ 销售管理法律法规             ┌《汽车销售管理办法》全文
         │              └ 汽车销售管理办法┤
         │                              └《汽车销售管理办法》的重点内容
         │              ┌《中华人民共和国进出口商品检验法（2018 年修正）》
         └ 进出口汽车销售┤《进口汽车检验管理办法》
           管理法律法规  └《汽车平行进口试点的若干意见》
```

1. 掌握合同的生效条件；
2. 理解合同法的特征和调整对象；
3. 掌握汽车销售合同的基本内容；
4. 掌握汽车消费信贷方式与管理办法；
5. 了解进出口汽车销售管理法律法规。

70年，70人

他们是中国汽车工业的开创者，他们是纵横捭阖的企业领袖，他们是坚守一线的大国工匠，他们是中国汽车业的基石和灵魂。

"我老了，无法投身中国汽车工业的第三次创业。但是，我愿意躺在地上，化作一座桥，让大家踩着我的身躯走过，齐心协力把轿车造出来，实现我们几代人的中国轿车梦。"作为中国第一代汽车人的代表，饶斌的这番真情表白让闻者动容。燃烧自己，无私奉献，正是以饶斌为首的老一代汽车人的代表。他们是一汽、二汽的创立者，是百姓轿车生活的奠基人。他们以人格魅力为表率，为中国汽车培育出一个五彩斑斓的苗圃。老一辈汽车人，为中国汽车牵肠挂肚一辈子。新一代汽车人正继往开来奋勇拼搏，他们的愿望不仅是造好中国车，更要让中国汽车跑遍全世界。

中国一汽董事长、党委书记徐留平不仅入选"中国汽车70人"，更是被评为2018—2019"中国汽车年度人物"。不计个人得失，只为企业长足发展，成为徐留平一年多来在一汽大刀阔斧改革最真实的写照。展望未来，如何做好汽车，他谈到了四个关键因素："首先是要有情怀，没有情怀，没有热爱，做不好汽车；第二要有洞见，汽车业是一个令人着迷的行业，但是需要洞见，如果没有洞见，后面或许会缺乏远见；第三，要有勇气，既然有洞见，那就去干；最后，一定要谦敬，对于消费者、对于汽车，要有一种谦卑和敬畏的感觉。对于我本人，对于一汽和红旗来讲，我们怀着情怀、希望与洞见，同时怀着决心和勇气，最后抱着谦卑和敬畏的心，做好红旗、做好一汽！"

过去70年里，中国汽车筑梦成真，实现了从无到有、从小到大的突破；未来，一代代汽车人还将继续在奔跑中拥抱梦想、成就未来，推动汽车从大到强，从中国走向世界！中国汽车人，任重道远！

谈一谈你将来想做一个怎样的汽车人。

2018年车市增速放缓，用户进入冷静消费、品质消费时期，我国经济发展也从高速增长阶段转向高品质发展阶段。信用体系建设是撑起品质消费的基础，唯有相互信任，才有利于消费市场的高质量发展。

长期以来，汽车行业存在着多种消费陷阱，均涉及商家的信用问题。例如主机厂虚假宣传、出厂减配问题，以及经销商销售欺诈，向用户出售库存车、事故车等恶劣行为，包括强制上险等捆绑消费问题，都是一直以来尚未彻底解决的消费困境。

2018年汽车及零部件的投诉热点依然集中在合同、售后、质量、价格以及安全等方面。其中，关于售后服务方面的投诉在2018年有所缓解，但关于合同问题和质量问题均出现大幅增长。

随着产品种类的增多，主机厂的产能问题面临巨大挑战，包括造车新势力的交付问题也越来越紧迫。在过去的一年中，因为无法按时交车或者不按合同规定加价售车、强制上险等问题屡见不鲜。

可见，在品质消费之后，商家的信誉度决定了日后消费者对品牌的信任程度。除了2018年大环境的影响，也正因为消费者对商家的信用产生怀疑，才导致了消费者观望心态的产生。

思考：信用体系建设对汽车业发展的重要性表现在哪些方面？

任务一　汽车销售合同法律法规

3.1.1　合同法的概述

（一）合同的概念

在合同法理论上，合同也称契约。有学者考证，我国早在200年前就已经存在"合同"一词，只不过是没有被广泛使用。

合同是反映交易的法律形式。英美法学者大都认为合同是一种允诺。我国民法理论基本上接受了大陆法的概念，认为合同是一种合意或协议。我国《合同法》第二条规定："合同是平等主体的自然人、法人、其他组织之间设立、变更、终止民事权利义务关系的协议。"

合同具有以下几个特点：

①合同是平等主体的自然人、法人和其他组织所实施的一种民事法律行为。民事法律行为是以意思表示为成立要件的，没有意思表示，就没有民事法律行为。合同是当事人之间设立、变更、终止权利义务关系的协议，是当事人意思表示一致的结果。因此，合同是一种民事法律行为。

合同作为民事法律行为，在本质上属于合法行为。这就是说，只有在合同当事人所做出的意思表示符合法律要求的情况下，合同才具有法律约束力，并应受到法律的保护。

②合同以设立、变更或终止民事权利义务关系为目的和宗旨。

民事法律行为是以达到行为人预期的民事法律后果为目的的行为。就合同而言，这种预期的民事法律后果就是设立、变更、终止民事权利义务关系。所谓设立民事权利义务关系，是指当事人订立合同旨在形成某种法律关系（如买卖关系、租赁关系），从而具体地享受民事权利，承担民事义务。所谓变更民事权利义务关系，是指当事人通过订立合同使原有的合同关系在内容上发生变化。所谓终止民事权利义务关系，是指当事人通过订立合同，旨在消灭合同关系。

合同以设立、变更或终止民事权利义务关系为目的和宗旨，这就意味着合同必须由双方共同实施订约行为，如果仅仅有一方做出意思表示，而另一方并没有表示同意，仍然不能产生表意人所预期的法律后果，因此，也不能成立合同。

③合同是当事人协商一致的产物或意思表示一致的协议。

合同又称协议，而协议一词，在民法中也可以指当事人之间形成的合意。任何合同都必须是订约当事人意思表示一致的产物。合同必须包括以下要素：第一，合同的成立必须要有两个以上的当事人；第二，各方当事人须做出意思表示；第三，各个意思表示是一致的；第四，当事人必须在平等、自愿的基础上进行协商，形成合意。

（二）合同关系

合同关系和其他一般民事法律关系一样，也是由主体、内容和客体三个要素组成的。

1. 合同关系的主体

合同关系的主体又称为合同的当事人，包括债权人和债务人。债权人有权请求债务人依据法律和合同的规定履行义务；而债务人则应依据法律和合同负有实施一定行为的义务。在双务合同关系中，当事人双方互为权利人、义务人，即一方所享有的权利，乃是另一方所负有的义务。因此，双方互为债权人与债务人。

2. 合同关系的内容

合同关系的内容包括基于合同而产生的债权和债务，又称合同债权和合同债务。合同债权在本质上是一种请求权，而不是一种支配权（物权）。债权人请求债务人依照债的规定为一定行为或不为一定行为。除请求权外，合同债权还包括代位权、撤销权等法定的权利。合同债务是债务人向债权人为特定行为的义务，包括主要债务和次要债务、给付债务是债务人向债权人为特定行为的义务，包括主要债务和次要债务、给付义务和附随义务等。

3. 合同关系的客体

合同关系的客体为合同债权与合同债务所共同指向的对象。如果说物权的客体是物，那么合同债权的客体主要是行为，即债务人应为的行为。

（三）合同法的概念和适用范围

合同法是调整平等主体之间的交易关系的法律，主要规范合同的订立、合同的效力以及合同的履行、变更、解除、保全、违反合同的责任等问题。根据我国《合同法》的规定，合同法是调整平等主体之间设立、变更、终止财产权利义务的合同关系的法律规范的总称。

这一概念包含三层含义：一是合同法只调整平等主体之间的关系；二是合同法所调整的关系限于平等主体之间的合同关系；三是合同法所调整的合同关系为财产性的合同关系，不包括人身性质的合同关系。

合同法的适用范围：

①合同法适用于平等主体之间订立的民事权利义务关系的协议。简单地说，合同法适用于各类民事合同，具体包括：第一，合同法已确认的15类有名合同；第二，物权法、知识产权法、劳动法等法律所确认的抵押合同、质押合同，土地使用权出让和转让合同，专利权或商标权转让合同，许可合同，著作权使用合同，出版合同，肖像权许可使用合同，名称权转让合同，劳动合同等；第三，虽未由民法所确认但仍然由平等的民事主体所订立的民事合同，如借用合同、旅游合同等。

②合同法所适用的合同包括各类民事主体基于平等自愿等原则所订立的民事合同。只要是平等主体之间订立的民事合同，都应适用合同法的规定。此外，自然人、法人以外的其他组织所订立的民事合同也应适用合同法的规定。

③合同法的适用范围既包括当事人设立民事权利义务的协议,也包括当事人变更、终止民事权利义务的协议。

以下关系不应由合同法调整:

一是政府依法维护经济秩序的管理活动(属于行政管理关系);

二是法人、其他组织内部的管理关系(适用公司法);

三是身份关系(婚姻、收养、监护等关系)。

(四) 合同法的基本原则

合同法的基本原则是合同法的主旨和根本准则,是制定、解释、执行和研究合同法的出发点。合同法的基本原则贯穿在整个合同法制度和规范之中。这些基本原则包括:合同自由原则、诚实信用原则、合法原则、鼓励交易原则。

1. 合同自由原则

合同本质上就是当事人通过自由协商,决定其相互间权利义务关系,并根据其意志调整他们相互间的关系。当事人可以自由决定是否缔约、缔约伙伴和合同内容,自由决定合同的变更和解除。这些自由都是合同自由原则的体现。具体地说,合同自由原则包括两个方面:

①确认当事人的合法的合意具有优先于法定的任意性规范适用的效力。在一般情况下,有约定时依约定,无约定时依法律规定。因此,当事人的约定要优先于法律的规定。我国《合同法》中许多条文都规定"当事人另有约定的除外",这表明了对当事人合意的充分尊重。

②尊重当事人在订立合同、确定合同内容和形式、确定违约责任等方面的选择自由。当事人的选择自由表现在:第一,在合同的订立方面,充分尊重当事人的意志自由;第二,在合同成立的效力认定方面,充分尊重了当事人享有的意志自由,尽量减少了政府不必要的行政干预;第三,在合同内容的确立方面,充分尊重当事人的意志自由;第四,在合同的形式确定方面,充分尊重当事人的意志自由;第五,在合同的变更和解除方面,充分尊重当事人的意志自由;第六,在违约责任方面,充分尊重当事人的意志自由。

2. 诚实信用原则

这一原则是指当事人在从事民事活动时,应诚实守信,以善意的方式履行其义务,不得滥用权利及规避法律或合同规定的义务。具体表现在:

(1) 在合同订立阶段

在这一阶段,双方当事人负有附随义务:一是忠实的义务;二是诚实守信,不得欺诈他人,也不得基于恶意与他人谈判;三是相互照顾和协助的义务;四是遵守允诺的义务。

(2) 在合同订立后至履行前

如果一方在履约前因经营不善造成严重亏损,或者存在着其他法定情况,另一方可以依据法律的规定,暂时中止合同的履行,并要求对方提供履约担保。但是,另一方在行使终止权时应严格遵循诚实信用原则及法律规定的条件,不能因为对方支付能力出现暂时的或并不严重的困难,便借故终止合同的履行。

(3) 在合同履行阶段

要求当事人除了应履行法律和合同规定的义务外,还应履行依诚实信用原则所产生的各种附随义务,如相互协作和照顾的义务、瑕疵的告知义务、使用方法的告知义务、重要事情的告知义务、忠实的义务等。

（4）在合同的变更和解除方面

当事人在合同订立以后，因不可归责于双方的原因而发生情势变更，致使合同存在的基础发生动摇或丧失，且导致当事人的利益严重失衡时，依据诚实信用原则，应允许当事人变更和解除合同。

（5）在合同的终止方面

在合同关系终止后，尽管双方当事人不再承担合同义务，但也应根据诚实信用原则的要求，承担某些必要的附随义务，如保密义务、忠实义务等。

3. 合法原则

具体包括：

第一，要求当事人在订约和履约中必须遵守全国性的法律和行政法规；

第二，在特殊情况下，出于国家利益和社会需要考虑，当事人不得拒绝依据指令性计划和订货任务的要求订立合同；

第三，当事人必须遵守社会公德，不得违背社会公共利益。

4. 鼓励交易原则

鼓励交易，首先是指应当鼓励合法、正当的交易；其次，是鼓励自愿的交易，也就是在当事人真实意思一致的基础上产生的交易。具体体现在以下几方面：

第一，缩小了无效合同的范围。只要不违反法律、行政法规的强制性规定，合同就有效。这就极大地限制了无效合同的范围。

第二，严格区分了合同的无效和可撤销。只要享有撤销权的一方未主动提出要求撤销该合同，则该合同仍然有效，哪怕是因欺诈、胁迫和乘人之危而订立的合同（只要未损害国家利益）。

第三，严格区分了无效和效力待定的合同。一方面，效力待定的合同可以因为权利人的承认而生效，另一方面，因权利人的承认而使合同有效，并不违反法律和社会公共利益。（我国原合同法将效力待定的合同均规定为无效合同。）

第四，严格区分了合同的成立和合同生效。合同成立后并不是当然生效的。已经成立的合同要产生效力，则取决于国家对已经成立的合同的态度和评价。

（五）合同的生效要件

1. 行为人具有相应的民事行为能力

民事行为能力是指民事主体能以自己的行为取得民事权利、承担民事义务的资格。它分为完全民事行为能力、限制民事行为能力、无民事行为能力三种情况。主要从年龄和精神角度考虑问题。年满18周岁，精神健康正常的人为具有完全民事行为能力的人；年满10周岁以上，精神方面不能完全辨认自己行为的人，为限制民事行为能力的人；10周岁以下，不能辨认自己行为的人，为无民事行为能力的人。

行为人只有具备了完全的民事行为能力，才能独立地进行意思表示，即与人订立有效的合同。

2. 意思表示真实

意思表示是指行为人将其设立、变更、终止民事权利义务的内在意思表示于外部的行为。意思表示包括效果意思与表示行为两个要素。所谓效果意思，是指意思表示人欲使其表示内容引起法律上效力的内在意思要素；所谓表示行为，是指行为人将其内在意思以一定方式表示于外部，并足以为外界所客观理解的要素，意思表示真实是合同生效的重要构成要件。所谓意思表示真实，是指表意人的表示行为应当真实地反映其内心的效果意思。也就是说，意思表示真实要求表示行为（外部）应当与效果意思（内部）相一致。

3. 不违反法律和社会公共利益

合同不违反法律是指合同不得违反法律的强制性规定。所谓强制性规定，是指这些规定必须由当事人遵守，不得通过其协议加以改变。强制性规定通常以"必须""不得"等词语表示。合同不违反法律，主要是指合同的内容合法。

将不违反社会公共利益作为合同生效要件，可以大大弥补法律规定的不足。对于那些表面上虽未违反现行立法的禁止性规定，但实质上损害了全体人民的共同利益，破坏了社会经济生活秩序的合同行为，都应被认为是违反了社会公共利益。

4. 合同必须具备法律所要求的形式

我国《民法通则》第五十六条规定："民事法律行为可以采取书面形式、口头形式或者其他形式。法律规定用特定形式的，应当依照法律规定。"可见，我国法律承认当事人可以依法选择合同的方式。如果法律对合同的方式做出了特殊规定，当事人必须遵守法规定。

（六）违约责任

违约责任，即违反合同的民事责任，是指合同当事人一方或双方不履行合同义务或者履行合同义务不符合约定时，依照法律规定或者合同约定所承担的法律责任。

1. 承担违约责任的形式

（1）实际履行

1）实际履行的概念和特点

实际履行也称为强制实际履行、依约履行、继续履行，是指在一方违反合同时，另一方有权要求其依据合同的规定继续履行。实际履行的特点有：

第一，实际履行是一种违约后的补救方式；

第二，实际履行的基本内容是要求违约方继续依据合同规定做出履行；

第三，实际履行可以与违约金、损害赔偿和定金责任并用，但不能以解除合同的方式并用。

2）实际履行的适用条件

一是须有违约行为的存在；

二是非违约方须在合理期限内提出继续履行的请求；

三是须依据法律和合同的性质能够履行；

四是实际履行在事实上是可能的和在经济上是合理的。

（2）损害赔偿

1）损害赔偿的概念和特点

损害赔偿又称为违约损害赔偿，是指违约方因不履行或不完全履行合同义务而给对方造成损失，依法和依合同的规定应承担赔偿损失的责任。其特点有：

第一，损害赔偿是因债务人不履行合同债务所产生的责任；

第二，损害赔偿原则上仅具有补偿性而不具有惩罚性；

第三，损害赔偿具有一定的任意性（可以预先约定违约金、免责的条款）；

第四，损害赔偿以赔偿当事人实际遭受的全部损失为原则。

2）约定损害赔偿

约定损害赔偿是指当事人在订立合同时预先约定，一方违约时应向对方支付一定的金钱或约定损害赔偿额的计算方法。

约定损害赔偿与法定损害赔偿的区别在于：一方面，一旦发生违约并造成受害人的损害，受害人就可以根据约定损害赔偿条款而获得赔偿；另一方面，原则上约定损害赔偿应优于法定损害赔偿。

约定损害赔偿与约定违约金的区别在于：一方面，违约金的支付不以实际发生的损害为前提，只要有违约行为的存在，而约定损害赔偿的适用应以实际发生的损害为前提；另一方面，违约金通常可以与法定损害赔偿并存，而约定损害赔偿不能与法定损害赔偿并用。

3）完全赔偿原则

完全赔偿原则是指因违约方的违约使受害人遭受的全部损失都应由违约方负赔偿责任。我国《合同法》第一百一十三条第一款规定："当事人一方不履行合同义务或者履行合同义务不符合约定，给对方造成损失的，损失赔偿额应当相当于因违约所造成的损失，包括合同履行后可以获得的利益。"

在赔偿可得利益的损失时，应注意：

第一，可得利益的损失赔偿旨在弥补受害人遭受的全部实际损失，而并不赔偿其因从事一桩不成功的交易所蒙受的损失。

第二，在标的物价格不断波动的情况下，可得利益赔偿的最高限额应该是受害人在合同完全履行的情况下所应取得的各种利益。

第三，受害人有权就其依照合同本来应获得的可得利益要求赔偿，但是可得利益必须是纯利润，而不应包括为取得这些利益所支付的费用。

4）损害赔偿的限制

①损害的可预见性规则。

我国《合同法》第一百一十三条规定，损害赔偿不得超过违反合同一方订立合同时预见到或者应当预见到的，因违反合同可能造成的损失。只有当违约所造成的损害是违约方在订约时可以预见的情况下，才能认为损害结果与违约之间具有因果关系，违约方才应当对这些损害负赔偿责任。

②损害赔偿的减轻。

损害赔偿的减轻，是指在一方违约并造成损失后，另一方应及时采取合理的措施以防止损失的扩大，否则应对扩大部分的损失负责。

(3) 支付违约金

1）违约金的概念和特点

违约金是指当事人通过协商预先确定的，在违约发生后做出的独立于履行行为以外的给

付。我国《合同法》第十四条规定,当事人可以约定一方违约时应当根据违约情况向对方支付一定数额的违约金。其特点是:

第一,违约金是由当事人协商确定的;

第二,违约金的数额是预先确定的;

第三,违约金是一种违约后生效的责任方式;

第四,违约金的支付是独立于履行行为之外的给付。

2)违约金和其他责任形式的关系

一是违约金与损害赔偿。违约金数额是事先约定的,可能高于或低于实际造成的损失;而损害赔偿额是在违约发生后具体计算出来的;违约金的适用可以节省损害赔偿额计算上的花费,避免就损失举证所遇到的困难;违约金的适用不以实际损害为前提,而损害赔偿的适用则要以实际发生的损失为前提。

二是违约金与实际履行。我国《合同法》第一百一十四条第三款规定,当事人就迟延履行约定违约金的,违约方支付违约金后,还应当履行债务。这就表明违约金的支付与实际履行可以并存。

三是违约金与解除合同。在一方违约导致合同解除的情况下,不能免除有过错的一方支付违约金的责任。

3)违约金的国家干预

我国《合同法》第十四条第二款规定:"约定的违约金低于造成的损失的,当事人可以请求人民法院或者仲裁机构予以增加,约定的违约金过分高于造成的损失的,当事人可以请求人民法院或者仲裁机构予以适当减少。"一方面,国家干预是被动的,一方当事人的提出要求是主动的;另一方面,干预的依据是违约金的数额与实际损失相比过高或过低。

(4)定金责任

定金是指合同双方当事人约定的,为保证合同的履行,由一方预先向对方给付的一定数量的货币或其他代替物。我国《合同法》第十五条规定定金是一种债权的担保。债务人履行债务后,定金应当抵作价款或者收回。给付定金的一方不履行约定的债务的,无权要求返还定金;收受定金的一方不履行约定的债务的,应当双倍返还定金。

2. 违约责任的免除

违约责任的免除是指在合同履行过程中,因出现了法定的或合同约定的免责条件而导致合同不能履行,债务人将被免除履行义务。这些法定的或约定的免责条件被统称为免责事由。我国的《合同法》中,法定的免责事由仅指不可抗力。不可抗力是指不能预见、不能避免并不能克服的客观情况。具体包括:

第一,自然灾害;

第二,政府行为(新政策、法律、行政措施);

第三,社会异常现象(罢工、骚乱、海盗、战争)。

3.1.2 汽车销售合同

汽车销售过程中会有三个法律文件,性质都是合同,包括订购单、购车协议、交车单。

一、订购单

新车订购单的主要内容:

双方当事人,订购的车型、颜色、数量、价格、交车时间、定金或预付款条款,及其他内容。

新车订购单的性质:

新车订购单是一种合同,双方均应严格按照合同履行,任何变更或者终止均应达成一致。否则应当承担违约责任。

应该注意的问题:

交车时间,定金或预付款条款,违约责任。预付款和定金的比较见表 3-1,商品车订购合同见表 3-2。

表 3-1 预付款和定金的比较

比较项目	预付款	定金
共同点	均是合同履行前一方当事人预先付给对方的款项,都是有预先给付性质,在合同履行后都可以抵充价款	
不同点	定金——债的担保,具有担保功能,在一方不履行合同时,适用定金罚则,具有制裁和补偿的双重作用。预付款——支付手段,无担保作用	

表 3-2 商品车订购合同

□订车 □现车		日期: 年 月 日	
客户姓名		证件号	
联系电话		联系人	
所购车型		颜色	车身: 内饰:
商品车指导价		优惠幅度	
商品车成交价		其他	
保险项目	□交强险 □车船税 □第三者 □车损险 □盗抢险 □自燃险 □不计免赔险 □车上人员责任险 □划痕险 □玻璃险		
保险费		上牌费用	
总合计金额			
付款方式	□现金 □划卡 □电汇 □其他 _____		
购买方式	□全款 □贷款 首付:_____ 贷款额:_____ 服务费:_____		
定金	¥: 大写	预收款	¥: 大写

续表

1. 交货日期：按双方约定，签署订购确认单之日起，a. 现车客户需要在 3 个工作日内将余款补齐，并办理相关手续，如客户在规定日期内未将其余款补齐，经销商有权将客户所定车辆销售给其他客户，并且定金不予返还；b. 非现车客户在（　　）工作日内，根据客户订购情况按顺序付车；如果厂家资源紧缺、在生产或运输过程中出现特殊情况，供货日期将会延期，如有延期，定金可以返还，但不做任何补偿。

2. 购车客户确定车型和装备并与经销商签署本确认单后，不可再对车型和装备进行更改。

3. 购车客户所定车辆运抵本公司，通知客户之日起购车客户需在 3 日内将其余车款补齐，并办理相关手续，如购车客户在规定日内未将其余车款补齐，经销商有权单方面认定购车客户违约，终止此订购约定，定金不予返还。

4. 此订单一式两份，双方各执一份。

5. 特别约定：_____

客户签字	销售顾问	销售经理	财务	定金条号码

二、购车协议

购车协议的主要内容：

双方当事人基本情况（名称/姓名、住所），标准的汽车基本情况：品牌、型号、厂家、合格证号、发动机号、车架号、数量、价格、内饰、质量、定金、付款方式、交车时间、交付及验收方式、售后服务、违约责任、解决争议的方式。

购车协议性质：

合同双方均应严格遵守，如有违反，应按照约定或法律规定承担相应的违约责任。

表 3-3 为车辆销售合同范本。

表 3-3　（公司名称）×××商品车销售合同

甲方（买方）：_____乙方（经销商）：_____
甲方地址：_____乙方地址：_____
甲方身份证号：_____乙方邮编：_____
甲方就订购所需车辆（以下简称"合同车辆"）事宜，与乙方达成一致意见：

一、合同车辆信息以及价款		
车型	颜色	内饰颜色
车型代码	车架号	发动机号

续表

车价（单位：人民币元）：

二、购车方式

甲方购车将按照以下第（　　）项进行：

（1）一次性购车

在本合同签订之时间向乙方一次性付清合同总价款。

（2）贷款购车

甲方要求以贷款方式购车的，向乙方指定的金融机构申请汽车消费贷款。

三、付款方法

甲方付款将按照以下第（　　）项进行：

（1）现金

（2）刷卡 第一张卡：姓名_____开户行_____卡号_____　　第二张卡：姓名_____开户行_____卡号_____　　第三张卡：姓名_____开户行_____卡号_____

（3）转账

（4）微信

（5）支付宝

（6）其他

四、验收

合同车辆验收应于交货当日在交货地点进行，以双方签字的"新车交车确认单"为准。甲方未提出异议，则视为乙方交付的合同车辆之数量和质量均符合本合同的要求。

五、随车交付的文件

合同车辆的汽车发票、产品合格证、使用维护说明书、三包凭证、随车工具。

六、乙方保证

1. 合同车辆已经过售前的调试、检验和清洁。

2. 合同车辆符合随车交付文件中所列的各项规格和指标。

七、甲方保证

1. 甲方是所购合同车辆的最终用户，甲方不以任何商业目的展示合同车辆或将合同车辆用于有损合同车辆品牌形象的活动及行为。

2. 甲方保证不移去所购合同车辆上的徽章或商标等标志，或用其他方式来掩盖或替代。

八、质量及质量担保

1. 甲方所购合同车辆为合格产品。但是双方明了，合同车辆的重量、功率、油耗、最高时速及其他具体数据只被视为近似值。

2. 合同车辆的质量担保范围及方式见随车所附的《使用维护说明书》。

3. 甲方及其许可使用合同车辆的人员，应按《使用维护说明书》要求规范使用、保养和维修，如有违反，造成和/或引起合同车辆的损坏或故障，则不能获得质量担保服务。

4. 未经乙方书面许可，甲方不得将合同车辆以出租营运目的使用或转售。为此双方约定，甲方若有违反，则由此引起的任何质量后果均由甲方承担，包括免除乙方和/或制造商的质量担保责任及其他质量责任。

续表

5. 根据××品牌三包政策，从授权经销商购买××品牌家庭用车的用户，享受到 3 年或 10 万千米（以先到者为准）的车辆质量问题免费修理服务，以及 2 年或 5 万千米（以先到者为准）的有条件车辆更换或退货保障，××品牌经销商为每次车辆维修时间超过 5 天的用户（运营车辆除外），提供免费备用车辆或交通补偿。

九、不可抗力

因不可抗力致使本合同一方不能履行合同的，则根据不可抗力的影响部分或全部免除其责任。但是，该方因不可抗力不能履行合同，负有及时通知和 10 天内提供证明的责任。

十、违约责任

本合同任何一方违约，违约方应赔偿守约方的实际经济损失，除非本合同另有约定。

十一、争议的解决

因本合同产生的一切争议，合同双方应通过友好协商解决，如协商不成，应向乙方所在地人民法院起诉，通过诉讼解决。

十二、其他双方约定

1. 甲方提取合同车辆之时起，对合同车辆将承担全部风险，包括因不当使用合同车辆而造成的损坏和/或损害。

2. 甲方应按照合同车辆入户所在地执行的法律法规政策等规定办理有关购车手续，如因甲方未按照规定办理购车手续或者购车手续不全或购车证件/资料失真或不符合购车政策等甲方的原因而导致合同车辆不能入户等损失，乙方概不负责，由甲方自行承担。

3. 乙方受甲方委托，依本合同为甲方代办车辆入户，代办入户手续的时间按车管部门规定。甲方必须在本合同签订之日起向乙方提供办理购车所需证件，并有义务协助乙方办理有关业务手续，否则造成的合同车辆延期交付乙方概不负责，此外合同车辆在购买及上牌期间，如因公安部车管部门对入户车辆手续办理有新规定或者其他原因导致车辆入户手续办理时间延误，乙方不必承担任何责任，合同车辆入户所需费用，全部由甲方支付。

4. 本合同双方申明，双方是自愿签署本合同的，对本合同项下各条款内容经仔细阅读并表示理解，保证履行。

5. 本合同一式二份，甲方保留一份，乙方保存一份，均具有同等效力。

6. _____

甲方（买方）：_____　　　乙方（经销商名称盖章）：×××公司
甲方电话：_____　　　　　授权代表签字：_____
授权代表电话：_____
日期：____年____月____日　　　日期：____年____月____日

三、交车单

交车单的主要内容：

交车时间、交接双方、车辆各项检验情况、与车辆有关的资料和单证的交接，交接后风险转移给买方。

交接单是买卖双方履行买卖合同的一个重要环节，起到证明作用，在发生争议的时候，作为证据使用。首先证明经销商履行了交付汽车的合同义务，更重要的是证明车辆状况。

注意问题：

分项验收交付后，增加"交付车辆符合合同约定的其他要求"。

表3-4为某公司新交车确认单。

表3-4 某公司新车交车确认单

基本信息					
车主姓名		证件号码		联系电话	
合格证编号		底盘号码		发动机号	
车型代码		联系地址			
车况检查					
漆面良好		底盘良好		装备齐全	
随车附送的资料和物品核对					
保养手册		服务网通讯录		首次免费保养凭证		售前检查证明	
安全使用说明		主、副钥匙		千斤顶		备胎	
故障警示器		天线		点烟器		烟灰缸	
证件及单据点交					
发票		纳税申报表		合格证		身份证/暂住证	
保险单		三包凭证					
车辆使用讲解					
座椅/方向盘调整		后视镜调整		电动窗操作		空调、除雾	
音响系统		灯光/仪表		引擎盖/油箱盖操作		雨刮/喷水	
油/玻璃水/防冻液添加及燃油标号		其他设备-安全气囊/GPS导航/DSG/ESP/行车电脑等			
一汽-大众热线电话		24小时救援热线		客户服务中心电话	
交车满意度调查					

序号	指标	权重	评分方式	得分
1	销售人员接待您是否一直保持良好服务态度（如进店接待过程、付款前后）	20%	1~10分	
2	经销商是否告诉您本店有试驾车，可以免费试驾	20%	是/否	
3	对于经销商交车服务的满意度，请问您打几分	20%	1~10分	
4	购买新车的全过程，您的总体满意程度如何	40%	1~10分	
交车日期		销售顾问签字		顾客签字	

任务二 汽车消费信贷与销售管理法律法规

3.2.1 汽车消费信贷

中国的汽车消费信贷是中国汽车产业发展到一定阶段所诞生的一种消费形式，汽车消费信贷促进了中国汽车产业的市场流通。由于目前私人购车成为汽车消费的一种主体形式，这样汽车信贷也就面临要对广大消费者负责。在汽车消费信贷发展过程中，不同阶段对信贷主体的要求不同、监管力度和保障体系也发生了变更。随着汽车消费信贷业务量的增加，不同模式的汽车消费信贷不断产生和发展，这就进一步要求从事汽车销售工作的人员要清晰掌握汽车消费信贷的具体要求，以便及时准确地为客户做出贷款购车方案，确保在汽车消费信贷过程中各方利益均得到最大保障。

买车可以选择三种方式（全款购车、银行贷款购车和汽车金融公司贷款购车）。汽车金融公司是由汽车制造商出资成立的、为买车人提供金融服务的非银行金融机构。在中国，它的成立与变更必须得到中国银监会的批准，服务内容与范围也要由银监会进行监督。

汽车金融公司最重要的功能就是向消费者提供汽车贷款服务，此外还能从事为汽车经销商提供采购车辆和营运设备贷款、为贷款购车提供担保等一些经中国银监会批准的其他信贷业务。以小杨为例，贷款购车的流程详细比较如下：

一、银行贷款购车

①小杨首先向贷款公司（大的经销商都有常驻的贷款公司代表）提供必要的证件，贷款公司将这些材料提供给放贷的银行。

②银行对小杨进行家访与拍照，并调查小杨的材料是否属实。

③小杨到银行接受面试，银行方面会提出一些问题，根据小杨的回答银行会给一个评估分数。

④银行方面会根据小杨的条件进行一个综合评定，决定是否给小杨放贷。

⑤备注与简评：

a. 不同品牌的经销商以及不同贷款公司的过程大体相同，但可能有一些微小的差别。

b. 手续费：贷款公司一次性收取贷款额2%～3%的手续费，贷款1万元就要收取200～300元。

c. 国家规定的基础贷款利率是：三年期年利率：5.76%（万元月还款约300元），五年期年利率：5.85%（万元月还款约190元），国家允许不同银行利率有细微的差别。

⑥举例：10万元车首付50%，贷款5万元，三年期月还款约1 500元，总支出（月还款×36+手续费+50 000=105 250元；五年期月还款约950元，总支出（月还款×60+手续费+50 000）=108 250元。（手续费按照1 250元计算）

二、汽车金融公司贷款购车

①小杨在经销商处填写贷款申请表和授权书（小杨授权一家资信调查公司审核小杨的

资信资格），同时交少量的定金，经销商再将这些资料传真给汽车金融公司。

②由汽车金融公司直接找到小杨，要求小杨提供进一步详细的各种证件和证明，进行家访，并调查小杨提供的材料是否属实。

③金融公司调查评估后确认小杨有资格得到贷款，并将正式贷款合同与批款函送达给经销商。

④经销商通知小杨到店填写正式贷款合同，并交纳首付款，资信调查过程基本结束。

⑤备注与简评：

a. 手续费：金融公司除了利息外没有其他费用。

b. 除标准信贷外，大众金融还有一种"百龙信贷"。它将贷款额20%作为尾款，既可一次性结清尾款，也可以再申请将尾款分为12个月还清，灵活性更强。

c. 各家公司利率算法不同，还款额未必与利率成正比。如：大众金融利率为：三年期利率：6.88%（万元月还款310元），五年期利率：6.99%（万元月还款200元）；GMAC利率为：三年期年利率：6.99%（万元月还款309元），五年期年利率：7.3%（万元月还款200元）。

⑥举例：（大众金融和GMAC基本相同）

10万元车首付50%，贷款5万元。三年期月还款约1 530元，总支出105 080元；五年期月还款约1 000元，总支出11 000元。

举例中我们发现金融公司的总支出比银行贷款多一些，但是还款方式更灵活，因此各有利弊，消费者可自行选择。

三、汽车贷款管理办法（2017年修订）

第一章　总则

第一条　为规范汽车贷款业务管理，防范汽车贷款风险，促进汽车贷款业务健康发展，根据《中华人民共和国中国人民银行法》《中华人民共和国银行业监督管理法》《中华人民共和国商业银行法》等法律规定，制定本办法。

第二条　本办法所称汽车贷款是指贷款人向借款人发放的用于购买汽车（含二手车）的贷款，包括个人汽车贷款、经销商汽车贷款和机构汽车贷款。

第三条　本办法所称贷款人是指在中华人民共和国境内依法设立的、经中国银行业监督管理委员会及其派出机构批准经营人民币贷款业务的商业银行、农村合作银行、农村信用社及获准经营汽车贷款业务的非银行金融机构。

第四条　本办法所称自用车是指借款人通过汽车贷款购买的、不以营利为目的的汽车；商用车是指借款人通过汽车贷款购买的、以营利为目的的汽车；二手车是指从办理完注册登记手续到达到国家强制报废标准之前进行所有权变更并依法办理过户手续的汽车；新能源汽车是指采用新型动力系统，完全或者主要依靠新型能源驱动的汽车，包括插电式混合动力（含增程式）汽车、纯电动汽车和燃料电池汽车等。

第五条　汽车贷款利率按照中国人民银行公布的贷款利率规定执行，计、结息办法由借款人和贷款人协商确定。

第六条　汽车贷款的贷款期限（含展期）不得超过5年，其中，二手车贷款的贷款期限（含展期）不得超过3年，经销商汽车贷款的贷款期限不得超过1年。

第七条　借贷双方应当遵循平等、自愿、诚实、守信的原则。

第二章　个人汽车贷款

第八条　本办法所称个人汽车贷款，是指贷款人向个人借款人发放的用于购买汽车的贷款。

第九条　借款人申请个人汽车贷款，应当同时符合以下条件：

（一）是中华人民共和国公民，或在中华人民共和国境内连续居住一年（含一年）以上的港、澳、台居民及外国人；

（二）具有有效身份证明、固定和详细住址且具有完全民事行为能力；

（三）具有稳定的合法收入或足够偿还贷款本息的个人合法资产；

（四）个人信用良好；

（五）能够支付规定的首期付款；

（六）贷款人要求的其他条件。

第十条　贷款人发放个人汽车贷款，应综合考虑以下因素，确定贷款金额、期限、利率和还本付息方式等贷款条件：

（一）贷款人对借款人的信用评级情况；

（二）贷款担保情况；

（三）所购汽车的性能及用途；

（四）汽车行业发展和汽车市场供求情况。

第十一条　贷款人应当建立借款人信贷档案。借款人信贷档案应载明以下内容：

（一）借款人姓名、住址、有效身份证明及有效联系方式；

（二）借款人的收入水平及信用状况证明；

（三）所购汽车的购车协议、汽车型号、发动机号、车架号、价格与购车用途；

（四）贷款的金额、期限、利率、还款方式和担保情况；

（五）贷款催收记录；

（六）防范贷款风险所需的其他资料。

第十二条　贷款人发放个人商用车贷款，除本办法第十一条规定的内容外，应在借款人信贷档案中增加商用车运营资格证年检情况、商用车折旧、保险情况等内容。

第三章　经销商汽车贷款

第十三条　本办法所称经销商汽车贷款，是指贷款人向汽车经销商发放的用于采购车辆、零配件的贷款。

第十四条　借款人申请经销商汽车贷款，应当同时符合以下条件：

（一）具有工商行政主管部门核发的企业法人营业执照；

（二）具有汽车生产商出具的代理销售汽车证明；

（三）资产负债率不超过80%；

（四）具有稳定的合法收入或足够偿还贷款本息的合法资产；

（五）经销商、经销商高级管理人员及经销商代为受理贷款申请的客户无重大违约行为或信用不良记录；

（六）贷款人要求的其他条件。

第十五条 贷款人应为每个经销商借款人建立独立的信贷档案，并及时更新。经销商信贷档案应载明以下内容：

（一）经销商的名称、法定代表人及营业地址；

（二）各类营业证照复印件；

（三）经销商购买保险、商业信用及财务状况；

（四）所购汽车及零部件的型号、价格及用途；

（五）贷款担保状况；

（六）防范贷款风险所需的其他资料。

第十六条 贷款人对经销商采购车辆、零配件贷款的贷款金额应以经销商一段期间的平均存货为依据，具体期间应视经销商存货周转情况而定。

第十七条 贷款人应通过定期清点经销商采购车辆、零配件存货，以及分析经销商财务报表等方式，定期对经销商进行信用审查，并视审查结果调整经销商信用级别和清点存货的频率。

第四章 机构汽车贷款

第十八条 本办法所称机构汽车贷款，是指贷款人对除经销商以外的法人、其他经济组织（以下简称"机构借款人"）发放的用于购买汽车的贷款。

第十九条 借款人申请机构汽车贷款，必须同时符合以下条件：

（一）具有企业或事业单位登记管理机关核发的企业法人营业执照或事业单位法人证书及法人分支机构营业执照、个体工商户营业执照等证明借款人主体资格的法定文件；

（二）具有合法、稳定的收入或足够偿还贷款本息的合法资产；

（三）能够支付规定的首期付款；

（四）无重大违约行为或信用不良记录；

（五）贷款人要求的其他条件。

第二十条 贷款人应参照本办法第十五条的规定为每个机构借款人建立独立的信贷档案，加强信贷风险跟踪监测。

第二十一条 贷款人对从事汽车租赁业务的机构发放机构商用车贷款，应监测借款人对残值的估算方式，防范残值估计过高给贷款人带来的风险。

第五章 风险管理

第二十二条 汽车贷款发放实施贷款最高发放比例要求制度，贷款人发放的汽车贷款金额占借款人所购汽车价格的比例，不得超过贷款最高发放比例要求；贷款最高发放比例要求由中国人民银行、中国银行业监督管理委员会根据宏观经济、行业发展等实际情况另行规定。

前款所称汽车价格，对新车是指汽车实际成交价格（扣除政府补贴，且不含各类附加税、费及保费等）与汽车生产商公布的价格的较低者，对二手车是指汽车实际成交价格（扣除政府补贴，且不含各类附加税、费及保费等）与贷款人评估价格的较

低者。

第二十三条 贷款人应建立借款人信用评级系统，审慎使用外部信用评级，通过内外评级结合，确定借款人的信用级别。对个人借款人，应根据其职业、收入状况、还款能力、信用记录等因素确定信用级别；对经销商及机构借款人，应根据其信贷档案所反映的情况、高级管理人员的信用情况、财务状况、信用记录等因素确定信用级别。

第二十四条 贷款人发放汽车贷款，应要求借款人提供所购汽车抵押或其他有效担保。经贷款人审查、评估，确认借款人信用良好，确能偿还贷款的，可以不提供担保。

第二十五条 贷款人应直接或委托指定经销商受理汽车贷款申请，完善审贷分离制度，加强贷前审查和贷后跟踪催收工作。

第二十六条 贷款人应建立二手车市场信息数据库和二手车残值估算体系。

第二十七条 贷款人应根据贷款金额、贷款地区分布、借款人财务状况、汽车品牌、抵押担保等因素建立汽车贷款分类监控系统，对不同类别的汽车贷款风险进行定期检查、评估。根据检查评估结果，及时调整各类汽车贷款的风险级别。

第二十八条 贷款人应建立汽车贷款预警监测分析系统，制定预警标准；超过预警标准后应采取重新评价贷款审批制度等措施。

第二十九条 贷款人应建立不良贷款分类处理制度和审慎的贷款损失准备制度，计提相应的风险准备。

第三十条 贷款人发放抵押贷款，应审慎评估抵押物价值，充分考虑抵押物减值风险，设定抵押率上限。

第三十一条 贷款人应将汽车贷款的有关信息及时录入金融信用信息基础数据库。

第六章 附则

第三十二条 贷款人在从事汽车贷款业务时有违反本办法规定之行为的，中国银行业监督管理委员会及其派出机构有权依据《中华人民共和国银行业监督管理法》等法律规定对该贷款人及其相关人员进行处罚。中国人民银行及其分支机构可以建议中国银行业监督管理委员会及其派出机构对从事汽车贷款业务的贷款人违规行为进行监督检查。

第三十三条 贷款人对借款人发放的用于购买推土机、挖掘机、搅拌机、泵机等工程车辆的贷款，比照本办法执行。

第三十四条 本办法由中国人民银行和中国银行业监督管理委员会共同负责解释。

第三十五条 本办法自2018年1月1日起施行。原《汽车贷款管理办法》（中国人民银行中国银行业监督管理委员会令〔2004〕第2号发布）同时废止。

3.2.2 汽车销售管理办法

随着不同时期国家的经济形势的变化，汽车销售业对国民经济的影响越来越为世人所关注，不同的流通模式可以带动汽车产业的不同走向，也使得越来越多的人关注汽车的流通形式和发展状态。作为中国市场流通模式的主力军4S店，由于近几年经济持续下行，银行融资困难，使许多4S店从盈利到亏损。特别是2014年10月份之后，经济大环境不景气，市场变得更差，而厂家还按照自己的节奏向经销商压库存，造成经销商资金流紧张。而如何保证经销商和厂家地位的对等将是关系经销商生死存亡的头等大事。

《汽车销售管理办法》已经 2017 年 2 月 20 日商务部第 92 次部务会议审议通过，现予公布，自 2017 年 7 月 1 日起施行。经商发展改革委、工商总局同意，《汽车品牌销售管理实施办法》（商务部、发展改革委、工商总局令 2005 年第 10 号）同时废止。

一、《汽车销售管理办法》全文

第一章　总则

第一条　为促进汽车市场健康发展，维护公平公正的市场秩序，保护消费者合法权益，根据国家有关法律、行政法规，制定本办法。

第二条　在中华人民共和国境内从事汽车销售及其相关服务活动，适用本办法。

从事汽车销售及其相关服务活动应当遵循合法、自愿、公平、诚信的原则。

第三条　本办法所称汽车，是指《汽车和挂车类型的术语和定义》（GB/T 3730.1）定义的汽车，且在境内未办理注册登记的新车。

第四条　国家鼓励发展共享型、节约型、社会化的汽车销售和售后服务网络，加快城乡一体的汽车销售和售后服务网络建设，加强新能源汽车销售和售后服务网络建设，推动汽车流通模式创新。

第五条　在境内销售汽车的供应商、经销商，应当建立完善汽车销售和售后服务体系，保证相应的配件供应，提供及时、有效的售后服务，严格遵守家用汽车产品"三包"、召回等规定，确保消费者合法权益。

第六条　本办法所称供应商，是指为经销商提供汽车资源的境内生产企业或接受境内生产企业转让销售环节权益并进行分销的经营者以及从境外进口汽车的经营者。

本办法所称经销商，是指获得汽车资源并进行销售的经营者。

本办法所称售后服务商，是指汽车销售后提供汽车维护、修理等服务活动的经营者。

第七条　国务院商务主管部门负责制定全国汽车销售及其相关服务活动的政策规章，对地方商务主管部门的监督管理工作进行指导、协调和监督。

县级以上地方商务主管部门依据本办法对本行政区域内汽车销售及其相关服务活动进行监督管理。

第八条　汽车行业协会、商会应当制定行业规范，提供信息咨询、宣传培训等服务，开展行业监测和预警分析，加强行业自律。

第二章　销售行为规范

第九条　供应商、经销商销售汽车、配件及其他相关产品应当符合国家有关规定和标准，不得销售国家法律、法规禁止交易的产品。

第十条　经销商应当在经营场所以适当形式明示销售汽车、配件及其他相关产品的价格和各项服务收费标准，不得在标价之外加价销售或收取额外费用。

第十一条　经销商应当在经营场所明示所出售的汽车产品质量保证、保修服务及消费者需知悉的其他售后服务政策，出售家用汽车产品的经销商还应当在经营场所明示家用汽车产品的"三包"信息。

第十二条 经销商出售未经供应商授权销售的汽车，或者未经境外汽车生产企业授权销售的进口汽车，应当以书面形式向消费者做出提醒和说明，并书面告知向消费者承担相关责任的主体。

未经供应商授权或者授权终止的，经销商不得以供应商授权销售汽车的名义从事经营活动。

第十三条 售后服务商应当向消费者明示售后服务的技术、质量和服务规范。

第十四条 供应商、经销商不得限定消费者户籍所在地，不得对消费者限定汽车配件、用品、金融、保险、救援等产品的提供商和售后服务商，但家用汽车产品"三包"服务、召回等由供应商承担费用时使用的配件和服务除外。

经销商销售汽车时不得强制消费者购买保险或者强制为其提供代办车辆注册登记等服务。

第十五条 经销商向消费者销售汽车时，应当核实登记消费者的有效身份证明，签订销售合同，并如实开具销售发票。

第十六条 供应商、经销商应当在交付汽车的同时交付以下随车凭证和文件，并保证车辆配置表述与实物配置相一致：

（一）国产汽车的机动车整车出厂合格证；

（二）使用国产底盘改装汽车的机动车底盘出厂合格证；

（三）进口汽车的货物进口证明和进口机动车检验证明等材料；

（四）车辆一致性证书，或者进口汽车产品特殊认证模式检验报告；

（五）产品中文使用说明书；

（六）产品保修、维修保养手册；

（七）家用汽车产品"三包"凭证。

第十七条 经销商、售后服务商销售或者提供配件应当如实标明原厂配件、质量相当配件、再制造件、回用件等，明示生产商（进口产品为进口商）、生产日期、适配车型等信息，向消费者销售或者提供原厂配件以外的其他配件时，应当予以提醒和说明。

列入国家强制性产品认证目录的配件，应当取得国家强制性产品认证并加施认证标志后方可销售或者在售后服务经营活动中使用，依据国家有关规定允许办理免于国家强制性产品认证的除外。

本办法所称原厂配件，是指汽车生产商提供或认可的，使用汽车生产商品牌或其认可品牌，按照车辆组装零部件规格和产品标准制造的零部件。

本办法所称质量相当配件，是指未经汽车生产商认可的，由配件生产商生产的，且性能和质量达到原厂配件相关技术标准要求的零部件。

本办法所称再制造件，是指旧汽车零部件经过再制造技术、工艺生产后，性能和质量达到原型新品要求的零部件。

本办法所称回用件，是指从报废汽车上拆解或维修车辆上替换的能够继续使用的零部件。

第十八条 供应商、经销商应当建立健全消费者投诉制度，明确受理消费者投诉的具体部门和人员，并向消费者明示投诉渠道。投诉的受理、转交以及处理情况应当自收到投诉之日起 7 个工作日内通知投诉的消费者。

第三章　销售市场秩序

第十九条　供应商采取向经销商授权方式销售汽车的，授权期限（不含店铺建设期）一般每次不低于 3 年，首次授权期限一般不低于 5 年。双方协商一致的，可以提前解除授权合同。

第二十条　供应商应当向经销商提供相应的营销、宣传、售后服务、技术服务等业务培训及技术支持。

供应商、经销商应当在本企业网站或经营场所公示与其合作的售后服务商名单。

第二十一条　供应商不得限制配件生产商（进口产品为进口商）的销售对象，不得限制经销商、售后服务商转售配件，有关法律法规规章及其配套的规范性文件另有规定的除外。

供应商应当及时向社会公布停产或者停止销售的车型，并保证其后至少 10 年的配件供应以及相应的售后服务。

第二十二条　未违反合同约定被供应商解除授权的，经销商有权要求供应商按不低于双方认可的第三方评估机构的评估价格收购其销售、检测和维修等设施设备，并回购相关库存车辆和配件。

第二十三条　供应商发生变更时，应当妥善处理相关事宜，确保经销商和消费者的合法权益。

经销商不再经营供应商产品的，应当将客户、车辆资料和维修历史记录在授权合同终止后 30 日内移交给供应商，不得实施有损于供应商品牌形象的行为；家用汽车产品经销商不再经营供应商产品时，应当及时通知消费者，在供应商的配合下变更承担"三包"责任的经销商。供应商、承担"三包"责任的经销商应当保证为消费者继续提供相应的售后服务。

第二十四条　供应商可以要求经销商为本企业品牌汽车设立单独展区，满足经营需要和维护品牌形象的基本功能，但不得对经销商实施下列行为：

（一）要求同时具备销售、售后服务等功能；

（二）规定整车、配件库存品种或数量，或者规定汽车销售数量，但双方在签署授权合同或合同延期时就上述内容书面达成一致的除外；

（三）限制经营其他供应商商品；

（四）限制为其他供应商的汽车提供配件及其他售后服务；

（五）要求承担以汽车供应商名义实施的广告、车展等宣传推广费用，或者限定广告宣传方式和媒体；

（六）限定不合理的经营场地面积、建筑物结构以及有偿设计单位、建筑单位、建筑材料、通用设备以及办公设施的品牌或者供应商；

（七）搭售未订购的汽车、配件及其他商品；

（八）干涉经销商人力资源和财务管理以及其他属于经销商自主经营范围内的活动；

（九）限制本企业汽车产品经销商之间相互转售。

第二十五条　供应商制定或实施营销奖励等商务政策应当遵循公平、公正、透明的原则。

供应商应当向经销商明确商务政策的主要内容，对于临时性商务政策，应当提前以双方约定的方式告知；对于被解除授权的经销商，应当维护经销商在授权期间应有的权益，不得拒绝或延迟支付销售返利。

第二十六条 除双方合同另有约定外，供应商在经销商获得授权销售区域内不得向消费者直接销售汽车。

第四章　监督管理

第二十七条 供应商、经销商应当自取得营业执照之日起90日内通过国务院商务主管部门全国汽车流通信息管理系统备案基本信息。供应商、经销商备案的基本信息发生变更的，应当自信息变更之日起30日内完成信息更新。

本办法实施以前已设立的供应商、经销商应当自本办法实施之日起90日内按前款规定备案基本信息。

供应商、经销商应当按照国务院商务主管部门的要求，及时通过全国汽车流通信息管理系统报送汽车销售数量、种类等信息。

第二十八条 经销商应当建立销售汽车、用户等信息档案，准确、及时地反映本区域销售动态、用户要求和其他相关信息。汽车销售、用户等信息档案保存期不得少于10年。

第二十九条 县级以上地方商务主管部门应当依据职责，采取"双随机"办法对汽车销售及其相关服务活动实施日常监督检查。

监督检查可以采取下列措施：

（一）进入供应商、经销商从事经营活动的场所进行现场检查；

（二）询问与监督检查事项有关的单位和个人，要求其说明情况；

（三）查阅、复制有关文件、资料，检查相关数据信息系统及复制相关信息数据。

（四）依据国家有关规定采取的其他措施。

第三十条 县级以上地方商务主管部门应当会同有关部门建立企业信用记录，纳入全国统一的信用信息共享交换平台。对供应商、经销商有关违法违规行为依法做出处理决定的，应当录入信用档案，并及时向社会公布。

第三十一条 供应商、经销商应当配合政府有关部门开展走私、盗抢、非法拼装等嫌疑车辆调查，提供车辆相关信息。

第五章　法律责任

第三十二条 违反本办法第十条、第十二条、第十四条、第十七条第一款、第二十一条、第二十三条第二款、第二十四条、第二十五条、第二十六条有关规定的，由县级以上地方商务主管部门责令改正，并可给予警告或3万元以下罚款。

第三十三条 违反本办法第十一条、第十五条、第十八条、第二十条第二款、第二十七条、第二十八条有关规定的，由县级以上地方商务主管部门责令改正，并可给予警告或1万元以下罚款。

第三十四条 县级以上商务主管部门的工作人员在汽车销售及其相关服务活动监督管理工作中滥用职权、玩忽职守、徇私舞弊的，依法给予处分；构成犯罪的，依法追究刑事责任。

第六章 附则

第三十五条 省级商务主管部门可结合本地区实际情况制定本办法的实施细则,并报国务院商务主管部门备案。

第三十六条 供应商通过平行进口方式进口汽车按照平行进口相关规定办理。

第三十七条 本办法自2017年7月1日起施行。

二、《汽车销售管理办法》的重点内容

①打破了汽车销售品牌授权单一体制。允许授权销售和非授权销售两种模式并行,汽车就不再必需汽车品牌商授权,汽车超市、汽车卖场、汽车电商等将会成为新的汽车销售形式,有助于汽车流通网络向三四线城市和农村地区下沉,能够更好地满足城镇化发展需求,有效地释放这些地区的消费潜力。

②积极推动汽车销售和售后服务分开。有助于促进汽车售后服务的专业化、社会化发展。同时,《管理办法》也明确供应商不得限制配件生产商的销售对象,不得限制经销商、售后服务商转售配件,为促进后市场健康、快速发展提供了重要保障。

③突出加强消费者权益保护。更加注重创造良好的消费环境,把供应商、经销商作为承担售后服务责任的双主体,充分尊重消费者的知情权和选择权,要求经销商明示服务内容和价格,善尽重要事项提醒义务,并要求建立健全消费者投诉制度,使消费者在购买汽车及售后服务中能够明白选择、自由消费、放心消费。

④促进建立新型的市场主体关系。以问题为导向,针对行业反映的突出问题,着力引导规范汽车供应商与经销商的交易行为,保证交易公平公正,充分发挥零供双方积极性,对零供双方的行为都进行了明确规范,比如,禁止供应商实施单方确定销售目标、搭售商品,限制多品牌经营及转售等行为,也禁止经销商冒用供应商授权开展经营活动。

任务三 进出口汽车销售管理法律法规

进出口一直是我国汽车行业的重要组成部分,近年来随着我国汽车行业发展突飞猛进,汽车进出口也有长足的发展。

一、《中华人民共和国进出口商品检验法(2018年修正)》

(1989年2月21日第七届全国人民代表大会常务委员会第六次会议通过 根据2002年4月28日第九届全国人民代表大会常务委员会第二十七次会议《关于修改〈中华人民共和国进出口商品检验法〉的决定》第一次修正 根据2013年6月29日第十二届全国人民代表大会常务委员会第三次会议《关于修改〈中华人民共和国文物保护法〉等十二部法律的决定》第二次修正 根据2018年4月27日中华人民共和国主席令第六号《全国人大常委会关于修改〈中华人民共和国国境卫生检疫法〉等六部法律的决定》第三次修正)

第一章 总则

第一条 为了加强进出口商品检验工作,规范进出口商品检验行为,维护社会公共利益

和进出口贸易有关各方的合法权益，促进对外经济贸易关系的顺利发展，制定本法。

第二条 国务院设立进出口商品检验部门（以下简称国家商检部门），主管全国进出口商品检验工作。国家商检部门设在各地的进出口商品检验机构（以下简称"商检机构"）管理所辖地区的进出口商品检验工作。

第三条 商检机构和经国家商检部门许可的检验机构，依法对进出口商品实施检验。

第四条 进出口商品检验应当根据保护人类健康和安全、保护动物或者植物的生命和健康、保护环境、防止欺诈行为、维护国家安全的原则，由国家商检部门制定、调整必须实施检验的进出口商品目录（以下简称"目录"）并公布实施。

第五条 列入目录的进出口商品，由商检机构实施检验。前款规定的进口商品未经检验的，不准销售、使用；前款规定的出口商品未经检验合格的，不准出口。本条第一款规定的进出口商品，其中符合国家规定的免予检验条件的，由收货人或者发货人申请，经国家商检部门审查批准，可以免予检验。

第六条 必须实施的进出口商品检验，是指确定列入目录的进出口商品是否符合国家技术规范的强制性要求的合格评定活动。

合格评定程序包括：抽样、检验和检查；评估、验证和合格保证；注册、认可和批准以及各项的组合。

第七条 列入目录的进出口商品，按照国家技术规范的强制性要求进行检验；尚未制定国家技术规范的强制性要求的，应当依法及时制定，未制定之前，可以参照国家商检部门指定的国外有关标准进行检验。

第八条 经国家商检部门许可的检验机构，可以接受对外贸易关系人或者外国检验机构的委托，办理进出口商品检验鉴定业务。

第九条 法律、行政法规规定由其他检验机构实施检验的进出口商品或者检验项目，依照有关法律、行政法规的规定办理。

第十条 国家商检部门和商检机构应当及时收集和向有关方面提供进出口商品检验方面的信息。

国家商检部门和商检机构的工作人员在履行进出口商品检验的职责中，对所知悉的商业秘密负有保密义务。

第二章 进口商品的检验

第十一条 本法规定必须经商检机构检验的进口商品的收货人或者其代理人，应当向报关地的商检机构报检。

第十二条 本法规定必须经商检机构检验的进口商品的收货人或者其代理人，应当在商检机构规定的地点和期限内，接受商检机构对进口商品的检验。商检机构应当在国家商检部门统一规定的期限内检验完毕，并出具检验证单。

第十三条 本法规定必须经商检机构检验的进口商品以外的进口商品的收货人，发现进口商品质量不合格或者残损短缺，需要由商检机构出证索赔的，应当向商检机构申请检验出证。

第十四条 对重要的进口商品和大型的成套设备，收货人应当依据对外贸易合同约定在出口国装运前进行预检验、监造或者监装，主管部门应当加强监督；商检机构根据需要可以派出检验人员参加。

第三章 出口商品的检验

第十五条 本法规定必须经商检机构检验的出口商品的发货人或者其代理人，应当在商检机构规定的地点和期限内，向商检机构报检。商检机构应当在国家商检部门统一规定的期限内检验完毕，并出具检验证单。

第十六条 经商检机构检验合格发给检验证单的出口商品，应当在商检机构规定的期限内报关出口；超过期限的，应当重新报检。

第十七条 为出口危险货物生产包装容器的企业，必须申请商检机构进行包装容器的性能鉴定。生产出口危险货物的企业，必须申请商检机构进行包装容器的使用鉴定。使用未经鉴定合格的包装容器的危险货物，不准出口。

第十八条 对装运出口易腐烂变质食品的船舱和集装箱，承运人或者装箱单位必须在装货前申请检验。未经检验合格的，不准装运。

第四章 监督管理

第十九条 商检机构对本法规定必须经商检机构检验的进出口商品以外的进出口商品，根据国家规定实施抽查检验。

国家商检部门可以公布抽查检验结果或者向有关部门通报抽查检验情况。

第二十条 商检机构根据便利对外贸易的需要，可以按照国家规定对列入目录的出口商品进行出厂前的质量监督管理和检验。

第二十一条 为进出口货物的收发货人办理报检手续的代理人办理报检手续时应当向商检机构提交授权委托书。

第二十二条 国家商检部门可以按照国家有关规定，通过考核，许可符合条件的国内外检验机构承担委托的进出口商品检验鉴定业务。

第二十三条 国家商检部门和商检机构依法对经国家商检部门许可的检验机构的进出口商品检验鉴定业务活动进行监督，可以对其检验的商品抽查检验。

第二十四条 国家商检部门根据国家统一的认证制度，对有关的进出口商品实施认证管理。

第二十五条 商检机构可以根据国家商检部门同外国有关机构签订的协议或者接受外国有关机构的委托进行进出口商品质量认证工作，准许在认证合格的进出口商品上使用质量认证标志。

第二十六条 商检机构依照本法对实施许可制度的进出口商品实行验证管理，查验单证，核对证货是否相符。

第二十七条 商检机构根据需要，对检验合格的进出口商品，可以加施商检标志或者封识。

第二十八条 进出口商品的报检人对商检机构做出的检验结果有异议的，可以向原商检机构或者其上级商检机构以至国家商检部门申请复验，由受理复验的商检机构或者国家商检部门及时做出复验结论。

第二十九条 当事人对商检机构、国家商检部门做出的复验结论不服或者对商检机构做出的处罚决定不服的，可以依法申请行政复议，也可以依法向人民法院提起诉讼。

第三十条　国家商检部门和商检机构履行职责，必须遵守法律，维护国家利益，依照法定职权和法定程序严格执法，接受监督。

国家商检部门和商检机构应当根据依法履行职责的需要，加强队伍建设，使商检工作人员具有良好的政治、业务素质。商检工作人员应当定期接受业务培训和考核，经考核合格，方可上岗执行职务。

商检工作人员必须忠于职守，文明服务，遵守职业道德，不得滥用职权，谋取私利。

第三十一条　国家商检部门和商检机构应当建立健全内部监督制度，对其工作人员的执法活动进行监督检查。

商检机构内部负责受理报检、检验、出证放行等主要岗位的职责权限应当明确，并相互分离、相互制约。

第三十二条　任何单位和个人均有权对国家商检部门、商检机构及其工作人员的违法、违纪行为进行控告、检举。收到控告、检举的机关应当依法按照职责分工及时查处，并为控告人、检举人保密。

第五章　法律责任

第三十三条　违反本法规定，将必须经商检机构检验的进口商品未报经检验而擅自销售或者使用的，或者将必须经商检机构检验的出口商品未报经检验合格而擅自出口的，由商检机构没收违法所得，并处货值金额百分之五以上百分之二十以下的罚款；构成犯罪的，依法追究刑事责任。

第三十四条　违反本法规定，未经国家商检部门许可，擅自从事进出口商品检验鉴定业务的，由商检机构责令停止非法经营，没收违法所得，并处违法所得一倍以上三倍以下的罚款。

第三十五条　进口或者出口属于掺杂掺假、以假充真、以次充好的商品或者以不合格进出口商品冒充合格进出口商品的，由商检机构责令停止进口或者出口，没收违法所得，并处货值金额百分之五十以上三倍以下的罚款；构成犯罪的，依法追究刑事责任。

第三十六条　伪造、变造、买卖或者盗窃商检单证、印章、标志、封识、质量认证标志的，依法追究刑事责任；尚不够刑事处罚的，由商检机构责令改正，没收违法所得，并处货值金额等值以下的罚款。

第三十七条　国家商检部门、商检机构的工作人员违反本法规定，泄露所知悉的商业秘密的，依法给予行政处分，有违法所得的，没收违法所得；构成犯罪的，依法追究刑事责任。

第三十八条　国家商检部门、商检机构的工作人员滥用职权，故意刁难的，徇私舞弊，伪造检验结果的，或者玩忽职守，延误检验出证的，依法给予行政处分；构成犯罪的，依法追究刑事责任。

第六章　附则

第三十九条　商检机构和其他检验机构依照本法的规定实施检验和办理检验鉴定业务，依照国家有关规定收取费用。

第四十条 国务院根据本法制定实施条例。

第四十一条 本法自 1989 年 8 月 1 日起施行。

二、进口汽车检验管理办法

《进口汽车检验管理办法》规定了进口汽车入境口岸检验检疫机构对进口汽车的检验内容、进口汽车国内销售备案手续办理、检验检疫机构对进口汽车的检验方式。

《进口汽车检验管理办法》全文如下：

第一条 为加强进口汽车检验管理工作，根据《中华人民共和国进出口商品检验法》（以下简称《商检法》）及其实施条例，制定本办法。

第二条 国家出入境检验检疫局（以下简称"国家检验检疫局"）主管全国进口汽车检验监管工作，进口汽车入境口岸检验检疫机构负责进口汽车入境检验工作，用户所在地检验检疫机构负责进口汽车质保期内的检验管理工作。

第三条 对转关到内地的进口汽车，视通关所在地为口岸，由通关所在地检验检疫机构按照本办法负责检验。

第四条 进口汽车的收货人或代理人在货物运抵入境口岸后，应持合同、发票、提（运）单、装箱单等单证及有关技术资料向口岸检验检疫机构报检，口岸检验检疫机构审核后签发"入境货物通关单"。

第五条 进口汽车入境口岸检验检疫机构对进口汽车的检验包括：一般项目检验、安全性能检验和品质检验。

第六条 一般项目检验。在进口汽车入境时逐台核查安全标志，并进行规格、型号、数量、外观质量、随车工具、技术文件和零备件等项目的检验。

第七条 安全性能检验。按国家有关汽车的安全环保等法律法规、强制性标准和《进出口汽车安全检验规程》（SN/TO 792—1999）实施检验。

第八条 品质检验。品质检验及其标准、方法等应在合同或合同附件中明确规定，进口合同无规定或规定不明确的，按《进出口汽车品质检验规程》（SN/TO 791—1999）检验。

整批第一次进口的新型号汽车总数大于 300 台（含 300 台，按同一合同、同一型号、同一生产厂家计算）或总值大于一百万美元（含一百万美元）的必须实施品质检验。

批量总数小于 300 台或总值小于一百万美元的新型号进口汽车和非首次进口的汽车，检验检疫机构视质量情况，对品质进行抽查检验。

品质检验的情况应抄报国家检验检疫局及有关检验检疫机构。

第九条 检验检疫机构对进口汽车的检验，可采取检验检疫机构自检、与有关单位共同检验和认可检测单位检验等方式，由检验检疫机构签发有关检验单证。

第十条 对大批量进口汽车，外贸经营单位和收用货主管单位应在对外贸易合同中约定在出口国装运前进行预检验、监造或监装，检验检疫机构可根据需要派出检验人员参加或者组织实施在出口国的检验。

第十一条 经检验合格的进口汽车，由口岸检验检疫机构签发"入境货物检验检疫证明"，并一车一单签发"进口机动车辆随车检验单"；对进口汽车实施品质检验的，"入境货物检验检疫证明"须加附"品质检验报告"。

经检验不合格的，检验检疫机构出具检验检疫证书，供有关部门对外索赔。

第十二条 进口汽车的销售单位凭检验检疫机构签发的"进口机动车辆随车检验单"等有关单证到当地工商行政管理部门办理进口汽车国内销售备案手续。

第十三条 用户在国内购买进口汽车时必须取得检验检疫机构签发的"进口机动车辆随车检验单"和购车发票。在办理正式牌证前，到所在地检验检疫机构登检、换发"进口机动车辆检验证明"，作为到车辆管理机关办理正式牌证的依据。

第十四条 经登记的进口汽车，在质量保证期内，发现质量问题，用户应向所在地检验检疫机构申请检验出证。

第十五条 各直属检验检疫局根据工作需要可委托或指定经考核符合条件的汽车检测线承担进口汽车安全性能的检测工作，并报国家检验检疫局备案。国家检验检疫局对实施进口汽车检验的检测线的测试和管理能力进行监督抽查。

第十六条 检验检疫机构对未获得进口安全质量许可证书或者虽然已获得进口安全质量许可证书但未加贴检验检疫安全标志的、未按本办法检验登记的进口汽车，按《商检法》及《商检法实施条例》的有关规定处理。

第十七条 进口摩托车等其他进口机动车辆由收货人所在地检验检疫机构参照本办法负责检验。

第十八条 各直属检验检疫机构每半年将进口汽车质量分析报国家检验检疫局。并于7月15日和次年1月15日以前报出。

第十九条 本办法由国家检验检疫局负责解释。

第二十条 本办法自2000年1月1日起施行。

三、《汽车平行进口试点的若干意见》

"平行进口"是指除总经销商以外，由其他进口商从产品原产地直接进口，其进口渠道与国内授权经销渠道"平行"，由于免去中间环节，通过这一方式进口的产品价格更低。

平行进口车的优势很明显，由于绕过了各级经销商、4S店等销售环节，省去了不少加价。而且平行进口车经销商定价不受厂商限制，比较自由，因此在价格上有较大优惠，通常平行进口车比中规车价格要低10%~20%。另外，平行进口经销商还能选购不少海外汽车厂商并未在中国市场上市的车型和配置。

（一）商务部等8部门《关于促进汽车平行进口试点的若干意见》

发布单位：商务部 工业和信息化部 公安部 环境保护部 交通运输部 海关总署 国家质量监督检验检疫总局 国家认证认可监督管理委员会

发布日期：2016-02-22

天津市、上海市、福建省、广东省、深圳市商务、工业和信息化、公安、环境保护、交通运输、海关主管部门，各相关直属检验检疫局：

在自由贸易试验区（以下简称"自贸试验区"）开展汽车平行进口试点，是推进汽车领域供给侧结构性改革，加快汽车流通体制创新发展，激发汽车市场活力的重要举措。为落实国务院有关决策部署，加快推动汽车平行进口试点各项政策措施落地，促进试点工作取得实效，现提出如下意见：

一、简化汽车自动进口许可证申领管理制度。平行进口汽车试点企业（以下简称"试点企业"）进口汽车和建立分销网络无须获得汽车供应商授权，可以按照经营活动实际需求，申领汽车产品自动进口许可证。试点企业按自动进口许可证管理的相关规定，在进口环节向海关交验许可证件，办理报关手续。

二、深化平行进口汽车强制性产品认证改革。平行进口汽车必须符合国家有关安全、节能、质量标准和技术规范的强制性要求，并获得国家法律法规规定的强制性产品认证（CCC认证）。对已建立了完善的家用汽车"三包"和召回体系的试点企业，可放宽CCC认证申请需提供原厂授权文件的相关要求；对已有效保证车辆一致性的试点企业，可取消非量产车认证模式的数量要求；对符合产业政策、海关和检验检疫相关规定、已有效保证车辆一致性且在自贸试验区内仅进行标准符合性整改的试点企业，可视情况仅对其在自贸试验区内的整改场所进行CCC认证工厂检查。

三、进一步提高汽车平行进口贸易便利化水平。优化平行进口汽车报关、通关、查验等流程，提高通关效率，降低通关成本。优化平行进口汽车审价机制。在经批准进行汽车平行进口试点的自贸试验区，允许试点企业在海关特殊监管区域内开展汽车整车保税仓储业务，期限为3个月，不得延期。

四、积极推动平行进口汽车环保和维修信息公开。试点企业要按照《大气污染防治法》及《汽车维修技术信息公开实施管理办法》等有关规定，向社会公布其进口车型的机动车污染控制技术信息、排放检验信息和有关维修技术信息，同时应注明符合我国排放标准的阶段水平。不得进口和销售达不到我国现行排放标准的车辆。

五、加强平行进口汽车注册登记管理服务。各地公安部门在办理进口汽车注册登记时，要严格执行《机动车运行安全技术条件》（GB 7258）等国家安全技术标准，重点检查平行进口汽车车辆识别代号、产品标牌、里程表、外部灯具和信号装置等。对发现的不符合国家标准的平行进口汽车产品，不予办理注册登记，并通报当地商务、检验检疫等部门。对符合规定的，要优化服务、提高效率，方便快捷予以办理。

六、重点加强质量追溯和售后服务体系建设。试点企业是平行进口汽车产品质量追溯的责任主体，依法履行产品召回、质量保障、售后服务、家用汽车"三包"、平均燃料消耗量核算等义务。试点企业要增强售后服务保障能力，切实保障消费者合法权益。要通过自建、资源共享、多渠道合作等多种方式，形成覆盖销售区域的售后服务（含维修）网络，使消费者能够享有方便、快捷、有效的售后服务。

七、切实加强监管。按照国务院有关文件要求，试点所在地人民政府要加强组织领导，明确责任主体，精心组织好试点工作，有效防控各类风险。要将汽车售后维修保障能力、守法合规的信用情况作为遴选试点企业的重要条件。要切实履行监管职责，创新监管方式，建立健全相关管理规定，强化事中事后监管，确保试点工作规范有序进行。对违法违规经营行为依法加大查处力度，及时取消违规经营企业试点资格，并做好相应善后工作。做出处理决定的要录入企业信用档案，并向社会公布。

各试点地区要进一步提高认识，增强工作主动性、针对性和有效性，创新制度设计及机制建设，为试点工作创造有利的政策环境。要认真总结有益做法，尽快形成一批可复制、可推广的改革创新成果。试点工作进展情况要及时上报国务院有关部门。

(二) 各省市汽车平行进口落地情况

我国已有天津、上海、福建、广东、深圳、宁波、大连、新疆、四川 9 个试点省市，还将新增 8 个汽车平行进口试点地区，使目前的试点地区总数增加到 17 个。新的试点地区是内蒙古的满洲里口岸、江苏张家港保税港区、河南郑州铁路口岸、湖南岳阳城陵矶港、广西钦州保税港区、海南海口港、重庆铁路口岸、青岛前湾保税港区。

2017 年，天津等 9 个试点地区 100 家试点企业共进口汽车 13.6 万辆，同比增长 109%。车型近 180 个，比 2016 年增加了 30 多个，拓展了产品供给范围，丰富了消费者购车选择。同时，促进了整个汽车市场的竞争，车价特别是中高端进口汽车价格下降明显，大部分车价下降了 15% 以上。

天津

2015 年天津自贸区正式挂牌成立，以及天津口岸平行进口汽车试点方案获批，促进了天津口岸汽车平行进口贸易的发展。目前，天津港已成为全国平行进口汽车市场份额最大的口岸。据统计，2016 年天津东疆保税港区平行进口汽车享受 3 个月入区保税政策车辆达到 25 789 辆，这里已成为全国入区保税平行进口汽车进口额最大口岸，并已初步形成集进口、销售、售后、金融、保险、仓储物流、信息化等于一体的平行车产业链。

2017 年 3 月，天津东疆保税港区管委会及阿里巴巴进口货源平台举行了全国首次平行进口汽车线上直播展销。

上海

上海市平行进口汽车发展一直走在全国的前列。2015 年，平行进口汽车试点工作率先在上海启动。2015 年 2 月 10 日，上海市商务委员会公布了第一批 17 家试点企业名单。2017 年 3 月，上海通过率先试点平行进口汽车 CCC 认证制度改革、实现中国首张平行进口汽车 CCC 认证证书落户自贸区、推出进口 CCC 产品诚信示范企业贸易便利化措施等一系列改革创新举措，逐步为上海自贸区打造出支持进口汽车新业态发展的政策高地，为汽车产业集聚发展提供了有力支持。

广东

2016 年 4 月，广州海关研究推出支持平行进口整车保税业务落地的监管模式：一方面，平行进口整车以保税方式自境外运至海关特殊监管区域，办理入区通关手续，可让平行进口车企充分享受保税政策暂缓纳税的优势；另一方面，平行进口车企可采用"保税展示交易"的方式，将处于保税状态的平行进口整车运抵展厅进行展示交易，有利于平行进口整车的集约化发展，便利企业拓展销售渠道，建设整车仓储、展示、销售等环节一体化链条。

深圳

2015 年 3 月商务部正式批复同意在深圳前海开展平行进口汽车试点，深圳由此成为继上海之后全国第二个获批开展此项试点的城市。2015 年 10 月，深圳市前海管理局官网发布《市经贸信息委、前海管理局、深圳海关、深圳出入境检验检疫局、市市场和质量监管委关于深圳市开展平行进口汽车试点工作的通知》（以下简称《通知》）。按照《通知》，在前海注册的企业，符合一定条件可向相关部门申请开展平行进口汽车试点业务，并提出企业需建立符合我市试点工作要求的集交易、服务、保险和管理功能于一体的平行进口汽车电子商务平台。

福建

2016年福州江阴口岸进口的汽车95%以上通过平行进口方式进口，平行进口汽车数量位居全国整车进口口岸第四位。同时，福州江阴港形成以福建省平行进口汽车交易中心有限公司、福建江阴港银河国际汽车园有限公司等两家福建自贸区示范企业双双跻身全国平行汽车进口量前10名。

宁波

目前宁波梅山已有三家试点平台和企业获得平行进口汽车试点资质，分别是中信港通国际物流有限公司、浙江中大元通晟东汽车贸易有限公司和宁波九信进出口有限公司。宁波梅山保税港区平行进口汽车达到1 008辆。

大连

2016年12月，大连港集团与招商局就开展平行进口汽车贸易签署合作协议。2017年3月，大连市确定了大连华晨东金联合汽车国际贸易有限公司、大连国合汽车发展有限公司、大连世合国际车城有限公司、大连金港联合汽车国际贸易有限公司为首批试点平台企业，大连港和汽车国际贸易有限公司为大连市首批汽车平行进口试点企业。

新疆

2017年2月16日，霍尔果斯经济开发区正式出台《霍尔果斯口岸整车进口发展扶持办法（试行）》，力促整车进口产业集群活力，加速整车进口业务的发展。2017年以来霍尔果斯进口汽车106辆，包括丰田埃尔法、雷克萨斯570、路虎揽胜、拉达尼瓦等品牌，涉及车型主要有SUV、MPV等。

四川

2016年，成都成为国家平行进口汽车9个试点口岸之一，也是西部首批入围试点的口岸。作为内陆城市，成都主要借助中欧班列（蓉欧快铁）进行汽车平行进口。

目前，质量不稳定、售后服务无保障成为消费者对平行进口汽车最大的顾虑，许多平行进口汽车经销商也已经开始努力改变这种尴尬的现状。未来，随着三包和召回情况的改善，平行进口汽车市场将继续保持稳定增长。根据前瞻产业研究院发布的《2017—2022年中国平行进口汽车行业深度调研及投资战略规划分析报告》统计，到2022年我国平行进口汽车将突破35万辆。

同步测试
项目三　汽车销售法律法规

项目四
汽车保险法律法规

$$
\text{汽车保险法律法规}\begin{cases} \text{保险概述}\begin{cases} \text{保险的概念} \\ \text{保险法律关系} \\ \text{保险的分类} \end{cases} \\ \text{汽车保险}\begin{cases} \text{汽车保险险种}\begin{cases} \text{交强险} \\ \text{商业险} \end{cases} \\ \text{汽车保险的特征} \\ \text{汽车保险的理赔流程}\begin{cases} \text{理赔流程} \\ \text{理赔免责条例} \end{cases} \end{cases} \end{cases}
$$

1. 了解保险法的调整对象、保险法律关系的内容、保险法的基本原则；
2. 明确汽车保险的险种、作用、特征以及汽车保险应注意的问题；
3. 掌握新车保险购买、汽车投保的技巧、汽车保险的理赔等内容。

身边的活雷锋
——记中国太平洋财产保险股份有限公司湖南株洲中心支公司查勘理赔员熊大勇同志

熊大勇同志，男，1985年9月9日出生在湖南省宁乡县（今为宁乡市）双江口镇新香村一个普通农民家庭。在太平洋财产保险股份有限公司湖南株洲中心支公司（以下简称"太平洋产险株洲中心支公司"）客户服务部从事查勘理赔工作，并担任团支部宣传委员。1月16日，熊大勇同志在株洲茶陵县车险查勘现场，因舍己救人，不幸因公殉职。

熊大勇同志生前留给我们的最后一条短信是"接受任务"。生死瞬间，他毅然把生的机会留给别人，用年轻的生命践行了客户至上的承诺，用宝贵的青春谱写了一曲舍己救人的英雄壮歌。

熊大勇同志工作兢兢业业，严于律己，任劳任怨；日常生活中待人诚恳，乐于助人。特别是在查勘理赔岗位上，认真负责，不怕苦、不怕累，想客户之所想，急客户之所急，深受公司领导、同事和客户的喜爱与尊重。领导交给他工作他说得最多的一句话就是"交代给我的事，您就放心吧"。

因为工作出色，熊大勇连续两年被评为公司"先进个人"。熊大勇同志始终把在工作中体现自己的价值当成人生的一大快乐，整天干劲十足，从不向困难低头。他常说，是太平洋保险给了他施展才华的舞台，给了他升华自我的空间，因此，他要像赤子爱故乡一样爱自己的岗位。

在太平洋产险株洲中心支公司，熊大勇是最"喜欢"加班的一个人。他几乎每天都提早半小时上班，检查车辆，擦拭车辆，确保查勘车正常使用。每天的工作不干完，他绝不下班。不管什么时候，只要一听到报案电话，哪怕在吃饭，他总是放下饭碗就走。受"碧利斯"台风影响，株洲市的茶陵、攸县遭受了严重洪涝灾害。那时，他刚进公司两个多月，公司领导派他协助理赔部的同志一起负责电信线路损失案的查勘工作。出险地桥断路毁、崎岖坎坷，他冒着烈日，跋山涉水，毫无怨言。在茶陵县桃江镇腰陂乡查勘的时候，由于电杆倒在稻田里无法看清损失，他就打起赤脚，走下禾田，仔细察看清点，双腿被禾苗割出一道道血痕，双脚被乱石划得鲜血直流，但他全然不顾。

据统计，太平洋产险株洲中心支公司全年接报各类事故案件2 740起，经过熊大勇查勘和协助查勘的案件就达1 194起。

熊大勇同志到太平洋产险株洲中心支公司工作的时间不长，但他爱学习，勤钻研，从一个保险的"门外汉"迅速成为一个能独当一面的员工，就是源于他对岗位、事业的执着。太平洋产险株洲中心支公司的同事都清楚地记得，熊大勇到公司上班的第一天，就坐在自己的工作台前看保险条款和理赔方面的书籍。对不懂的地方，都要问"为什么"。新员工入司培训、公司每星期组织的业务学习培训，他是最积极、认真的一个。他最喜欢购买、翻阅车辆方面的报刊书籍。

凡是市场新推出一款车型，对新车的车辆型号和性能，他几乎了如指掌。进公司不久，他就经常对查勘理赔的老同志提出："我可以跟你们出去看事故吗？我想多学习学习。"在事故现场，他总是默默地看老同志如何判定事故，看老同志如何定损。对理赔工作遇到的问题，即使熬通宵，都想把它解决好。对不懂的问题，就会及时向公司老员工、领导去请教。

因此，不到一年，熊大勇就成为公司查勘理赔岗位上的骨干，并被派往茶陵县驻点工作。工作中遇到的问题，使熊大勇深深地感受到自己所学知识的不足。特别是在查勘定损中，他看到由于客户对保险条款不够了解，埋怨、投诉时有发生，而有些客户则为了个人利益进行虚假投保、骗赔。为了增强自己的法律意识，进一步提高业务水平，他报名参加了法律专业成人高等自学考试，如愿以偿成为湘潭大学法律函授班的在册学员。

1月16日上午，太平洋产险湖南分公司接到报案，株洲市农业发展银行茶陵县支行，一辆面包车在县城130公里铁路桥拐弯处，因道路结冰而碰撞公路护栏导致车乘人员出血。公司派驻茶陵工作点理赔员熊大勇出现场，在马上按要求向呼叫调度中心回复"接受任务"的短信后，就立即驾车向冰天雪地的现场赶去。9时56分，熊大勇到达现场正在实施查勘，突然一辆面包车，由于路面冰冻湿滑而失控，向他和客户的方向直冲过来。千钧一发之际，熊大勇毫不犹豫地将客户往路边一推，客户毫发无损，而熊大勇却被撞倒，并被冲出几十米远。最终，熊大勇因颅内大出血、双腿粉碎性骨折，伤势过重，经抢救无效因公殉职，献出了自己年轻的生命。

熊大勇的人生虽然短暂,但是面对生死考验,他把生的希望让给客户,用自己的宝贵生命谱写了客户至上的动人篇章,诠释了太平洋保险集团"诚信天下、稳健一生、追求卓越"的核心价值观。在深入贯彻落实科学发展观构建社会主义和谐社会的今天,我们应大力弘扬熊大勇同志的这种精神。

谈一谈熊大勇的事迹给了你怎样的启示。

最早的汽车保险

1896年11月2日,英国事故保险公司开展了世界上最早的汽车保险业务。这种保险,由参加保险的人和公司进行商谈以决定合同内容。这种保险业务规定参加保险的每一辆汽车的车主须缴纳30先令(伦敦地区为2英镑),再加上30%的保险金额。但是,特别提出的一点是,"由受惊了的马而引起的车祸,不适用保险条例"。1897年,美国西部的大机械制造商吉尔伯特·鲁密斯首次实行汽车财产保险,该厂对其生产的单缸汽车以每100美元支付7.5美元的保险金进行了财产保险。1912年,挪威最早使汽车保险和第三者保险成为义务。

思考:汽车保险的保障作用有哪些?

任务一　保险概述

4.1.1　保险的概念

我国《保险法》将保险定义为:"投保人根据合同约定,向保险人支付保险金,保险人对于合同约定的可能发生的事故因其发生所造成的财产损失承担赔偿保险金责任,或者当被保险人死亡、伤残、疾病或者达到合同约定的年龄、期限时承担给付保险金责任的商业保险行为。"

理解这个概念需要注意以下几点:

①保险是发生在保险人与投保人、被保险人或受益人之间的经济关系(权利义务关系)。

②保险的适用范围具体涉及财产保险和人身保险两大类型,前者是以财产及其有关利益作为保险标的,后者是以被保险人的寿命或身体作为保险标的。财产保险的保险责任是补偿性的,人身保险的保险责任具有返还性和给付性。

③我国《保险法》规定的保险限于商业保险。

保险的法律特征有以下几点:

第一,保险是以约定的危险作为对象的,社会生活中存在危险,才产生了处置危险的保险制度。保险并非涉及所有的危险,而只是经保险当事人约定范围内的将来可能发生的危险。

第二，保险是以危险的集中和危险的转移作为运行机制的。所谓集中，就是把分散在每个社会单位的危险集中在保险人这里；所谓转移，是指通过保险人的经营行为，把已经集中上来的危险转移给全体投保人，由大家分担危险后果。

第三，保险是以科学的数理计算为依据的。具体说，就是保险人运用概率理论和大数法则，通过个别事故发生的偶然性，进行科学的总结来发现其发生的必然性。概率，又称或然率、机会率、可能性，是数学概率论的基本概念，是一个在 0 到 1 之间的实数，是对随机事件发生的可能性的度量。大数法则又称"大数定律"或"平均法则"。人们在长期的实践中发现，在随机现象的大量重复中往往出现几乎必然的规律。

第四，保险是以社会成员之间的互助共济为基础的。只要与保险人之间建立了保险关系，就意味着将自己面对的危险转移给全体投保人，同时，也分担着其他投保人的危险。太平洋保险公司的口号很形象地说明了这个关系：平时注入一滴水，难时拥有太平洋。每个投保人都是那一滴水，所有的投保人集中起来就是太平洋。

第五，保险是以经济补偿作为保险手段的。在保险事故发生后保险人对投保人给予经济补偿，这是保险的经济补偿功能的体现方式。

第六，保险是一种商品经营活动。保险是一种服务，是一种特殊商品。购买这种商品的，是投保人；专营这种商品的，是保险人。保险人为投保人提供的是一种保险保障，投保人付出的代价，是按约定向保险人支付保险费。

4.1.2 保险法律关系

一、保险法律关系的概念

保险法律关系是指由保险法律规范确认和调整的，以保险权利和保险义务为内容的社会关系。人们所从事的保险活动是一种商品交换活动，其内容是以投保人交纳保险费作为对价条件，换取保险人提供的保险保障。这种保险商品交换活动，一经保险法律规范加以调整后，即形成以保险权利和保险义务为内容的保险法律关系。

二、保险法律关系的主体

1. 保险人

保险人是指依法经营保险业务，与投保人建立保险法律关系，并承担赔偿或者给付保险金责任的人。根据我国目前保险市场的实际情况，保险人依法只表现为保险公司。保险人的主体资格有两个：一是按照法定程序，经金融监督管理部门批准设立，取得经营保险业务许可证和工商营业执照；二是其与投保人所订立的保险合同的内容属于该保险人依法被批准的保险经营业务范围之内。

2. 投保人

投保人是指与保险人建立保险法律关系，并按照保险合同的规定负有支付保险费义务的人。投保人必须具备的资格条件包括：一是具备相应的民事行为能力（年满 18 周岁或年满 16 周岁以上并以自己的劳动收入作为主要生活来源、智力正常、精神正常的公民）；二是投保人应当与保险标的之间具有保险利益。

3. 被保险人

被保险人是指其财产或者人身受保险合同保障，享有保险金给付请求权的人。被保险人的资格条件有：一是被保险人应当对保险标的具有保险利益；二是被保险人应当符合具体险种险别规定的承保范围；三是被保险人资格的取得不得违反《保险法》或保险合同条款的禁止性规定。如，"投保人不得为无民事行为能力人投保以死亡为给付保险金条件的人身保险"（父母为其未成年子女投保的人身保险，不受此限制）。

4. 受益人

受益人是指依据我国《保险法》的规定，在人身保险法律关系中，由被保险人或者投保人指定的，享有保险金请求权的人。受益人的资格条件只有一个，即经被保险人指定而产生。

三、保险法律关系的内容

1. 保险人的义务

①保险人的保险责任。这是保险人在法律关系中承担的基本义务，其内容就是在保险事故发生并导致保险标的受到损害或者保险合同约定的期限届满时，保险人向被保险人或者受益人支付保险赔偿金或者人身保险金。保险人履行保险责任必须符合以下条件：

一是发生了保险事故；

二是保险事故的发生造成保险标的的损害后果；

三是保险事故发生于保内；被保险人或者受益人依法行使索赔权。

②保险人承担施救费用的义务。保险人履行施救义务，保险标的在进行抢救过程中支付的合理的施救费用，由保险人承担。

③保险人的保密义务。保险人在其保险经营中可以获取客户的各种信息。《保险法》规定，保险人负有保密的义务。对泄露或者不正当使用商业信息的，要承担损害赔偿责任。

2. 投保人、被保险人的权利义务

①支付保险费的义务。

②维护保险标的的义务。

③通知义务（危险程度增加时，保险事故发生后）。

④施救义务。

⑤指定受益人的权利。

⑥保险金请求权。

3. 受益人的权利

受益人享有的权利就是要求保险人按照保险合同约定给付人身保险金。受益人为数人时，应按照被保险人或者投保人确定的受益顺序和受益份额行使保险金请求权。

四、保险法律关系的客体

1. 保险法律关系客体的含义

保险法律关系的客体是构成保险合同关系的要素之一，它表现为保险合同的各方当事人的权利和义务所共同指向的对象。具体地说，保险合同的客体就是保险利益。所谓保险利益，指的是投保人或被保险人与保险标的之间存在的法律上认可的经济利害关系。保险利益有别于保险标的，保险标的是确保保险利益的依据，是保险事故所致损害后果的承受体。

2. 保险法律关系客体的法律条件

①保险利益必须是合法利益（法律认可）。

②保险利益应当是确定的，能够实现的经济利益。

③保险利益必须具有经济价值（可用货币加以衡量和计算）。

4.1.3 保险的分类

根据划分的标准不同，保险有以下不同的分类：

1. 按保险的目的，保险可分为社会保险和商业保险

社会保险是社会保障制度的一个最重要的组成部分，是国家通过立法强制建立社会保险基金，对参加劳动关系的劳动者在丧失劳动能力、暂时失去劳动岗位或因健康原因造成损失时提供收入或补偿的一种社会保障制度。社会保险的主要项目包括养老保险、医疗保险、失业保险、工伤保险、生育保险。社会保险不以营利为目的。

商业保险是指通过订立保险合同运营，以营利为目的的保险形式，由专门的保险企业经营。商业保险关系是由当事人自愿缔结的合同关系，投保人根据合同约定，向保险公司支付保险费，保险公司根据合同约定的可能发生的事故因其发生所造成的财产损失承担赔偿保险金责任，或者当被保险人死亡、伤残、疾病或达到约定的年龄、期限时承担给付保险金责任。商业保险分财产保险、人寿保险和健康保险，其特征有以下几点：

①商业保险的经营主体是商业保险公司。

②商业保险所反映的保险关系是通过保险合同体现的。

③商业保险的对象可以是人和物（包括有形和无形的），具体标的有人的生命和身体、财产以及与财产有关的利益、责任、信用等。

④商业保险的经营要以营利为目的，而且要获取最大限度的利润，以保障被保险人享受最大限度的经济保障。

2. 按保险标的不同，保险可分为财产保险、人身保险、责任保险和信用保险四个类别

财产保险是以物质财富及其有关的利益为保险标的的险种，主要有海上保险、货物运输保险、工程保险、航空保险、火灾保险、汽车保险、家庭财产保险、盗窃保险、营业中断保险（又称利润损失保险）、农业保险等。

人身保险是以人的身体为保险标的的险种，主要有人身意外伤害保险、疾病保险（又称健康保险）、人寿保险（分为死亡保险、生存保险和两全保险）等。

责任保险是以被保险人的民事损害赔偿责任为保险标的的险种。凡根据法律被保险人应对其他人的损害所负经济赔偿责任，均由保险人承担，一般附加在损害赔偿保险中，如船舶保险的碰撞责任、汽车保险、飞机保险、工程保险、海洋石油开发保险等均已扩展了第三者责任险。主要有：

①公众责任保险，承保被保险人对他人造成人身伤害或财产损失应负的法律赔偿责任。

②雇主责任保险，又称劳工险，承保雇主根据法律或雇佣合同对受雇人员的人身伤亡应负的经济赔偿责任。

③产品责任保险，承保被保险人因制造或销售的产品质量缺陷导致消费者或使用者遭受

人身伤亡或其他损失所引起的赔偿责任。

④职业责任保险，承保医生、律师、会计师、工程师等自由职业者因工作中的过失造成他人的人身伤亡或其他损失所引起的赔偿责任。

⑤保赔保险，全称保障与赔偿保险，承保船主在经营中按照法律或合同规定对他人应负的损害赔偿责任。

信用保险是指权利人向保险人投保债务人的信用风险的一种保险，是一项企业用于风险管理的保险产品。其主要功能是保障企业应收账款的安全。其原理是把债务人的保证责任转移给保险人，当债务人不能履行其义务时，由保险人承担赔偿责任。

任务二 汽车保险

4.2.1 汽车保险险种

机动车辆保险即汽车保险（简称"车险"），是指对机动车辆由于自然灾害或意外事故所造成的人身伤亡或财产损失负赔偿责任的一种保险，是以机动车辆本身及其第三者责任等为保险标的一种运输工具保险。其保险客户，主要是拥有各种机动交通工具的法人团体和个人；其保险标的，主要是各种类型的汽车，但也包括电车、电瓶车等专用车辆及摩托车等。

汽车保险一般包括交强险和商业险，商业险包括基本险和附加险两部分。基本险分为车辆损失险和第三者责任保险、全车盗抢险（盗抢险）、车上人员责任险（司机责任险和乘客责任险）。附加险包括玻璃单独破碎险、车身划痕损失险、自燃损失险、涉水行驶险、车载货物掉落责任险、新增设备损失险、不计免赔特约险等。玻璃单独破碎险、自燃损失险、新增加设备损失险，是车辆损失险的附加险，必须先投保车辆损失险后才能投保这几个附加险。车载货物掉落责任险等，是第三者责任险的附加险，必须先投保第三者责任险后才能投保这几个附加险；每个险别不计免赔是可以独立投保的。汽车保险险种见表4-1。

表4-1 汽车保险险种

	交强险	
	商业险	
	主险	附加险
汽车保险险种	第三者责任保险	车上货物责任险 车载货物掉落责任险 精神损害抚慰金责任险 不计免赔特约险
	车辆损失险	玻璃单独破碎险 自燃损失险 新增加设备损失险 车身划痕损失险 发动机涉水损失险 不计免赔特约险

续表

汽车保险险种	全车盗抢险	不计免赔特约险
	车上人员责任险	不计免赔特约险

一、交强险

交强险全称"机动车交通事故责任强制保险",是中国首个由国家法律规定实行的强制保险制度。

《机动车交通事故责任强制保险条例》规定:交强险是由保险公司对被保险机动车发生道路交通事故造成受害人(不包括本车人员和被保险人)的人身伤亡、财产损失,在责任限额内予以赔偿的强制性责任保险。交强险责任限额见表4-2。

表4-2 交强险保费和责任限额

类别	限额
6座以下(6座以上)家庭自用汽车交强险保费	950元/年(1 100元/年)
责任限额	12.2万元
机动车在道路交通事故中有责任的赔偿限额	死亡伤残赔偿限额:110 000元 医疗费用赔偿限额:10 000元 财产损失赔偿限额:2 000元
机动车在道路交通事故中无责任的赔偿限额	死亡伤残赔偿限额:11 000元 医疗费用赔偿限额:1 000元 财产损失赔偿限额:100元

二、商业险

1. 第三者责任险

(1)第三者责任险

第三者责任险是指被保险人允许的合格驾驶人员在使用保险车辆过程中发生意外事故,致使第三者遭受人身伤亡或财产的直接损毁,依法应当由被保险人支付的赔偿金额,保险人依照保险合同的规定,对超过交强险各分项赔偿限额以上的部分给予赔偿的责任保险。

所谓"第三者"是指除了投保人及其财产、被保险车辆驾乘人员及其财产以外的其他人和财产。保险公司称为保险人(即第一者),车主称为被保险人(即第二者)。

第三者责任保险的责任范围除了投保时明确的被保险人之外,还包括被保险人允许的驾驶人员,如单位或个人的驾驶员、雇佣或借调的驾驶员以及保险车辆借给他人使用时的驾驶员等。这些人使用保险车辆时对第三者造成的人身伤亡或直接财产损失,均由保险公司负责赔偿。

(2)最高赔偿限额

投保时,投保人可以自愿选择投保,事故最高赔偿限额常分为10万元、20万元、50万元和 100 万元等。对第三者的赔偿数额，应由保险公司进行核定，被保险人不能自行承诺或支付赔偿金额。

（3）第三者责任险的保费计算

第三者责任险保费全国各地和各公司不一致，且经常调整。

（4）第三者责任险的赔付

国务院颁布的《中华人民共和国道路交通安全法实施条例》，对交通事故责任认定、处罚、事故损害赔偿的调解以及具体的损害赔偿计算标准等都有详尽的规定。公安交通管理部门应依照相关法规对事故当事人进行责任认定，确定赔偿标准，而保险公司则应根据公安交通管理部门的调解或裁决对被保险人依法应支付的赔偿金额给予补偿。

交通事故在我国一般由公安交通管理部门处理，但是非公共道路上发生的车辆事故，如村庄、大院、乡间土路上发生的车辆事故，可由出险地政府有关部门参照《中华人民共和国道路交通安全法实施条例》进行处理，保险公司再予以赔付。

（5）除外责任

第三者责任险中的除外责任，不论其在法律上是否应当由被保险人承担，保险公司均不负责赔偿。除外责任包括：被保险人及其家庭成员所有或代替保管的财产；本车的驾驶人及乘坐人员和财产；拖拉的未保险车辆或其他拖带物造成的损失；保险车辆发生意外事故引起停电、停水、停气、停产、停业、停驶、通信中断或网络中断、数据丢失和电压变化等造成的损失以及各种其他间接损失等。

第三者责任险的除外责任有几点需要注意：

①所有车辆的被保险人及其家庭成员，一般是根据独立经济的户口进行划分，家庭成员是指每一户中的成员，而不论是否为直系亲属。例如，父母兄弟多人各自另立户口分居，在经济上各自独立，就不能视为被保险人的家庭成员。而夫妻分居两地，虽有两个户口，但两者经济并不各自独立，则实质上是两个合而为一的整体家庭成员。保险公司在对"被保险人及其家庭成员"的区分上，要掌握一个原则，即支付给受害者的赔款，应由受害人所得，最终不能回到被保险人手中。

②企业所有或代管的财产，一般是指投保单位或集体所有或代管的财产，如投保单位的仓库、设备和住宅等。但目前许多企业规模较大，下属机构很多，这种企业作为一个整体投保后，如何区别其所有财产，这就要看其下属机构是否在经济上进行独立核算，如果是经济上独立核算单位，他们的财产就不能看作是投保企业的所有财产。例如，某大型化工企业下属 4 个分厂，均为独立核算单位。虽然该化工企业统一投保了第三者责任险，但一分厂车撞了二分厂的所有的车辆，保险公司就应当进行赔偿。

③车辆在装卸货物时所致的他人伤亡和财产损失，也不属于第三者责任险的责任范围，如车辆在装卸水泥时，水泥袋坠落砸伤行人或毁坏其他物品的，就不在第三者责任险赔偿范围之内；但保险车辆载装的货物，在行驶过程中不慎造成第三者人身伤亡或财产损失的，因为其为在使用车辆过程中发生的意外事故，则保险公司应按第三者责任险理赔。

2. 车辆损失险

（1）车辆损失险

车辆损失险是指车主向保险公司投保以预防车辆可能造成损失的保险，车辆损失险的保险金额可以按投保时的保险价值或实际价值确定,也可由投保人与保险公司协商确定,但保险金额不能超出保险价值。

(2) 车辆损失险的保费计算

车辆损失险保费 = 新车价 × 1.2%

(3) 车辆损失险的保险责任

车辆损失险的保险责任,是指保险车辆在行驶或停放中遇到特定情况遭受损失时,由保险公司负责经济损失赔偿的责任。

车辆损失险保险责任范围主要有如下方面:碰撞、倾覆、火灾、爆炸、雷击、暴风、洪水、地陷、冰陷、崖崩、雹灾、泥石流、隧道坍塌、空中运行物体坠落、载运保险车辆的渡船遭受自然灾害或意外事故(仅限于有驾驶人员随车照料者),此外,发生保险事故时,被保险人对保险车辆采取施救和保护措施所支付的合理费用,保险公司也负责赔偿。

(4) 车辆损失险保险责任的类别

车辆损失险的保险责任分为碰撞责任、非碰撞责任和施救保护费用责任。

①碰撞责任。碰撞责任是车辆损失险的主要责任,碰撞危险是机动车辆最易发生的危险之一。碰撞是指车辆与外界物体的意外接触,如两车对撞、追尾相撞和撞击其他物体等。一般因碰撞造成的损失,除了因驾驶人的故意行为外,不论驾驶人员是否违章或有无过失(明确除外责任者不在内),保险公司均负责赔偿。倾覆是指保险车辆由于自然灾害或意外事故,造成车辆倾斜翻倒、车体触地,使其失去正常状态和行驶能力,不经过施救不能恢复行驶的状态,如因雨天路滑,车辆不慎翻到沟里,或因车辆转弯过急、车速过快,发至侧翻或全翻等,保险公司对倾覆造成的损失负责赔偿。

②非碰撞责任。非碰撞责任主要指自然灾害、意外事故(如火灾、爆炸)以及车辆渡船过河时发生意外事故等造成的保险责任,自然灾害造成的车辆损失容易判别和界定,如洪水将车辆冲走;在山区行驶时遭受泥石流或雪崩、崖崩的袭击,将车辆损坏;冰雹将车身砸烂等。

火灾事故的起火原因如为车辆油路漏油遇明火、车辆停放时外界失火碰撞等,即车辆自身以外的火源引起的火灾,保险公司负责赔偿。

车辆发生爆炸的原因也较多。但如因发动机内部原因发生的爆裂,如缸体破裂、活塞脱缸造成的爆裂,则不属于爆炸的范畴,保险公司不负责赔偿。

③施救保护费用责任。施救、保护费用指保险车辆在遭受保险责任范围内的自然灾害或意外事故后,为了减少车辆损失,被保险人采取的必要施救措施所支付的合理费用,如雇佣吊车、拖车进行抢救、拖运,使用消防设备灭火等,雇人看守不能行驶的事故车辆或因抢救过程中损害他人的财产费用支出,保险公司负责赔偿。但此项费用的最高赔偿额不能超过该车的保险金额。如将车辆施救、保护以及修理费用相加,预计已达到或超过保险金额,保险公司可推定全损,予以赔偿。

(5) 除外责任

在机动车辆保险责任之外,还有一些危险称为除外责任。由除外责任造成的被保险车辆损失和损坏,保险公司不负责赔偿,除外责任包括下列情况:地震及其次生灾害、战争、军事冲突或暴乱;驾驶员酒后驾驶车辆、无有效驾驶证、人工直接供油;受本车所载货物撞击；自然磨损、朽蚀、轮胎自身炸裂或车辆的自身故障（如自燃）；保险车辆遭受保险责任范围内的损失后未经必要的修理，致使损失扩大的部分；保险车辆因保险责任范围内的灾害或事故致使被保险人停业、停驶的损失以及各种间接损失；其他不属于保险责任范围内的损失和费用。

3. 全车盗抢险

全车盗抢险是指保险车辆因全车被盗窃、抢劫、抢夺时，经县级以上公安刑侦部门立案核实，满60天未查明下落的，保险人对其直接经济损失按保险金额计算赔偿的保险。

如果车辆被盗抢后60天内被找回，但在此期间车辆发生损坏或零部件丢失，保险公司负责赔偿修复费用。

车辆被盗窃抢劫、抢夺后被找回的，保险人尚未支付赔款的，车辆归还被保险人。保险人已支付赔款的，车辆应归还被保险人，被保险人将赔款返还给保险人；被保险人不同意收回车辆的，车辆权益归保险人所有，全车盗抢险保费的计算方法为：

$$全车盗抢险保费 = 车辆折旧价值 \times 1\%$$

4. 车上人员责任险

车上人员责任险（乘坐险）是指保险车辆发生保险责任范围内的事故，致使保险车辆上的人员遭受伤亡，保险人在保险单所载明的该项赔偿限额内计算赔偿本应由被保险人支付的赔偿金额的责任保险，车上人员责任险保险金额通常分为每座1万元、2万元、5万元、10万元等。

车上人员责任险保费，非营运轿车驾驶人座位为投保金额的0.42%，乘客座位每座为投保金额的0.27%。如果5座不全部投保，通常保费要提高。某保险公司，如按每人2万投保，5座全部需保费300元（20 000.42% + 20 000.027% ×4 = 300），平均每座60元；不全部投保，则每座120元。

5. 自燃损失险

自燃损失险是指保险车辆因本车电器、线路、供油系统、供气系统发生故障及运载货物的自身原因起火燃烧造成保险车辆损失，以及被保险人在发生本保险责任事故时，为减少车辆损失所支出的必要合理的施救费用，由保险公司进行赔付的保险车辆自燃损失险保费的计算方法为：

$$自燃损失险保费 = 车辆折旧价值 \times 0.4\%$$

车辆折旧价值是指用新车购置价减去折旧金额后的价格，按照规定，家庭自用轿车的月折旧率为0.6%，即：

$$车辆折旧价值 = 新车购置价 \times (1 - 已使用月数 \times 0.6\%)$$

通常情况下，新购车辆和处于质保期内的车辆可以不投保自燃损失险，使用时间在3年以上的车辆可考虑投保此险种。

6. 玻璃单独破碎险

玻璃单独破碎险是指保险车辆只发生风窗玻璃破碎后，由保险公司承担赔付责任的保险。玻璃单独破碎险保费计算方法为：

$$玻璃单独破碎险保费 = 新车价 \times 0.15\% （国产玻璃）$$

$$玻璃单独破碎险保费 = 新车价 \times 0.25\% （进口玻璃）$$

7. 新增加设备损失险

新增加设备损失险是指投保车辆在出厂时原有各项设备以外，被保险人对另外加装设备进行的保险，保险人将在保险合同中该项目所载明的保险金额内，按实际损失计算赔偿，新增加设备损失险保费的计算方法为：

$$新增加设备损失险保费 = 新增加设备的实际价值 \times 1.2\%$$

8. 车身划痕损失险

投保了机动车损失保险的机动车，可投保本附加险。保险期间内，投保了本附加险的机动车在被保险人或其允许的驾驶人使用过程中，发生无明显碰撞痕迹的车身划痕损失，保险人按照保险合同约定负责赔偿。以下情况责任免除：

①被保险人及其家庭成员、驾驶人及其家庭成员的故意行为造成的损失。

②因投保人、被保险人与他人的民事、经济纠纷导致的任何损失。

③车身表面自然老化、损坏、腐蚀造成的任何损失。

本附加险每次赔偿实行15%的绝对免赔率，不适用主险中的各项免赔率、免赔额约定。

保险金额为2 000元、5 000元、10 000元或20 000元，由投保人和保险人在投保时协商确定。在保险金额内按实际修理费用计算赔偿。在保险期间内，累计赔款金额达到保险金额，本附加险保险责任终止。

9. 发动机涉水损失险

本附加险仅适用于家庭自用汽车、党政机关、事业团体用车、企业非营业用车，且只有在投保了机动车损失保险后，方可投保本附加险。保险期间内，投保了本附加险的被保险机动车在使用过程中，因发动机进水后导致的发动机的直接损毁，保险人负责赔偿。

发生保险事故时，被保险人为防止或者减少被保险机动车的损失所支付的必要的、合理的施救费用，由保险人承担；施救费用数额在被保险机动车损失赔偿金额以外另行计算，最高不超过保险金额的数额。本附加险每次赔偿均实行15%的绝对免赔率，不适用主险中的各项免赔率、免赔额约定。

10. 不计免赔特约险

不计免赔率险是投保了任一主险及其他设置了免赔率的附加险后，均可投保本附加险。保险事故发生后，按照对应投保的险种约定的免赔率计算的、应当由被保险人自行承担的免赔金额部分，保险人负责赔偿。下列情况下，应当由被保险人自行承担的免赔金额，保险人不负责赔偿：

①机动车损失保险中应当由第三方负责赔偿而无法找到第三方的。

②因违反安全装载规定而增加的。

③发生机动车全车盗抢保险约定的全车损失保险事故时，被保险人未能提供机动车登记证书、机动车来历凭证的，每缺少一项而增加的。

④机动车损失保险中约定的每次事故绝对免赔额。

⑤可附加本条款但未选择附加本条款的险种约定的。

⑥不可附加本条款的险种约定的。

保险人负责赔偿的保险，免赔率的通常规定为：负次要事故责任的为5%，负同等事故责任的为8%，负主要事故责任的为10%，负全部事故责任的为15%，自燃损失和盗抢全车损失的为20%，不计免赔特约险保费的计算方法为：

不计免赔特约险保费 =（车辆损失险保费 + 第三者责任险保费）×20%

4.2.2 汽车保险的特征

汽车保险的基本特征，可以概括为以下几点：

1. 保险标的出险率较高

汽车是陆地的主要交通工具。由于汽车经常处于运动状态，很容易发生碰撞及其他意外事故，造成人身伤亡或财产损失。由于车辆数量的迅速增加，一些国家交通设施及管理水平跟不上车辆的发展速度，再加上驾驶人的疏忽、过失等人为原因，交通事故发生频繁，汽车出险率较高。

2. 业务量大，投保率高

由于汽车出险率较高，汽车的所有者需要以保险方式转嫁风险。各国政府在不断改善交通设施，严格制定交通规章的同时，为了保障受害人的利益，大多对第三者责任保险实施强制保险。

保险人为适应投保人转嫁风险的不同需要，为被保险人提供了更全面的保障，在开展车辆损失险和第三者责任险的基础上，推出了一系列附加险，使汽车保险成为财产保险中业务量较大、投保率较高的一个险种。

3. 扩大保险利益

汽车保险中，针对汽车的所有者与使用者不同的特点，汽车保险条款一般规定：不仅被保险人本人使用车辆时发生保险事故保险人要承担赔偿责任，而且凡是被保险人允许的驾驶人使用车辆时，也视为其对保险标的具有保险利益，如果发生保险单上约定的事故，保险人同样要承担事故造成的损失。

此规定是为了对被保险人提供更充分的保障，并非违背保险利益原则。但如果在保险合同有效期内，被保险人将保险车辆转卖、转让、赠送他人，被保险人应当书面通知保险人并申请办理批改。否则，保险事故发生时，保险人对被保险人不承担赔偿责任。

4. 被保险人自负责任与无赔款优待

为了促使被保险人注意维护、养护车辆，使其保持安全行驶技术状态，并督促驾驶人注意安全行车，以减少交通事故，保险合同上一般规定：驾驶人在交通事故中所负责任，车辆损失险和第三者责任险在符合赔偿规定的金额内实行绝对免赔率；保险车辆在保险期限内无赔款，续保时可以按保险费的一定比例享受无赔款优待。出险和未出险下一年度保费上下浮动在10%~30%。以上两项规定，虽然分别是对被保险人的惩罚和优待，但要达到的目的是一致的。

4.2.3 汽车保险的理赔流程

一、理赔流程

1. 报案

①出险后，客户向保险公司理赔部门报案。

②内勤接报案后，要求客户将出险情况立即填写"业务出险登记表"（电话、传真等报

案由内勤代填）。

③内勤根据客户提供的保险凭证或保险单号立即查阅保单副本并抄单以及复印保单、保单副本和附表，查阅保费收费情况并由财务人员在保费收据（业务及统计联）复印件上确认签章（特约付款须附上协议书或约定）。

④确认保险标的在保险有效期限内或出险前特约交费，要求客户填写"出险立案查询表"，予以立案（如电话、传真等报案，由检验人员负责要求客户填写），并按报案顺序编写立案号。

⑤发放索赔单证。经立案后向被保险人发放有关索赔单证，并告知索赔手续和方法（电话、传真等报案，由检验人员负责）。

⑥通知检验人员，报告损失情况及出险地点。

以上工作在半个工作日内完成。

2. 查勘定损

①检验人员在接保险公司内勤通知后1个工作日内完成现场查勘和检验工作（受损标的在外地的检验，可委托当地保险公司在3个工作日内完成）。

②要求客户提供有关单证。

③指导客户填列有关索赔单证。

3. 签收审核索赔单证

①营业部、各保险支公司内勤人员审核客户交来的赔案索赔单证，对手续不完备的，向客户说明需补交的单证后退回客户，对单证齐全的赔案应在"出险报告（索赔）书"（一式二联）上签收后，将黄色联交还被保险人。

②将索赔单证及备存的资料整理后，交产险部核赔科。

4. 理算复核

①核赔科经办人接到内勤交来的资料后审核，单证手续齐全的在交接本上签收。

②所有赔案必须在3个工作日内理算完毕，交核赔科负责人复核。

5. 审批

①产险部权限内的赔案交主管理赔的经理审批。

②超产险部权限的逐级上报。

6. 赔付结案

①核赔科经办人将已完成审批手续的赔案编号，将赔款收据和计算书交财务划款。

②财务对赔付确认后，除赔款收据和计算书红色联外，其余取回。

二、理赔免责条例

以下为保险公司免责条例：

①临时牌照过期。

②驾驶员所持驾驶证已过有效期，但未按规定进行审验，所开车辆属于不合格车辆，保险公司可以根据保险合同拒绝任何理赔。

③超载、无牌照车出险，对于超载车或者没有上牌的车辆出险，保险公司都会将其拒之门外。一旦发生事故且与超载有关，保险公司可以超载为理由拒赔。

④酒后驾车，因为酒后驾车存在一定的道德风险，通常保险公司都将酒后驾车列入免赔范围中。

⑤收费停车场中丢车、剐蹭，即使上了车险全险，如在收费停车场中丢车，保险公司将不予赔偿。因为按照保险公司的规定，凡是车辆在收费停车场或营业性修理厂中被盗，保险公司一概不负责赔偿，消费者应该找停车场去索赔。因此，驾驶人一定要注意每次停车时收好停车费收据。

⑥对方全责投保人不追偿或事故后私了，保险事故后，双方通过私了解决。如果车主事后向保险公司提出索赔，保险公司通常都会拒绝，因为，保险公司认为当时车主没有及时报案，保险公司也没有去现场进行勘查，车主有骗保的可能性。

⑦未及时报案或擅自对车辆进行修复，由于未及时报案，导致保险公司对事故的保险责任或损失无法认定，根据保险合同，保险人有权对此次事故的损失拒绝赔偿。而未经保险公司核损，擅自对车辆进行修复，保险公司也会拒赔。

同步测试
项目四　汽车保险法律法规

项目五

汽车税费管理法律法规

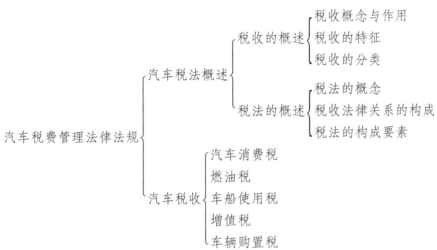

1. 了解税收、税法的概念和我国税收的组成,掌握我国汽车税收的组成;
2. 能够根据实际情况计算车辆的税收组成及金额,并向客户说明;
3. 树立对税收的理解和对客户的服务意识。

奥迪最闪亮的星

杨婷是长春汽车工业高等专科学校 2012 级汽车营销与服务专业的学生,2014 年开始实习,2015 年毕业入职吉林国兴奥迪汽车销售服务有限公司。

在企业实习的时候,杨婷就开始担任金融保险专员,转正后表现十分优秀,她刻苦钻研金融保险条例,改善店内的销售策略,提升参保率和贷款融资率,下班后经常能够在店里看

到她和小伙伴们在给客户办理分期手续，打电话提醒每一位客户续保，直至深夜……靠着这份对工作的执着和对客户的真诚，仅用一年时间杨婷即升职为金融保险经理，一般在汽车经销商企业担任这个岗位的至少要有六七年的工作经验。

2016年，作为一名职场新人，杨婷报名参加了奥迪之星全国技能竞赛。参加奥迪之星的候选者都有奥迪经销店丰富的职场经验，杨婷靠着坚实的基础和灵活的应变，一路过关斩将，从全国500多家奥迪4S店脱颖而出，从全国24强跃入8强，与第一名仅差0.3分，最终赢得2016年奥迪之星"优秀金融保险经理"称号。

杨婷谦虚地说，自己是一个平凡的人。就是这样一个平凡的小姑娘在五年的职场生涯中也能从一名菜鸟成长为一位职场精英，靠的是勤奋、努力和创新。

来源：《新文化报》

每一个平凡的人只要足够努力，勇于创新，都有成功的可能。说一说杨婷都有哪些方面值得我们学习借鉴。

大禹治税

禹治"水"的过程，首先是治"税"的过程，治好"水"的根源，就在于首先治好了"税"。大禹治水时期的治税方法，后来彻底演变为他治国的重要方略。

禹无意中找到了"火烧水浇，水火相加"的开山方法。

第二天，禹就命所有的人上山砍柴，并把木柴堆积在山石壁下燃烧。同时把水运到山石之上，先用泥土围堵起来，等山石下面的大火把石壁烧红之后，再扒土放水。这样水石相击，热胀冷缩，坚硬的山石就崩裂脱落。按照这种方法，他们周而复始，一火又一火，一遍又一遍，龙门山石终于在人们的锲而不舍中一层层剥离，龙门大开的时间一步步迫近了。

但就在龙门工程进入冲刺的关键时期，禹却发现出工的人数一天天在减少，并且出工的人也是有气无力。这是怎么回事呢？

后稷告诉他，又断粮了！治水的民工又饿倒了很多，并且危机仍在加重，附近的草根树皮也都快被吃光了。是啊，人是铁，饭是钢，没有吃的谈何治水啊！这么多人治水，物资供应不上怎么办呢？

实行差别征税并强制征收，解决物资供应难题

此时，禹不禁回想起，父亲鲧在治水时，也遇到过相同的情况。当年鲧治水失败，除了方法运用不当之外，物资供应跟不上是另一个重要的原因。治水初期，各部族踊跃捐助，可是时间一长，治水效果不明显，各部所捐物资越来越少，治水大军的后勤保障出了问题，洪水治理便陷入了困境。禹刚刚舒展的眉头又紧锁了起来，这可怎么办呢？

也许有人会说，是舜派禹前去治水的，那舜就应该保障好前方治水所需的物资供应，没吃的，那就让他赶紧派人送呗。话是这么说，可当时处于原始社会后期，生产力水平很低，私有财产极其有限。而且各部落之间是协作联盟关系，部落首领还没有强有力的组织管理权。遇到治理洪水这么庞大的民生工程，如何筹集物资供应，他们还真不知道该怎么办。据记载，当时参与治水的民众高达20多万，别说舜帝的私有家产供应不了，即使动员各部族捐助，也难以解决持久而稳定的物资供应问题。

这天，禹站在山顶，看着山下流经的滔滔洪水，不禁仰天长叹：难道我真的要重蹈父亲的覆辙吗？这时，一队蚂蚁驮着食物、排着队从大禹脚边走过。看到此景，禹俯下身子，用一根小木棍将一只蚂蚁剥离了队伍，而后只见那只被分离出去的蚂蚁着急忙慌地到处找粮，找到后重新背起，又回到了队伍当中。禹若有所思："为什么连这小小的蚂蚁都知道囤粮，并且还如此自觉有序呢？"

这时来到禹身边的后稷说道："恐怕也不全是自愿啊！每个蚁族都有一个蚁后，蚁后深居穴中，定下规矩，这些个蚂蚁找来粮食不能独用，要囤积起来供养蚁后。这些蚂蚁若不运粮，蚁后没有足够的食物产不下小蚂蚁，蚁族就要灭亡。说起来，也都是为了整个蚁族的生存啊！"

禹沉思良久，而后豁然开朗。治理洪水既然是关乎各个部族生存的头等大事，那么，治水的物资也不能单靠各部族自行捐助，应该根据基本需求，在各部族之间强制分摊，定期供应，只有这样，才能保证治水物资的供应。可是，这一办法可行吗？

从当时的情形来看，禹的这个办法的确很好，但是，要将治水的物资一下子分摊到天下所有的部族却不现实。怎么办呢？经过考虑，大禹决定把冀州作为实验示范区。大禹为什么会选择冀州作为实验区呢？因为冀州是舜居住的地方，百姓的教化相对较好；同时更重要的是，当时治理洪水的主战场——龙门和孟门都处在冀州，最需要物资保障。

方案一经确定，禹马上付诸行动。刚开始，在冀州治水物资筹集的过程中，禹采取了各部族平均分摊的方式；但实施不久，不少部族纷纷表示反对。原来，各个部族贫富程度不同，平均分摊的办法，对相对贫穷的部族显然不公平。这个问题怎么解决呢？

最终，考虑到各个部族之间的贫富差距，禹不再采取一刀切的平均分摊方式，而是根据各部族的物产来确定其缴什么，根据各部族土地的好坏来确定其缴多少，这叫"评田定产"。

但是，因为是无偿征收，不少部族纷纷少缴或不缴应纳的物资，如果没有相应的强制措施，势必很难筹集物资。在这种情况下，禹根据治水的基本需求把筹集物资的任务，以贡赋的名义，分摊给各部族，令其缴纳，并强制执行，这叫"开征贡赋"。这种根据各部族贫富差别"强制贡赋"的办法，很好地解决了治水过程中的物资供应问题。

从此以后，大禹治水推进到哪里，他就把评田定产、开征贡赋的办法推行到哪里。物资供应问题解决后，开山劈石、疏通水路的工程顺利推进。一段时间之后，孟门、龙门和吕梁相继被凿开，洪水由此奔腾而下，一泻千里，上游百姓终于摆脱了水患之苦。

疏导之法获得了空前的成功，禹呕心沥血十三年，三过家门而不入，终于完成了对九州之内大江大河的治理工作，把肆虐的洪水引向了大海，使汪洋变成了良田，天下进入太平安定的时期。

禹治水成功了，现在看来，成功的秘诀除了思路、方法正确之外，最重要的就是通过贡

赋的手段，很好地解决了治水所需的庞大物资供应问题。而"评田定产、征收贡赋"的方式，正是以相对公平的差别征税标准，强制无偿征收，具有了税收的特征。所以说，禹治"水"的过程，首先是治"税"的过程，治好"水"的根源，就在于首先治好了"税"。

由于治水有功、功勋卓著，禹继舜之后，被推举为部落联盟首领，称谓也变成了大禹。大约在公元前2023年前后，大禹建立了各部落方国之间的联合政体，即夏朝。当大禹成为全国部落联盟首领后，进一步完善了治水时分摊纳贡的做法，确立了"任土作贡"的税收制度，并强制在全国推行。

什么是"任土作贡"呢？这里的"任"是依据的意思，"土"是指土地状况包括土地位置、土特产品、土壤等级等。"任土作贡"就是依据土地的实际生产状况，来确定贡赋的品种和数量，向国家缴税，缴税的比例是1/10。举例来说，九州中的豫州，也就是现在河南、山东等地，低地的土质肥沃，出产漆、麻等特产，因此需要将这些特产的1/10作为贡赋上缴。由此可见，夏朝的"贡"是一种按照土地及产量课征的实物税。

此时，大禹治水时期的治税方法，已经彻底演变为他治国的重要方略。

思考：为什么国家征税是必要的？

任务一 汽车税法概述

5.1.1 税收的概述

（一）税收概念与作用

1. 税收的概念

税收是国家为了满足一般的社会共同需要，凭借政治的权力，按照国家法律规定的标准，强制地、无偿地取得财政收入的一种分配形式。

2. 税收的作用

税收具有组织收入、调节经济、维护国家政权和国家利益等方面的重要作用。

①税收是国家组织财政收入的主要形式。税收组织财政收入的作用主要表现在三个方面：一是税收具有强制性、无偿性和固定性，因而能保证其收入的稳定；二是税收的按年、按季、按月征收，均匀入库，有利于财力调度，满足日常财政支出；三是税收的税源十分广泛，多税种、多税目、多层次、全方位的课税制度，能从多方面筹集财政收入。

②税收是国家调控经济运行的重要手段。经济决定税收，税收反作用于经济。国家通过税种的设置，以及加成征收或减免税等手段来影响社会成员的经济利益，改变社会财富分配状况，对资源配置和社会经济发展产生影响，调节社会生产、交换、分配和消费，从而达到调节经济运行的目的，促进社会经济健康发展。

③税收具有维护国家政权的作用。国家政权是税收产生和存在的必要条件，而国家政权的存在又有赖于税收的存在。同时，税收不是按照等价原则和所有权原则分配的，而是凭借政治权力对物质利益进行调节，从而达到巩固国家政权的政治目的。

④税收是国际经济交往中维护国家利益的可靠保证。在国际经济交往中，任何国家对本国境内从事生产经营的外国企业和个人都拥有税收管辖权，这是国家权益的具体体现。

（二）税收的特征

税收具有强制性、无偿性和固定性三大特征。

①强制性。税收是国家以社会管理者身份，凭借政治权力，通过颁布法律或政令来进行强制征收。负有纳税义务的社会集团和社会成员，都必须遵守国家强制性的税收法令，依法纳税，否则就要受到法律制裁。

②无偿性。税收是国家凭借政治权力，将社会集团和社会成员的一部分收入归国家所有，国家不向原纳税人支付任何报酬或代价，也不再直接偿还给原来的纳税人。

③固定性。税收是按照国家法令预定的标准征收的，即征收对象、税目、税率、纳税义务人、计算纳税办法和期限等都是税收法规预先规定了的，有一个比较稳定的适用期限，是国家的一种固定的连续性收入。

（三）税收的分类

我国对税收的分类，依据不同的标准，通常有以下几种主要分类方法：

1. 按征税对象分类，可将全部税收划分为流转税类、所得税类、财产税类、资源税类和行为税类五种类型。

①流转税是以商品生产和商品流通和劳动服务的流转额为征税对象的一类税收。流转额包括两种，一是商品流转额，即商品交易的金额或数量；二是非商品流转额，即各种劳务收入或服务性业务收入的金额。我国现行的流转税主要包括增值税、消费税、营业税和关税等。

②所得税也称收益税，是以纳税人的各种收益额为征税对象的一类税收。所得税类税收属于终端税种，它体现了量能负担的原则，即所得多的多征，所得少的少征，无所得的不征。所得税类税收的特点是：征税对象不是一般收入，而是总收入减除准予扣除项目后的余额，即应纳税所得额，征税数额受成本、费用、利润高低的影响较大。现阶段我国所得税主要包括企业所得税、个人所得税等。

③财产税是以纳税人拥有的财产数量或财产价值为征税对象的一类税收。财产税类税收的特点是：税收负担与财产价值、数量关系密切，体现调节财富、合理分配的原则。我国现行的财产税主要包括房产税、城市房地产税、车船税、车船使用牌照税、船舶吨税、城镇土地使用税等。

④资源税是以自然资源和某些社会资源为征税对象的税收。其特点是：税负高低与资源级差收益水平关系密切，征税范围的选择比较灵活。

⑤行为税也称特定行为目的税。它是国家为了实现某种特定目的，以纳税人的某些特定行为为征税对象的一类税收。其特点是：征税的选择性较为明显，税种较多，具有较强的时效性。包括：印花税、车辆购置税、城市维护建设税、契税、耕地占用税等。

2. 按征收管理的分工体系分类，可分为工商税类、关税类。

①工商税类是我国现行税制的主体部分。该类税收由税务机关负责征收管理。主要包括：增值税、消费税、营业税、资源税、企业所得税、个人所得税、城市维护建设税、房产税、城市房地产税、车船税、车船使用牌照税、土地增值税、城镇土地使用税、印花税、车辆购置税等税种。

②关税类是国家授权海关以出入关境的货物和物品为征税对象的税收。主要包括：进出

口关税、由海关代征的进口环节增值税、消费税和船舶吨位税。

3. 按照税收征收权限和收入支配权限分类，可分为中央税、地方税和中央地方共享税。

①中央税是指由中央政府征收和管理使用或者地方政府征税后全部划解中央，由中央所有和支配的税收。主要包括：关税、消费税（含进口环节由海关代征的部分）、海关代征的进口环节增值税等。

②地方税是指由地方政府征收、管理和支配的一类税收。主要包括：城镇土地使用税、耕地占用税、土地增值税、房产税、车船使用税、契税等。

③中央地方共享税是指税收收入由中央和地方按比例分享的税收。主要包括：增值税（不含进口环节增值税）、营业税、企业所得税、个人所得税。

4. 按照计税标准不同进行的分类，可分为从价税、从量税和复合税。

①从价税是指以征税对象的价值或价格为计税依据征收的一种税，一般采用比例税率和累进税率，税收负担比较合理。如我国现行的增值税、营业税、企业所得税、个人所得税等税种。

②从量税是指以征税对象的实物量作为计税依据征收的一种税，一般采用定额税率，如我国现行的车船使用税、土地使用税、消费税中的啤酒和黄酒的计税等。

③复合税对征税对象采取从价和从量相结合的复合计税方法，如对卷烟、白酒征收的消费税。

5.1.2 税法的概述

（一）税法的概念

税法是国家制定的用以调整国家与纳税人之间在征纳税方面的权利及义务关系的法律规范总称。其内容主要包括各税种的法律法规以及为了保证这些税法得以实施的税收征管制度和税收管理体制。其目的是保障国家利益和纳税人的合法权益，维护正常的税收秩序，保证国家的财政收入。其中，税法是税收制度的核心内容。

税法与税收制度是密不可分的，税法是税收制度的法律表现形式；而税法所确定的具体内容则是税收制度。

（二）税收法律关系的构成

税收法律关系总体上跟其他法律关系一样，由权利主体、权利客体和其内容三方面构成。

1. 权利主体

权利主体是指税收法律关系中享有权利和承担义务的当事人。在我国税收法律关系中，权利主体一方是代表国家行使征税职责的国家税务机关，另一方是履行纳税义务的人。

2. 权利客体

权利客体是指税收法律关系主体双方的权利和义务所指向的对象，也就是征税对象。征税对象是区分不同税种的主要标志，我国现行税收法律、法规都有自己特定的征税对象。

3. 税收法律关系的内容

税收法律关系的内容就是权利主体所享有的权利和所应承担的义务。

①税务机关的权利主要表现在依法进行征税、税务检查以及对违章者进行处罚；其义务

主要是向纳税人宣传、辅导、解读税法，及时把征收的税款解缴国库，依法受理纳税人对税收争议的申诉等。

②纳税义务人的权利主要有多缴税款申请退还权、延期纳税权、依法申请减免税权、申请复议和提起诉讼权等。其义务主要是按税法规定办理税务登记、进行纳税申报、接受税务检查、依法缴纳税款等。

（三）税法的构成要素

1. 纳税义务人

纳税义务人有两种基本形式：自然人和法人。自然人和法人是两个相对称的法律概念。自然人是基于自然规律而出生的，有民事权利和义务的主体，包括本国公民，也包括外国人和无国籍人。法人是自然人的对称，根据《民法通则》第三十六条规定，法人是基于法律规定享有权利能力和行为能力，具有独立的财产和经费，依法独立承担民事责任的社会组织。我国的法人主要有四种：机关法人、事业法人、企业法人和社团法人。

2. 代扣代缴义务人

代扣代缴义务人是指虽不承担纳税义务，但依照有关规定，在向纳税人支付收入、结算货款、收取费用时有义务代扣代缴其应纳税款的单位和个人。

3. 代收代缴义务人

代收代缴义务人是指虽不承担纳税义务，但依照有关规定，在向纳税人收取商品或劳务收入时，有义务代收代缴其应纳税款的单位和个人。如消费税条例规定，委托加工的应税消费品，由受托方在向委托方交货时代收代缴委托方应该缴纳的消费税。

4. 税基

税基又称计税依据，是据以计算征税对象应纳税款的直接数量依据，它解决对征税对象课税的计算问题，是对课税对象的量的规定。

5. 征税对象

征税对象又称课税对象、征税客体，是指对何种客体征税，即征税的标的物。如消费税的征税对象就是消费品（如烟、酒等）；房产税的征税对象就是房屋。征税对象是税法的最基本要素，是区分不同税种的主要标志。

6. 税目

税目是征税对象的具体化，是税法中对征税对象分类规定的具体征税品种和项目。如消费税就设有烟、酒和酒精、化妆品等税目。

7. 计税单位

计税单位亦称计税标准、课税单位。它是课税对象的计量单位和缴纳标准，是课税对象的量化。计税单位分为从价计税、从量计税和混合计税三种。

8. 税率

税率是指应纳税额与征税对象数额之间的比例。税率是计算应纳税额的尺度，反映税负水平的高低。我国现行税率分为三种：比例税率、累进税率和定额税率。

1）比例税率。指按照固定比例确定的税率，即不论征税对象数额大小，只按一个固定比例征税。如增值税、营业税、企业所得税等均实行比例税率。

① 单一比例税率，是指对同一征税对象的所有纳税人都适用同一比例税率。

② 差别比例税率，是指对同一征税对象的不同纳税人适用不同的比例征税。

③ 幅度比例税率，是指对同一征税对象，税法只规定最低税率和最高税率，各地区在该幅度内确定具体的适用税率。

2）累进税率。指根据征税对象数额大小而确定不同等级的税率，征税对象数额越大，税率越高；反之，征税对象数额越小，税率越低，如个人所得税税率的确定。

3）定额税率。又称固定税率，指按单位征税对象规定固定纳税额的税率，如在消费税中，每升无铅汽油征税 0.20 元，每升含铅汽油征税 0.28 元。

任务二 汽车税收

一辆车的最后价格由购置税、消费税、增值税组成，而进口车还要需要关税，使用中还有燃油税。

5.2.1 汽车消费税

中华人民共和国国务院令第 539 号《中华人民共和国消费税暂行条例》已经于 2008 年 11 月 5 日国务院第 34 次常务会议修订通过，修订后的《中华人民共和国消费税暂行条例》自 2009 年 1 月 1 日起执行。

1. 汽车消费税的概念

汽车消费税是 1994 年国家税制改革中新设置的一个税种，它是在对货物普遍征收增值税的基础上，对少数消费品再征收一道消费税，一般都是在生产端收费，目的是通过国家宏观调控汽车消费税税率，从而调控不同排气量汽车的生产和销售。

2. 消费税的特征

消费税是在对货物普遍征收增值税的基础上，选择少数消费品再征收的一个税种，主要是为了调节产品结构，引导消费方向，保证国家财政收入。现行消费税的征收范围主要包括烟、酒及酒精、鞭炮、焰火、化妆品、成品油、贵重首饰及珠宝玉石、高尔夫球及球具、高档手表、游艇、木制一次性筷子、实木地板、汽车轮胎、摩托车、小汽车等税目，有的税目还进一步划分为若干子项目。消费税实行价内税，只在应税消费品的生产、委托加工和进口环节缴纳，在以后的批发、零售等环节，因为价款中已包含消费税，因此不用再缴纳消费税，税款最终由消费者承担。

3. 汽车消费税的作用

汽车消费税的作用是：调节汽车消费结构，缓解供求矛盾；限制汽车消费规模，引导汽车消费方向；保证财政收入；缩小贫富差距，缓解社会分配不公。

4. 征收汽车消费税的影响

汽车消费税根据汽车的类型和排气量的大小区别征税。2008 年的调整加大了调节力度，一是提高大排量车的消费税税率；二是降低了小排量车的消费税税率。这意味着抑制大排量汽车生产和消费，鼓励小排量汽车的生产和消费，有利于降低汽柴油消耗、减少空气污染，促进节能减排目标的实现。

5. 汽车消费税的征收管理办法

（1）税率

① 实行从价定率办法计算。

应纳税额 = 应税消费品的销售额 × 适用税率

应税消费品的销售额是指纳税人销售应税消费品向购买方收取的全部价款和价外费用。销售额包含消费税税额，但不包含向购买方收取的增值税税额。

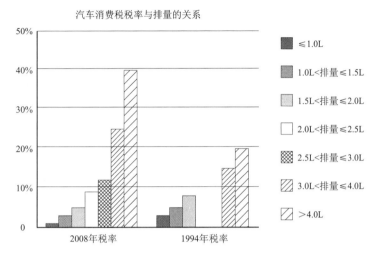

从2008年9月1日起调整后乘用车消费税税税率

税目税率：

排气量在1.0L以下（含1.0L）的1%；

排气量在1.0L以上至1.5L（含1.5L）的3%；

排气量在1.5L以上至2.0L（含2.0L）的5%；

排气量在2.0L以上至2.5L（含2.5L）的9%；

排气量在2.5L以上至3.0L（含3.0L）的12%；

排气量在3.0L以上至4.0L（含4.0L）的25%；

排气量在4.0L以上的40%。

进口汽车的计算公式为：

应纳税额 = 组成计税价格 × 消费税税率

组成计税价格 = （关税完税价格 + 关税）÷（1 − 消费税税率）

由于征收消费税的范围也属于征收增值税的范围，所以，对从价定律征收消费税的应税消费品，确定消费税的销售额与确定增值税的销售额是一致的。价外费用的内容与增值税规定相同。

② 定额从量征收。

应纳税额 = 销售数量 × 单位税额

销售数量是指纳税人实际销售、使用、收回或进口的汽车数量。

③ 从价定率和从量定率混合征收。

应纳税额 = 销售额 × 适用税率 + 销售数量 × 单位税额

进口汽车的计算公式为：

应纳税额＝组成计税价格×消费税税率＋进口数量×单位税额

组成计税价格＝（关税完税价格＋关税＋定额税）÷（1－消费税税率）

④ 特殊规定：自产自用的应税车辆用于连续生产时，不计税；用于其他地方时要纳税。计税原则按下列顺序确定：按当月同类消费品的平均销售价格计税、组成计税价格。

（2）纳税时间

根据《中华人民共和国消费税暂行条例》，由于不同应税车辆的生产、销售方式不同，纳税义务发生时间也不同，具体为：纳税人采取赊销和分期收款结算方式的，其纳税义务发生时间为合同规定收款日期的当天；纳税人采用预收货款结算方式的，其纳税义务发生时间为发出应税消费品的当天；纳税人采取托收承付和委托银行收款方式销售应税消费品的，其纳税义务发生时间为发出应税消费品并办妥托收手续的当天；纳税人采取其他结算方式的，其纳税义务的发生时间为收讫销售款或者取得销售款凭据的当天；纳税人自产自用的应税消费品，其纳税义务发生时间为移送使用的当天；纳税人委托加工的税消费品，其纳税义务发生时间为纳税人提货的当天；纳税人进口的应税消费品，其纳税义务的发生时间为报关进口的当天。

（3）纳税地点

纳税人销售的应税消费品，以及自产自用的应税消费品，除国家另有规定除外，应当向纳税人核算地主管税务机关申报纳税。

① 纳税人到外县（市）销售应税消费品或者委托外县（市）代销自产应税消费品的，应于应税消费品销售后，回纳税人核算地或所在地缴纳消费税。

② 纳税人的总机构和分支机构不在同一县（市）的，应在生产应税消费品的分支机构所在地缴纳消费税。但经国家税务总局及所属税务分局批准，纳税人分支机构应纳消费税税款也可由总机构汇总向总机构所在地主管税务机关缴纳。具体来讲，对于纳税人的总机构和分支机构不在同一省（自治区、直辖市）的，如需改由总机构汇总向总机构所住地纳税的，需经国家税务总局批准；对于纳税人的总机构与分支机构在同一省（自治区、直辖市）的，如需改由总机构汇总向总机构所在地纳税的，须经国家税务总局所属分局批准。

③ 委托加工的应税消费品，由受托方向所在地主管税务机关缴纳。但纳税人委托个体经营者加工应税消费品的，一律由委托方收回后向委托方所在地主管税务机关申报纳税。

④ 进口的应税消费品，由进口报关人或其代理人向报关地海关申报纳税。

⑤ 个人携带入境或邮寄入境的应税消费品的消费税，连同关税一并计征。

5.2.2　汽车燃油税

1. 燃油税的概念

燃油税是指对在我国境内行驶的汽车购用的汽油、柴油所征收的税，实际就是成品油消费税。它是费改税的产物，是取代养路费而开征的，其实质是汽车燃油税。简而言之，就是将现有的养路费转换成燃油税，实行捆绑收费。

2. 燃油税征收背景及发展历程

税收是国家凭借其政治权力，强制、无偿地参与国民收入分配和取得财政收入的一种手段。我国实行税费改革，费改税具有规范行政管理、实行依法治税的目的。这是从产品利润最大化的市场需求主宰向遵循生态可持续发展能力永续建设的根本转变。

进入新世纪以来，我国经济得到了高速发展，但同时也加剧了资源的耗竭并带来了严重的环境污染，我国的石油资源尤为匮乏，国际油价居高不下，为了达到节能减排，保护环境，实现我国经济可持续发展的目的，开征燃油税又成为热门话题。

我国燃油税历经多年才出台，一方面它牵涉许多部门和行业的利益，另一方面国际环境不利条件也是不适宜出台的关键因素。在燃油税政策酝酿伊始，其最主要的目的就是实现"费改税"，即根治公路乱收费现象，同时为公路建设和维护提供稳定可靠的资金来源。但是随着国际油价的上涨，燃油税的推行一再延后直至2009年才正式实施。

3. 征收燃油税的影响

（1）对私家车主的影响

燃油税开征前，私家车主无论开车里程多少都需要缴纳固定的养路费。燃油税开征后，养路费取消，燃油税缴纳的多少与用燃油的多少直接联系起来。普通的私家车主，可以通过减少行车里程节约这项开支。对一些大排量豪华车拥有者来说，增加的支出基本上是可以忽略不计的。当然，对所有的汽车厂商和有车族来说，燃油税开征，传递了一个强烈的政策信号：鼓励低油耗车型上路。

因此，征收燃油税，对人们买车、用车观念产生深远影响。排量、油耗、燃料种类等将优先于车的外观、内饰等因素，成为相当多的消费者购车首要考量的因素。

（2）对交通运输业的影响

交通运输业冷暖各异。公路运输行业的主要成本是成品油和柴油，征收养路费时，其成本相对固定，用车越多效益越突出，而改征成品油消费税之后，无疑将增加其经营成本，对业绩产生负面影响，尤其是近年飞速发展的快递行业。

税费改革之后，铁路运输的优势将更加显露出来，行业发展前景乐观。而高速公路，其未来存在一定的变数。但可以预期的是随着二级公路逐渐取消收费，部分对价格敏感的车辆从高速公路分流到二级公路，从长远来看对高速公路造成一定影响。

（3）对石油石化行业的影响

作为产业链最前端的石油石化行业，有望在税费改革中长期获得稳定收益。要完善成品油价格形成机制，理顺成品油价格。国内汽、柴油出厂价格以国际市场原油价格为基础，加国内平均加工成本、税收和合理利润确定。也就是说，在将来制定油价时要考虑炼油企业的利益，像原来那样出现人为的政策性亏损，然后给予政策性补贴的行政做法将大为改变。在新的定价机制确定后，如果一定时期内油价维持现状，同时国际油价持续低迷，对石油石化行业将是短期利好，其业绩存在阶段性回归的过程。从长期看，该业绩相对稳定将是常态，将来业绩的增长将主要来自增加控制储量以及通过技术进步、加强管理来降低成本、提升毛利。

4. 我国燃油税的征收办法

（1）取消公路养路费等费用

取消公路养路费、航道养护费、公路运输管理费、公路客货运附加费、水路运管理费、水运客货运附加费六项费用。

（2）逐步有序取消政府还贷二级公路收费

抓紧制定实施方案和中央补助支持政策，由省、自治区、直辖市人民政府根据有关方案和政策统筹研究，逐步有序取消政府还贷二级公路收费。各地可以省为单位统一取消，也可在省内区分不同情况，分步取消。实施方案由国家发展改革委会同交通运输部、财政部制定，报国务院批准后实施。

（3）提高成品油消费税的单位税

2008年财政部和国家税务总局联合发文《关于提高成品油消费税税率的通知》将汽油消费税单位税额每升提高0.8元，柴油消费税单位税额每升提高0.7元，其成品油单位税额相应提高。加上现行单位税额，提高后的汽油、石脑油、溶剂油、润滑油消费税单位税额为每升1元，柴油、燃料油、航空煤油为每升0.8元。

（4）征收机关、征收环节和计征方式

成品油消费税属于中央税，由国家税务局统一征收（进口环节继续委托海关代征）。纳税人为在我国境内生产、委托加工和进口成品油的单位和个人。纳税环节在生产环节，包括委托加工和进口环节。计征方式实行从量定额计征，价内征收。同时积极创造条件，适时将消费税征收环节后移到批发环节，并改为价外征收。

（5）特殊用途成品油的消费税政策

提高成品油消费税单位税额后，对进口石脑油恢复征收消费税。在2010年12月31日之前，对国产的用作乙烯、芳烃类产品原料的石脑油免征消费税；对进口的用作乙烯、芳烃类产品原料的石脑油已纳消费税予以返还。航空煤油暂缓征收消费税。对用外购或委托加工收回的已税汽油生产的乙醇汽油免征消费税；用自产汽油生产的乙醇汽油，按照生产乙醇汽油所耗用的汽油数量申报纳税。对外购或委托加工收回的汽油、柴油用于连续生产甲醇汽油、生物柴油的，准予从消费税应纳税额中扣除原料已纳消费税税款。

（6）新增税收收入的分配

新增成品油消费税连同由此相应增加的增值税、城市维护建设税和教育费附加具有专项用途，不作为经常性财政收入，不计入现有与支出挂钩项目的测算基数，除由中央本级安排的替代航道养护费等支出外，其余全部由中央财政通过规范的财政转移支付方式分配给地方。改革后形成的交通资金属性不变、资金用途不变、地方预算程序不变、地方事权不变。具体转移支付办法由财政部会同交通运输部等有关部门制定并组织落实。新增税收收入按以下顺序分配：

①替代公路养路费等6项收费的支出。具体额度以2007年的养路费等6费收入为基础，考虑地方实际情况按一定的增长率来确定。

②补助各地取消政府还贷二级公路收费。每年安排一定数量的专项补助资金，用途包括债务偿还、人员安置、养护管理和公路建设等。

③对种粮农民增加补贴，对部分困难群体和公益性行业，考虑用油量和价格水平变动情况，通过完善成品油价格形成机制中相应的配套补贴办法给予补助支持。

④增量资金，按照各地燃油消耗量、交通设施当量里程等因素进行分配，适当体现全国交通的均衡发展。

5.2.3 车船税

1. 车船税概述

（1）车船税的概念

车船税是以车船为征税对象，向拥有车船的单位和个人征收的一种税。车船税属于财产税，地方税务机关负责征收管理。车船税税额计入管理费用开支，可以在企业所得税税前扣除。

（2）车船税的作用

① 为地方政府筹集财政资金。

开征车船税，能够将分散在车船所有人或使用人手中的部分资金集中起来，增加地方财源，增加地方政府的财政收入。

② 有利于车船的管理与合理配置。

随着经济发展，社会拥有车船的数量急剧增加，开征车船税后，购置、使用车船越多，应缴纳的车船税越多，促使纳税人加强对自己拥有的车船的管理和核算，改善资源配置，合理使用车船。

③ 有利于调节财富差异。

在国外，车船税属于对不动产的征税范围，这类税收除了筹集地方财政收入外，另一重要功能是对个人拥有的财产或财富进行调节，缓解财富分配不公。随着我国经济增长，部分先富起来的个人拥有车船的情况将会日益增加，我国征收车船税的财富再分配作用亦会更加重要。

（3）车船税的纳税人

在中华人民共和国境内，车辆、船舶的所有人或者管理人为车船税的纳税人。

（4）车船税的税收优惠

1）法定减免的车船税类型。

①非机动车船（不包括非机动驳船）。非机动车，是指以人力或者畜力驱动的车辆，以及符合国家有关标准的残疾人机动轮椅车、电动自行车等车辆。

②拖拉机。拖拉机是指在农业（农业机械）部门登记为拖拉机的车辆。

③捕捞、养殖渔船。捕捞、养殖渔船，不包括在渔业船舶管理部门登记为捕捞船或者养殖船以外类型的渔业船舶。

④军队、武警专用的车船。

⑤警用车船。警用车船，是指公安机关、国家安全机关、监狱、劳动教养管理机关和人民法院、人民检察院领取警用牌照的车辆和执行警务的专用船舶。

⑥按照有关规定已经缴纳船舶吨税的船舶。

⑦依照我国有关法律和我国缔结或者参加国际条约的规定应当予以免税的外国驻华使馆、领事馆和国际组织驻华机构及其有关人员的车船。

2）特定减免的情形。

对尚未在车辆管理部门办理登记，属于应减免税的新购置车辆，车辆所有人或管理人可提出减免税申请，并提供机构或个人身份证明文件和车辆权属证明文件以及地方税务机关要求的其他相关资料。经税务机关审验符合车船税减免条件的，税务机关可为纳税人出具该纳税年度的减免税证明，以方便纳税人购买机动车交通事故责任强制保险。新购置应予减免的车辆所有人或管理人在购买机动车交通事故责任强制保险时已缴纳车船税的,在办理车辆登记手续后可向税务机关提出减免税申请,经税务机关审验符合车船税减免税条件的,税务机关应退还纳税人多缴纳的税款。

省、自治区、直辖市人民政府可以根据当地实际情况,对城市、农村公共交通车船给予定期减税、免税。

（5）车船税的税基

① 车辆。车辆包括机动车辆和非机动车辆。机动车辆,指依靠燃油、电力等能源作为动力运行的车辆,如汽车、拖拉机、无轨电车等；非机动车辆,指依靠人力、畜力运行的车辆,如三轮车、自行车、畜力驾驶车等,但非机动车辆属于目前的免税项目。

② 船舶。船舶包括机动船舶和非机动船舶。机动船舶,指依靠燃料等能源作为动力运行的船舶,如客轮、货轮、气垫船等；非机动船舶,指依靠人力或者其他力量运行的船舶,如木船、帆船、舢板等。

（6）车船税的税率

为平衡不同种类、等级车辆与船舶的税收负担,结合我国的经济发展水平,车船税采用分类分级幅度定额税率,各省税率也不同,具体如表 5 – 1 所示。

表 5 – 1 车船税税目和税费

车船税的税目	车船税的计税单位	年基准税/元	备注
乘用车［按发动机汽缸容量（排气量）分档］1.0L（含）以下的	每辆	60 ~ 360	核定载客人数 9 人（含）以下
乘用车［按发动机汽缸容量（排气量）分档］1.0L 以上至 1.6L（含）的	每辆	300 ~ 540	核定载客人数 9 人（含）以下
乘用车［按发动机汽缸容量（排气量）分档］1.6L 以上至 2.0L（含）的	每辆	360 ~ 660	核定载客人数 9 人（含）以下
乘用车［按发动机汽缸容量（排气量）分档］2.0L 以上至 2.5L（含）的	每辆	660 ~ 1 200	核定载客人数 9 人（含）以下
乘用车［按发动机汽缸容量（排气量）分档］2.5L 以上至 3.0L（含）的	每辆	1 200 ~ 2 400	核定载客人数 9 人（含）以下
乘用车［按发动机汽缸容量（排气量）分档］3.0L 以上至 4.0L（含）的	每辆	2 400 ~ 3 600	核定载客人数 9 人（含）以下
乘用车［按发动机汽缸容量（排气量）分档］4.0L 以上的	每辆	3 600 ~ 5 400	核定载客人数 9 人（含）以下
商用车客车	每辆	480 ~ 1 440	核定载客人数 9 人以上,包括电车
商用车货车	整备质量每吨	16 ~ 120	包括半挂牵引车、三轮汽车和低速载货汽车等

2. 车船税的征收管理办法

1）缴纳时间：车船税纳税义务发生时间为取得车船所有权或者管理权的当月。车船税按年申报缴纳，具体申报纳税期限由省、自治区、直辖市人民政府决定。

2）缴纳方式：从机动车第三者责任强制保险的保险机构给机动车车船税的扣缴义务人，应当在收取保险费时依法代收车船税，并出具代收税款凭证。

3）缴纳地点：车船税的纳税地点为车船的登记地或者车船税扣缴义务人所在地。依法不需要办理登记的车船，车船税的纳税地点为车船的所有人或者管理人所在地。

4）申报资料：在缴纳车船税时，纳税人应持有相关资料去保险机构或税务机关缴纳车船税，具体资料如下所述：

① 车船登记证书原件及复印件（原件与复印件核对相符后退回原件，留存复印件，下同）；不能提供车船登记证书的，提供车船出厂合格证明或进口凭证等其他有关车船技术指标证明的原件及复印件。

不能提供以上资料的，车船技术指标由主管税务机关参照国家相关标准核定，没有国家相关标准的参照同类车船核定。

② 纳税人身份证明复印件。

③ 办理税务登记证的单位应提供税务登记副本及复印件。

④ 已完税的机动车，提供纳税人主管地税机关出具的完税凭证及车船税纳税申报表附表。

⑤ 主管地税机关要求的其他资料。

⑥ 新购置车船除提供上述资料外，还须提供机动车销售统一发票或购买船舶发票等记录车船取得时间的证明材料原件及复印件。

3. 纳税额计算

1）购置新车船纳税额的计算。

购置车船当年的应纳税额自纳税义务发生的当月起按月计算，计算公式为：

$$应纳税额 = 年应纳税额 \div 12 \times 应纳税月份数$$

2）特殊情况下车船税应纳税额的计算。

特殊情况包括短期交强险、已税减免、欠缴补税和滞纳金四种情况。

① 购买短期"交强险"的车辆。对于境外机动车临时入境，机动车临时上道路行驶、机动车距规定报废期限不足一年而购买短期"交强险"的车辆，保单中"当年应缴"项目的计算公式为：

$$当年应缴 = 计税单位 \times 年单位税额 \times 应纳税月份数 \div 12$$

② 已向税务机关缴税的车辆或税务机关已批准减免税的车辆。

对于已向税务机关缴税或税务机关已经批准免税的车辆，保单中"当年应缴"的项目为0；对于税务机关已批准减税的机动车，保单中"当年应缴"项目应根据减税前的应纳税额扣除依据减税证明中注明的减税幅度计算的减税额确定，计算公式为：

$$减税车辆应纳税额 = 减税前应纳税额 \times (1 - 减税幅度)$$

③ 欠缴车船税的车辆补缴税额计算。

从2008年7月1日起，保险机构代收代缴车船税时，应根据纳税义务人提供的前次保险单，查验纳税义务人以前年度的完税情况。对于以前年度有欠缴车船税的，保险机构应代收代缴以前年度应纳税额。具体分为以下两种情况：

a. 对于2007年1月1日前购置的车辆或曾经缴纳过车船税的车辆，保单中"往年补缴"项目的计算公式为：

往年补缴税额＝计税单位×年单位税额×（本次缴税年度－前次缴税年度－1）

b. 对于2007年1月1日以后购置的车辆，纳税义务人从购置时起已知未缴纳车船税的，保单中"往年补缴"项目的计算公式为：

往年补缴额＝购置当年欠缴税额＋购置年度以后欠缴税额

购置当年欠缴税额＝计税单位×年单位税额×应纳税月份数÷12

购置年度以后欠缴税额＝计税单位×年单位税额×（本次缴税年度－前次缴税年度－1）

④ 滞纳金的计算。

对于纳税义务人在应购买交强险截止日期以后购买交强险的，或以前年度没有缴纳车船税的，保险机构在代收代缴税款的同时，还应代收代缴欠缴税款的滞纳金，保单中滞纳金项目为各年度欠税应加收滞纳金之和，即：

每一年度欠税加收的滞纳金＝欠税金额×滞纳天数×0.5%

滞纳天数的计算自应购买交强险截止日期的次日起到纳税义务人购买交强险当日止。纳税义务人连续两年以上欠缴车船税的，应分别计算每一年度欠税应加收的滞纳金。

4. 车船税的退税

以下情况可以申请车船税的退税：

1）在一个纳税年度内，已完税的车船被盗、报废、灭失的，纳税人可以凭有关管理机关出具的证明和完税证明，向纳税所在地的主管地方税务机关申请退还被盗抢、报废、灭失月份起至该纳税年度终了期间的税款。

2）已办理退税的被盗抢车船又找回的，纳税人应从公安机关出具相关证明的当月起计算缴纳车船税。

5.2.4 增值税

根据《中华人民共和国增值税暂行条例》规定，在中华人民共和国境内销售货物或者提供加工、修理修配、劳务以及进口货物的单位和个人，为增值税的纳税义务人，应当依照《条例》缴纳增值税。国产汽车和进口汽车均要缴纳增值税。2019年4月1日后税率从16%降至13%。

1. 增值税实行"价外税"

增值税实行"价外税"。价外税是根据不含税价格作为计税依据的税，税金和价格是分开的，在价格上涨时，是价动还是税动，界限分明，责任清楚，有利于制约纳税人的提价动机，也便于消费者对价格的监督，采用价外税的形式，价格和税金是多少，清楚明了。

2. 增值税税款由购方承担

增值税虽然实行的是价外税，税款单独在价格以外由购方承担，但是按惯例现在我国一般来说商品的报价都是指的含税价，比如你去超市买商品，付钱的时候都是按标价付钱，超市不可能让你在商品的基础上再付一笔税款。又比如一辆车报价10万元，那这个价格就是指含税价，经销商一般不会在这个基础上再叫你单独将税款给他，不过事先说明为不含税价的除外，一般如没特别说明是不含税价的话都是指含税价。

3. 汽车增值税计算方法

增值税是普遍征收的"流转税"。汽车在销售时计征，每有一次销售都会征收一次。增值税 = 计税依据 × 13%。

5.2.5 车辆购置税

2014 年 12 月 2 日国家税务总局公布的《车辆购置税征收管理办法》（国家税务总局令第 33 号公布，第 38 号、第 44 号修改，以下简称《征管办法》）以《条例》等法律行政法规为制定依据，自实施以来，在规范征管、强化服务等方面发挥了重要作用。随着《车辆购置税法》出台，《征管办法》不再适应车辆购置税新的管理需要。为落实《车辆购置税法》，国家税务总局决定废止《征管办法》。

《中华人民共和国车辆购置税法》全文

（2018 年 12 月 29 日第十三届全国人民代表大会常务委员会第七次会议通过）

第一条 在中华人民共和国境内购置汽车、有轨电车、汽车挂车、排气量超过一百五十毫升的摩托车（以下统称"应税车辆"）的单位和个人，为车辆购置税的纳税人，应当依照本法规定缴纳车辆购置税。

第二条 本法所称购置，是指以购买、进口、自产、受赠、获奖或者其他方式取得并自用应税车辆的行为。

第三条 车辆购置税实行一次性征收。购置已征车辆购置税的车辆，不再征收车辆购置税。

第四条 车辆购置税的税率为百分之十。

第五条 车辆购置税的应纳税额按照应税车辆的计税价格乘以税率计算。

第六条 应税车辆的计税价格，按照下列规定确定：

（一）纳税人购买自用应税车辆的计税价格，为纳税人实际支付给销售者的全部价款，不包括增值税税款；

（二）纳税人进口自用应税车辆的计税价格，为关税完税价格加上关税和消费税；

（三）纳税人自产自用应税车辆的计税价格，按照纳税人生产的同类应税车辆的销售价格确定，不包括增值税税款；

（四）纳税人以受赠、获奖或者其他方式取得自用应税车辆的计税价格，按照购置应税车辆时相关凭证载明的价格确定，不包括增值税税款。

第七条 纳税人申报的应税车辆计税价格明显偏低，又无正当理由的，由税务机关依照《中华人民共和国税收征收管理法》的规定核定其应纳税额。

第八条 纳税人以外汇结算应税车辆价款的，按照申报纳税之日的人民币汇率中间价折合成人民币计算缴纳税款。

第九条 下列车辆免征车辆购置税：

（一）依照法律规定应当予以免税的外国驻华使馆、领事馆和国际组织驻华机构及其有关人员自用的车辆；

（二）中国人民解放军和中国人民武装警察部队列入装备订货计划的车辆；

（三）悬挂应急救援专用号牌的国家综合性消防救援车辆；

（四）设有固定装置的非运输专用作业车辆；

（五）城市公交企业购置的公共汽电车辆。

根据国民经济和社会发展的需要，国务院可以规定减征或者其他免征车辆购置税的情形，报全国人民代表大会常务委员会备案。

第十条 车辆购置税由税务机关负责征收。

第十一条 纳税人购置应税车辆，应当向车辆登记地的主管税务机关申报缴纳车辆购置税；购置不需要办理车辆登记的应税车辆的，应当向纳税人所在地的主管税务机关申报缴纳车辆购置税。

第十二条 车辆购置税的纳税义务发生时间为纳税人购置应税车辆的当日。纳税人应当自纳税义务发生之日起六十日内申报缴纳车辆购置税。

第十三条 纳税人应当在向公安机关交通管理部门办理车辆注册登记前，缴纳车辆购置税。

公安机关交通管理部门办理车辆注册登记，应当根据税务机关提供的应税车辆完税或者免税电子信息对纳税人申请登记的车辆信息进行核对，核对无误后依法办理车辆注册登记。

第十四条 免税、减税车辆因转让、改变用途等原因不再属于免税、减税范围的，纳税人应当在办理车辆转移登记或者变更登记前缴纳车辆购置税。计税价格以免税、减税车辆初次办理纳税申报时确定的计税价格为基准，每满一年扣减百分之十。

第十五条 纳税人将已征车辆购置税的车辆退回车辆生产企业或者销售企业的，可以向主管税务机关申请退还车辆购置税。退税额以已缴税款为基准，自缴纳税款之日至申请退税之日，每满一年扣减百分之十。

第十六条 税务机关和公安、商务、海关、工业和信息化等部门应当建立应税车辆信息共享和工作配合机制，及时交换应税车辆和纳税信息资料。

第十七条 车辆购置税的征收管理，依照本法和《中华人民共和国税收征收管理法》的规定执行。

第十八条 纳税人、税务机关及其工作人员违反本法规定的，依照《中华人民共和国税收征收管理法》和有关法律法规的规定追究法律责任。

第十九条 本法自 2019 年 7 月 1 日起施行。2000 年 10 月 22 日国务院公布的《中华人民共和国车辆购置税暂行条例》同时废止。

同步测试

项目五 汽车税费管理法律法规

项目六
汽车产品质量与消费者权益保护

汽车产品质量与消费者权益保护 ┤
- 产品质量法 ┤
  - 产品质量法概述
  - 产品质量义务
  - 产品质量责任
- 汽车召回制度 ┤
  - 《缺陷汽车产品召回管理条例》
  - 《缺陷汽车产品召回管理条例实施办法》
- 汽车三包规范

1. 掌握产品的概念和产品质量法的适用范围;
2. 明确产品质量监督体制和制度;
3. 掌握生产者、销售者的产品质量责任和义务;
4. 掌握生产、销售的产品质量不符合国家规定应承担的赔偿责任和法律责任;
5. 掌握汽车召回制度、汽车三包规范的具体条款。

潍柴百万重奖"大国工匠"王树军!

2019年7月25日,潍柴集团召开科技创新发展暨科技奖励大会,表彰奖励近两年来企业涌现出的科技创新成果和优秀团队。2018年"大国工匠年度人物"王树军被授予"潍柴首席工匠"称号,奖励100万元。

王树军是潍柴动力一号工厂维修钳工,常年专注高精尖装备的研制与维护,大胆创新,挑战权威,以独创的方法和技艺,攻克进口高端装备设计缺陷,打破国外技术封锁,填补国内技术空白,彰显了中国工匠的风骨,树起了潍柴工匠队伍的一面旗帜。他先后被授予2018年"大国工匠年度人物"、全国五一劳动奖章、全国"最美职工"、齐鲁大工匠等荣誉,其带领的创新工作室光荣入选"国家级技能大师工作室建设项目单位"。

做高精尖设备维护第一人

"质量是企业的生命，设备是工人的饭碗。"在王树军的眼里，即使身处一线岗位，也坚决不做"差不多工人"，要做就做"维修技术大拿"。

一号工厂是潍柴重要的高端发动机制造基地，拥有许多世界一流的加工设备。随着服役时间不断增加，某加工中心光栅尺故障频发。光栅尺是数控机床最精密的部件，相当于人的神经，一旦损坏只能更换。采购备件不仅要花费巨额费用，还严重影响生产节拍。"我怀疑这批设备有设计缺陷，导致了光栅尺损坏"，王树军的质疑惊呆众人。世界最先进的设备怎么可能会有设计缺陷？而且还是被一名基层工人提出来的。王树军不顾众人质疑，利用一周的时间找到了该批加工中心的设计缺陷，并通过周密计算，重新设计方案，成功攻克该加工中心光栅尺气密保护设计缺陷难题，填补了国内空白，成为中国工人勇于挑战进口设备行业难题的经典案例。

在高端设备维修领域，王树军一路"过关斩将"，屡屡打破国外技术垄断——根据非对称铸造件内应力缓释原理，加装夹紧力自平衡机构，解决某进口加工中心废品率高问题；独创"垂直投影逆向复原法"和"机械传动微调感触法"，为千分之一精度的进口加工中心排除故障……王树军用实力彰显了新时代潍柴"匠人"的风采。

做自动化设备改造领军者

2016年，潍柴推出WP9H/WP10H发动机。这是一款企业自主研发的高端发动机，比肩国际一流水平，自投放市场以来订单持续火爆，完全超出日产80台的设计预期。要想提升产能，最简单的方法就是增加新设备，但至少18个月的采购周期将极大影响市场销售。

"既然我们的产品已经实现了从中国制造向中国创造的突破，那么我们的设备同样可以实现自主研发制造的突破！"王树军决定带队为WP9H/WP10H自主造血。他以"加工精度升级、智能化程度升级"为指导，带领团队先后升级主轴孔凸轮轴孔精镗床等52台设备，自制"树军自动上下料单元"等33台设备，制造改制工装216台套，优化刀具刀夹79套，不仅节约设备采购费用3 000多万元，更将发动机日产能从80台提高到120台，缩短市场投放周期12个月，为保市场、抢订单提供了重要支撑。

做工匠精神传承者与践行者

1993年，王树军从技校毕业进入潍柴。当时正处在计划经济向市场经济转型的时期，没来得及转舵调向的潍柴走到了破产边缘。但他毅然留了下来，坚信企业一定会挺过去。近年来，因技术超群，王树军的事迹被媒体广泛传播，很多企业高薪挖他，他始终不为所动。他常说"不忘初心、牢记职责，干好工作、心中快乐"。

王树军不仅技艺过人，还将自己多年修炼的本领毫无保留地传授给他人。他联合企业5名高级技师成立创新工作分站，通过首席技师大讲堂和潍柴网上学习平台，与潍柴全球各子公司进行技术交流和技术培训。他每年授课达240课时，培养的学员个个都是装备管理的骨干。他还在车间建立技术成果交流推广机制，每月开展两次以典型故障、维修案例为题材的头脑风暴活动。他带的徒弟中，7人获得技师资格证书，5人获高级技师资格证书。2018年，王树军两个徒弟分别获得全国机器人大赛、自动化控制大赛二等奖。

在平凡中坚守，在执着中超越。王树军是"精益求精、持之以恒、爱岗敬业、不断创新"潍柴工匠精神的传承者、践行者,是千千万万坚守一线岗位、默默奉献的潍柴工匠的缩影。王树军说:"中国装备制造业不能总是受制于人,我们甘愿做好铺路石!"

文章来源:中国工业新闻网

谈一谈"大国工匠"王树军为什么被称为敢于质疑国外产品设计缺陷的维修工?

三菱汽车燃油测试造假案发酵　政府建议回购问题车

据新华社电日本共同社 2016 年 4 月 22 日报道:三菱汽车工业公司除在 4 款"迷你"车型的燃油经济性测试中存在作弊行为,还涉嫌在测试大约 10 款车的油耗数值时违规引入未获日本官方批准的标准。

日本国土交通省已经对这家车企展开调查,国土交通相石井启一 22 日说,这一丑闻将让日本汽车行业蒙受损失,三菱汽车应认真处理这一事件,包括从消费者手中回购问题车。

丑闻持续发酵

三菱汽车 20 日首度承认,企业在燃油经济性测试中有"不当"行为,数据结果夸大了汽车的燃油效率,美化了油耗数值。估计有 62.5 万辆汽车的测试结果受到影响,涉及 4 款"迷你"车型。

国土交通省已经要求三菱汽车重新测定涉事车型的燃效,并在一周内上交数据。

共同社 22 日援引消息人士的话报道,三菱另外 10 款车的燃油经济性测试也存在问题,这家企业采用了未获国内批准的测试方法。

报道说,三菱汽车在获取燃效数据时并未采用日本国内规定的"惯性行驶法",而是采用了美国国内通用的"高速惯性行驶法"。这两种方式都要检测行驶时的空气阻力和轮胎阻力,但"美国版"所需时间较短。三菱汽车辩解称,虽然测定方法不同,但对燃效的影响较小。

涉及测定方法违规的三菱车型包括"帕杰罗""欧蓝德""RVR"以及电动车 MEV 等。眼下,日本国土交通省正在对三菱汽车的一家技术中心展开调查。

三菱股价跌创历史

三菱公司是日本第六大汽车制造商。国土交通相石井启一 22 日在新闻发布会上说,三菱汽车的丑闻可能有损公众对日本产品的信任度。"我希望三菱汽车诚实处理这一问题,包括(从消费者手中)回购车辆。"

按共同社的说法,日本新车的燃效测试由官方实施,但检测中所必需的数据由汽车厂商提供,因此难以防范厂家提交虚假数据的情况。国土交通省下属汽车局表示,将研究是否需要改革这一体制。

美国国家高速公路交通安全管理局 22 日向路透社记者证实,已经要求三菱汽车提供在美国售出车辆的相关信息。

德新社报道，测试作假和测试方法违规的丑闻相继曝光后，三菱公司蒙受巨大经济损失。这家企业的股价21日下跌15%，22日继续下跌13.55%，创历史新低。

这不是三菱汽车首次陷入作弊丑闻。2000年，三菱汽车被曝为避免召回，瞒报客户投诉信息并暗中修理隐患部件。石井22日在谈及这一事件时说，不得不质疑三菱公司"在守法方面没有吸取以往教训"。

思考：汽车质量问题都会对哪些相关利益者产生影响？

来源：京华时报

任务一　产品质量法

6.1.1　产品质量法概述

一、产品

我国《产品质量法》规定，所谓产品是指经过加工、制作，用于销售的物品，对《产品质量法》调整的产品应从以下几方面理解：

①以销售为目的，通过工业加工、手工制作等生产方式获得的具有特定使用性能的物品，所谓加工、制作，是指改变原材料、毛坯或半成品的形状、性质或表面状态，使之达到规定要求的各种工作的统称。

②初级农产品（指种植业、畜牧业、渔业产品等）及未经加工的天然形成的产品（如石油、原煤、天然气等）不适用该法的规定，但不包括经过加工的这类产品。

③虽然经过加工、制作，但不用于销售的产品。纯为科学研究或为自己使用而加工制作的产品，不属于本法调整的范围。

④建设工程不适用该法规定，因为建筑工程产品属于不动产，有其特殊质量要求，其质量由《建筑法》和《建筑工程法条例》调整。但建设工程使用的建筑材料、建筑工程配件和设备适用本法的规定。

⑤军工产品不适用该法的规定。其质量由中央军委、国务院另行规定。

二、产品质量

产品质量是由产品所具有的特征和特性组成的，国际标准化组织颁布的 ISO8402—1994《质量管理和质量保证词汇》这一标准对产品质量的定义是："产品和服务规定或者潜在需要的特征和特性的总和。"这一定义中所说的"需要"，往往随时间的变化而变化，与科学技术的不断进步有着密切的联系。"需要"可以包括产品的适用性、安全性、可用性、可靠性、维修性、经济性和环境性等，它们分别反映产品使用性能和外观性能，可靠、安全、灵活和及时的程度。

①适用性。指产品能在某种条件下适合使用需要的性能，即产品适合社会和人们需要的程度。如高温、低温、速度、振动、易爆、尘埃、水下等不同环境条件下使用的性能和特点。

②安全性。指产品在使用或操作过程中保证安全的程度，不会造成人身、财产的损害。

③可用性。指产品便于操作，在一定条件下实现预定目的或者规定用途的能力。

④可靠性。指产品在规定时间内和规定条件下，完成规定功能的程度或者能力，可靠性一般可用功能、效率、平均寿命、平均无故障工作时间等参量进行评定。

⑤维修性。指产品在规定时间内和规定的条件下，在发生故障以后，能迅速维修、恢复功能的能力，通常采用平均修复时间等参量表示。

⑥经济性。指产品的设计、制造、使用等各方面所付出或所消耗成本的程度，即产品能以最低的物质消耗满足人们所期望的使用特性要求的能力。

⑦环境性。指产品在生产和使用过程中不会给周围环境带来危险。

三、《产品质量法》的概念和调节对象

《产品质量法》，是调整产品生产、流通、交换、消费领域中因产品质量而产生的社会关系的法律规范的总称。1993年2月22日，七届全国人大常委会第30次会议通过了《中华人民共和国产品质量法》，并于同年9月1日起施行，根据形势的变化，2000年7月8日，九届全国人大常委会第16次会议对《中华人民共和国产品质量法》做了修订，从而使我国的产品质量法制建设得到了进一步完善和加强。

《产品质量法》所调整的社会关系可分两大类：一是产品质量监督管理过程中产生的监督与被监督、管理与被管理的关系，如产品监督管理机关和产品生产者、经营者的关系；二是产品交换过程中产生的具有等价交换性质的社会关系，如产品生产者、销售者与产品用户、消费者的关系。以上所调整的社会关系决定了产品质量法具有以下特点：

①法律规范的多样性，即产品质量法中既有行政法律规范，也有民事法律规范，还有刑事法律规范。

②技术性规范在产品质量法规范中占重要地位。

③行政规章在产品质量法的贯彻实施中具有重要意义，因为行政监督是产品质量监督的重要保证。

四、产品质量监督

产品质量代表一个国家的形象、一个民族的精神。它既是一个国家综合国力的体现，又直接关系一个国家经济发展的方向，关系到全体社会成员的切身利益，因此必须对产品质量实行国家监督。我国《产品质量法》第八条规定："国务院产品质量监督部门主管全国产品质量监督工作；国务院有关部门在各自的职责范围内负责产品质量监督工作；县级以上地方产品质量监督部门主管本行政区域内的产品质量监督工作；县级以上地方人民政府有关部门在各自的职责范围内负责产品质量监督工作。法律对产品质量监督部门另有规定的，依照有关法律的规定执行。"

（一）产品质量监督部门

1. 国务院产品质量监督部门及其职责

国家质量监督检验检疫总局为国务院产品质量监督部门，负责全国产品质量监督工作，其主要职能是：

①拟定并贯彻执行国家有关质量技术监督工作的方针、政策和法律、法规，制定和发布规章、制度，组织实施相关法律、法规，指导监督行政执法工作，管理与质量技术监督有关的技术法规备案。

②管理质量监督工作。管理和指导质量监督检查，管理产品质量仲裁的检验、鉴定组织协调依法查处生产和经营假冒伪劣商品活动中的质量违法行为。

③宏观管理和指导全国质量工作。组织实施《质量振兴纲要》，研究拟定提高我国质量水平的发展战略，推广先进的质量管理经验和方法，协调建立重大工程设备质量监理制度，负责组织重大产品质量事故的调查，管理工业产品生产许可证工作。

④统一管理国家标准的制定、审批、编号的发布。组织制定国家标准（含标准样品协调和指导行业标准、地方标准的制定，管理行业标准、地方标准备案，监督标准的贯彻执行，管理全国组织机构代码和商品条码工作。

⑤统一管理计量工作。推行法定计量单位和国家计量制度，组织建立、审批和管理国家计量基准和标准物质，制定计量器具的国家鉴定系统标准、鉴定规程和计量技术规范，监督商品计量行为。

⑥统一管理和监督认证认可工作，研究制定认证认可工作的规章、制度，审批、指导认可机构和认证人员注册机构，协调与监督属强制性管理的安全认证，依法对质量检验机构授权和监督管理，对于质量技术监督相关的社会中介组织实行认可和监督管理。

⑦综合管理锅炉、压力容器、电梯、防爆电器等特种设备的安全检查监督工作，制定规章、制度并组织实施，对锅炉、压力容器实施进出口检查。

⑧组织制定质量技术监督事业发展规划，组织协调行业和专业的质量技术监督工作，管理和指导质量技术监督科技工作，组织管理质量技术监督的宣传、教育、培训、信息工作。

2. 国务院有关部门及其职责

国务院有关部门对产品质量的监督，在各自的职责范围内负责产品质量监督工作，国务院有关部门主要包括国家市场监督管理总局、国家食品药品监督管理局、国家出入境检验检疫局等。这些部门在其权限范围内行使其组织、宣传、贯彻执行国家有关产品质量的法律、法规、方针、政策、规划、计划等方面的职责，负有质量监督职责的部门应当相互支持、相互配合。

3. 县级以上地方人民政府有关部门及其职责

县级以上地方产品质量监督部门及有关部门在各自职责范围内负责产品质量监督工作。县级以上地方人民政府有关部门是指省级和市、县级人民政府设立的标准局、计量局、质量技术监督局等本级人民政府根据地方人大决定规定其职责，地方人民政府有关部门应当根据职责行使产品质量监督的职责。

4. 县级以上产品监督部门的职权

县级以上产品质量监督部门根据已经取得的违法嫌疑证据或者举报，对涉嫌违反《产品质量法》规定的行为进行查处时，可以行使下列职权：

①对当事人涉嫌从事违反《产品质量法》的生产、销售活动的场所实施现场检查。

②向当事人的法定代表人、主要负责人和其他有关人员调查、了解与涉嫌从事违反《产品质量法》的生产、销售活动有关的情况。

③查阅、复制当事人有关的合同、发票、账簿以及其他有关资料。

④对有根据认为不符合保障人体健康和人身、财产安全的国家标准、行业标准的产品或者其他严重质量问题的产品,以及直接用于生产、销售该项产品的原辅材料、包装物、生产工具,予以查封或者扣押。

县级以上工商行政管理部门按照国务院规定的职责范围,对涉嫌违反《产品质量法》规定的行为进行查处时,可以行使上述规定的职权。

5. 社会监督和企业监督

社会监督。社会监督指通过社会力量对产品质量进行监督的活动,包括舆论监督和社会组织监督以及消费者的监督。

企业监督。企业自身的监督是保证产品质量最基础的因素,也是企业得以发展的关键要素,《产品质量法》第三条规定,生产者、销售者应当建立健全内部产品质量管理制度,严格实施岗位质量规范、质量责任以及相应的考核办法。

(二) 产品质量监督的具体制度

1. 产品质量标准化制度

产品质量标准化是产品质量监督管理的依据。根据《中华人民共和国标准化法》的规定,产品质量标准有国家标准、行业标准、地方标准和企业标准。国家标准由国务院标准化行政主管部门根据在全国范围内统一技术要求的需要制定;行业标准由国务院有关行业主管部门对没有国家标准而又需要在全国某个行业范围内统一技术要求来予以制定,并报国务院标准化行政主管部门备案。对没有国家标准和行业标准而又需要在省、自治区和直辖市范围内统一的技术要求可以制定地方标准,并报国务院标准化行政主管部门和国务院有关行政主管部门备案;而企业标准要报地方标准化行政主管部门和地方有关行政主管部门备案。

对没有标准化的产品质量必须符合《产品质量法》第十三条的规定,即产品质量应当检验合格,不得以不合格产品冒充合格产品,可能危及人体健康和人身、财产安全的工业产品必须符合保障人体健康和人身、财产安全的国家标准、行业标准;未制定国家标准、行业标准的,必须符合保障人体健康和人身、财产安全的要求,禁止生产、销售不符合保障人体健康和人身、财产安全的标准和要求的工业产品。

2. 企业质量体系认证制度

《产品质量法》第十四条第一款规定,国家根据国际通用的质量管理标准,推行企业质量体系认证制度,企业根据自愿原则可以向国务院产品质量监督部门或者国务院产品质量监督部门授权的部门认可的认证机构申请企业质量体系认证,经认证合格的,由认证机构颁发企业质量体系认证证书。企业质量体系认证是指依据国际通用的《质量管理和质量保证》系列标准,经过国家认可的质量体系认证机构对企业的质量体系进行全面审核与评价,对于符合条件要求的,通过颁发认证证书的形式,证明企业质量管理和质量保证能力符合相应标准要求的活动。

企业质量体系认证也称企业认证、质量体系注册、质量体系评审、质量体系审核等。

企业质量体系认证的目的,在合同环境中是为了提高供方的质量信誉,向需方提供质量担保,增强企业在市场上的竞争能力;在非合同环境下是为了加强企业内部的质量管理,实现质量方针和质量目标。

企业质量体系认证的对象是企业，企业质量体系认证的依据是"GB/T 1900 —ISO9000 质量管理和质量保证"系列国家标准。

3. 产品质量认证制度

1）产品质量认证制度的概念。产品质量认证制度是指依据具有国际水平的产品标准和技术要求，经过认证机构确认并通过颁发认证证书和产品质量认证标志的形式，证明产品符合相应标准和技术要求的活动。产品质量认证分为安全认证和合格认证，产品质量认证与企业质量体系认证的主要区别如下：

①产品质量认证的对象不是企业的质量体系，而是企业生产的某一产品。

②产品质量认证依据的标准不是质量管理标准，而是相关的产品标准。

③产品质量认证的结论不是证明企业质量体系是否符合质量管理标准，而是证明产品是否符合产品标准。

2）推行产品质量认证制度的目的。推行产品质量认证制度的目的是通过对符合认证标准的产品颁发认证标志，便于消费者识别，有利于提高经认证合格的企业和产品的市场信誉，增强产品的市场竞争能力，以激励企业加强质量管理，提高产品质量水平。同时，由作为第三方的认证机构对产品质量进行认证，已成为许多国家保证产品质量的一种普遍做法。经过质量认证的产品可以方便地进入国际市场，有利于进一步促进我国对外经济贸易的发展。

3）企业申请产品质量认证的条件。企业申请产品质量认证，必须具备以下条件：

①中国企业及其他申请人应当持有工商行政管理部门颁发的企业法人营业执照，外国企业应当持有有关机构的登记注册证明。

②申请认证的产品，其质量应当符合我国的国家标准或行业标准及其他补充技术要求，包括已转化为我国国家标准的国际先进标准。外国企业申请产品质量认证时，可以采用国际标准或外国标准，但采用的标准必须经过国家市场监督管理总局正式确认。

③申请认证的产品应当是质量稳定、能正常批量生产的，衡量产品质量是否稳定，是否能正常批量生产，一般通过检查工艺流程、工艺装备，随机抽样检验产品等方法进行综合评定，并提供证明材料。

④申请产品质量认证的企业，其企业质量体系应符合国家质量管理和质量保证系列标准的要求。

4）企业取得产品质量认证的步骤。企业取得产品质量认证主要有以下几个步骤：

①申请。企业申请产品质量认证，首先向具有认证资格的产品质量认证机构提交书面申请。申请书格式由国家市场监督管理总局统一规定。申请书经审核被接受后，由认证机构向申请单位发出"接受认证申请通知书"。

②审查和检验。企业产品质量认证申请被接受后，认证机构应当组织对企业进行产品质量保证体系审查，审查的目的在于检查、评定企业的质量保证体系确实具备保证企业持续稳定地生产符合标准要求的产品的能力。

③批准。企业通过质量体系检查和产品样品检验后，认证机构负责对《企业质量体系检查报告》和《样品检验报告》进行全面审查，依法对于符合规定条件的产品批准认证，颁发认证证书，并允许企业在该产品上使用认证标志。对于经审查不符合规定的企业，认证机构应当书面通知申请单位，并说明理由，如果企业能在6个月内采取有效措施予以改进，

并经认证机构进行复查，确实达到规定条件的，仍可予以批准认证、颁发认证证书；对于经过复查，仍达不到规定要求的，应通知企业撤回申请。

4. 产品质量监督检查制度

《产品质量法》规定，国家对产品质量实行以抽查为主要方式的监督检查制度，对可能危及人体健康和人身、财产安全的产品，影响国计民生的重要工业产品，以及用户、消费者、有关组织反映有质量问题的产品进行抽查。监督抽查工作由国务院产品质量监督部门规划和组织。县级以上地方人民政府管理产品质量监督工作的部门在本行政区域内也可以组织监督抽查，但是要防止重复抽查。产品质量抽查的结果应当公布，法律对产品质量的监督检查另有规定的，依照有关法律的规定执行，从而以法律的形式将产品质量监督抽查公布制度固定下来，使其规范化。

国家对产品实施抽查具有强制性，任何企业不得拒绝国家质量监督部门对其产品进行抽查。国家抽查产品依据的是国家标准或行业标准，这样检验的标准具有统一性和科学性。

生产者、销售者对抽查检验的结果有异议的，可以自收到检验结果之日起 15 日内向实施监督抽查的产品质量监督部门或者其上级产品质量监督部门申请复检，由受理复检的产品质量监督部门做出复检结论。

产品质量监督管理部门的行政执法职权。经监督抽查的产品质量不合格的，由实施监督抽查的产品质量监督部门责令其生产者、销售者限期改正。逾期不改正的，由省级以上人民政府产品质量监督部门予以公告；公告后经复查仍不合格的，责令停业，限期整顿；整顿期满后经复查产品质量仍不合格的，吊销营业执照；监督抽查的产品有严重质量问题的，依照有关规定处罚。

5. 工业产品生产许可证制度

工业产品生产许可证制度是我国政府为了加强产品质量管理，保证重要产品质量，依据国家的有关法规、规章，对影响国计民生、危及人体健康和危及人身财产安全的重要工业产品实施的一项质量监控制度。政府根据国民经济发展的需要，确定实施生产许可证管理的产品目录，制定每类产品的质量安全监督管理办法，规定质量标准、安全技术规范、质量保证体系和生产必备条件等要求，并组织有关部门予以实施，以达到贯彻国家质量政策、保证产品质量、保护消费者权益的目的。生产许可证工作是一个完整的体系，它由发证、对获证企业和产品的监督管理、获证企业的到期复查换证、对生产和销售无证产品的查处及贯穿整个生产许可证工作过程的信息反馈五个环节组成。目前，有 87 大类产品必须获得生产许可证方可生产。

全国生产许可证管理的体制是，国家市场监督管理总局统一管理，省级市场监督管理局负责组织实施，有关行业部门、协会参与，地方市场监督管理局负责依法查处。

企业办理生产许可证的工作程序如下：

①申请。根据工业产品生产许可证发证产品目录，企业向所在省（自治区，直辖市）市场监督管理局申请，填写统一的申请书。

②审查。产品审查由部或各省（自治区、直辖市）市场监督管理局对申请取证企业进行工厂条件审查，主要审查企业连续稳定生产合格产品的必备条件和质量保证能力，以确认它是否符合发证产品实施细则的要求，根据发证产品实施细则的规定，企业必须具备必要的生产设备和检测设备，必须具有完善的质量保证体系。

③产品质量检验。在审查组进行工厂生产条件审查的同时，按照发证产品实施细则的要求抽封样品，由企业送国家市场监督管理总局批准的产品质量检验机构进行检验。产品质量检验机构根据规定进行检验，并出具合法的产品质量检验报告。

④审核发证。企业工厂生产条件和产品质量检验完成后，由产品审查部或省（自治区、直辖市）市场监督管理局将符合发证要求的企业的申请书、生产条件审查报告、产品质量检验报告等相关材料汇总报国家市场监督管理总局，由国家市场监督管理总局颁发证书并向社会公告。

6. 强制性产品认证管理制度

国家对涉及人类健康和安全，动、植物生命和健康，以及环境保护和公共安全的产品实行强制性认证制度，根据国务院授权，国家认证认可监督管理委员会主管全国认证认可工作。

对于强制性产品认证，国家公布了统一的《中华人民共和国实施强制性产品认证的产品目录》（以下简称《目录》），确定统一适用的国家标准、技术规则和实施程序，制定和发布统一的标志，规定统一的收费标准，凡列入《目录》的产品，必须经国家指定的认证机构认证合格，取得指定认证机构颁发的认证证书，并加施认证标志后，方可出厂销售、进口和在经营性活动中使用。

认证标志的名称为中国强制认证（China Compulsory Certification，CCC 或 3C）。认证证书的持有人应当按照认证标志管理规定的要求使用认证标志。

国家市场监督管理总局和国家认监委现已公布实施强制性产品认证的认证产品目录，包括电线电缆、电路开关及保护或连接用电器装置、低压电器、小功率电动机、电动工具、电焊机、家用和类似用途设备、音视频设备、信息技术设备、照明电器、机动车辆及安全附件、机动车辆轮胎、安全玻璃、农机产品、电信终端设备、消防产品、安全技术防范产品、装饰装修产品、儿童用品、防爆电器、家用燃气器具21 大类137 种产品。

7. 缺陷产品召回制度

缺陷产品召回制度是指产品的生产商、销售商或进口商在其生产、销售或进口的产品存在危及消费者人身、财产安全的缺陷时，依法将该产品从市场上收回，并免费对其进行修理或更换的制度。

产品召回制度中的所谓"缺陷产品"，是指企业在产品设计上出现失误或在生产线某环节出现问题，导致大批量危及人身安全及财产安全的缺陷产品出现，而且这些产品已流入市场。很显然，缺陷产品召回制度中的"缺陷"有其特定的含义，它既涉及已经发生危险的产品（现实的缺陷），也包括同一批次、同一类型中还没有发生危险的产品（潜在的缺陷）。

缺陷产品召回的程序是由生产者或政府启动的，召回的方式可分为两种：一种是主动召回，一种是指令召回。在主动召回中，厂商需要承担的责任方式主要是主动对其制造的缺陷产品实行免费修理、更换、收回等，当这些方式仍无法解决产品存在的缺陷时，厂商则可以采取退赔的方式来消除缺陷产品给公共安全带来的隐患。

指令召回中，厂商不仅要承担主动召回时所要承担的一切责任，还要承担由于没有主动召回而应有的惩罚。生产商应当为其行为给国家市场经济秩序、社会经济利益所造成的损害付出相应的代价，代价应与生产商在这方面所造成危害的性质、后果和程度相当。

6.1.2 产品质量义务

(一) 生产者的产品质量义务

1. 产品内在质量要符合要求

《产品质量法》第二十六条规定，生产者应当对其生产的产品质量负责，产品质量应当符合以下要求：

①不存在危及人身、财产安全的不合理的危险，有保障人体健康和人身、财产安全的国家标准、行业标准的，应当符合该标准（默示担保）；保障产品的安全性是生产者保证产品质量的首要义务。

②具备产品应当具备的使用性能，但是，对产品存在使用性能的瑕疵做出说明的除外。

③符合在产品或者其包装上注明采用的产品标准，符合以产品说明、实物样品等方式表明的质量状况（明示担保）。

2. 生产者应提供必要的、真实的、明确的产品标识

产品标识是指用于识别产品及其特征、特性所做的有关表示的统称，是表明产品的名称、产地、生产者名称、地址，产品的质量状况、保存期限、使用说明等信息情况的表述和指示，产品标识可用文字、符号、标志、标记、数字、图案等表示。产品标识由生产者提供，其主要作用是表明产品的有关信息，帮助消费者了解产品的质量状况和其他有关情况，说明产品的正确使用、保养条件和方法，起到介绍产品、指导消费的作用。根据不同产品的特点和使用要求，产品标识可以标注在产品上，也可以标注在产品包装上，让人一目了然，为用户、消费者的挑选提供方便，随着经济的发展和产品市场竞争的激化，产品的标识越来越重要，它已经成为产品的组成部分。

(二) 销售者的产品质量义务

1. 进货检验义务

《产品质量法》第三十三条规定，销售者应当建立并执行进货检查验收制度，验明产品合格证明和其他标识，进货检验包括产品标识检查、产品感官检查和必要的产品内在质量的检验。该义务是销售者首要的产品质量义务，如果销售者不履行进货检验义务，不合格产品、假冒伪劣商品将流入市场，直接侵害消费者的利益，一旦发生产品质量纠纷，销售者要为此承担相应的民事责任。

2. 保证产品质量的义务

《产品质量法》第三十四条规定，销售者应当采取措施，保持销售产品的质量，根据产品质量和特性的不同，销售者应采取必要的防雨、防晒、防霉变措施，对某些特别产品采取控制温度、湿度的措施，保持产品进货时的质量。

3. 遵守禁止性规定

①销售者不得销售国家明令淘汰并停止销售的产品和失效、变质的产品。
②销售者不得销售产品的标识不符合《产品质量法》规定的产品。
③销售者不得伪造产地，不得伪造或者冒用他人的厂名、厂址。
④销售者不得伪造或者冒用认证标志等质量标志。
⑤销售者销售产品，不得掺杂、掺假，不得以假充真、以次充好，不得以不合格产品冒

充合格产品。

6.1.3 生产者与销售者的产品质量责任

一、生产者与销售者的瑕疵给付责任

(一) 瑕疵给付责任的概念

瑕疵给付属于债的不适当履行之范畴,是指债务人虽然履行了债务,但因履行有瑕疵以致减少或丧失该履行本身的价值或效用,其所侵害的是债权人对于正确履行所能取得的利益,即履行利益。《产品质量法》第四十条规定,售出的产品有下列情形之一的,销售者应当负责修理、更换、退货,给购买产品的销售者造成损失的,销售者应当赔偿损失:

①不具备产品应当具备的使用性能而事先未做说明的。

②不符合在产品或者其包装上注明采用的产品标准的。

③不符合以产品说明、实物样品等方式表明的质量状况的。

(二) 瑕疵给付责任的构成要件

①售出的产品具有瑕疵。衡量标的物是否具有瑕疵有两种标准,即客观标准和主观标准,所交付的标的物不符合该种物所应具备的通常性质及客观上应有之特征时,为具有瑕疵。按主观标准,所交付之标的物不符合当事人约定的品质,致灭失或减少其价值或效用时,即具有瑕疵。

②标的物瑕疵须于销售标的物危险移转于消费者时就已经存在,该瑕疵的形成时间应与买卖合同成立时间无关。

③消费者善意且无重大过失。

(三) 瑕疵给付的法律效力

1. 补正措施

《产品质量法》中规定的补正措施主要包括修理和更换两种。在合同法上修理属于消除缺陷,更换则属于另行给付。《产品质量法》中瑕疵给付的救济手段较为多样,权利人具有选择权,但应根据标的物的性质以及损失的大小,遵循公平合理、诚实信用原则进行选择。在产品质量瑕疵程度轻微的情况下,可以进行修理、更换时,不得要求退货,否则法律将矫枉过正,有损违约方的利益。

2. 合同解除(退货)

《产品质量法》第四十条规定了"退货"而没有直接规定合同解除权利,这里涉及对退货的性质应如何认识的问题。我国有关法律条文习惯上将修理、更换、重做、退货等放在一起表述,但它们的法律性质却不尽相同,此处应理解为,《产品质量法》实际上规定了瑕疵给付情况下的合同解除权。

3. 赔偿损失

赔偿损失可以与修理、更换并用。在瑕疵履行的情况下,如果瑕疵可以被修理,消费者有权要求债务人修理,并由债务人承担修理费用。在修理后如仍给消费者造成损失的,消费者仍有权要求赔偿损失。但是双方也可以约定由债务人向债权人赔偿一笔修理费用,由债务人自己去则修理已转化为赔偿损失。在更换的情况下,如果导致迟延履行而给债权人造成的损失，以及因瑕疵履行这一违约行为给债权人造成的其他损失，债务人都应给予赔偿。赔偿损失与退货也可以并用。

（四）瑕疵给付中的责任分担

1. 权利主体

直接购买产品的当事人有权请求采取补正措施、解除合同、赔偿损失。但是，该权利主体是否可以扩大？我国《产品质量法》采用了"购买产品的消费者"，似应理解为只局限于直接购买产品的消费者，其主要理由在于瑕疵给付的性质属于合同责任，合同具有相对性。实际上，在瑕疵给付的情况下，谁是原始的买主对于商家而言并没有任何意义。在采取补正措施和退货的情况下，持信誉卡或能够证明自己为买主的人就应该认定为权利主体。在赔偿损失的状态下，因果关系的确定至关重要，凡能证明因果关系成立者，则应为权利主体。

2. 义务主体

根据《产品质量法》的规定，销售者是瑕疵给付状态下的义务主体，对此不应存有异议。在权利主体追究销售者责任时，只需由权利人举证证明瑕疵的存在即可，销售者则不得以瑕疵是生产者或者供货者造成作为抗辩事由。销售者按照规定负责修理、更换、退货、赔偿损失后，属于生产者的责任或者属于向销售者提供产品的其他销售者的责任的，销售者有权向生产者、供货者追偿。

二、产品责任

（一）产品责任的概念

产品责任是指因产品缺陷致使他人的人身或财产遭受损害时，生产或售出这一产品的制造者或销售者及有关主体所应承担的法律责任。怎么理解这一概念呢？

①产品责任的发生基于产品存在缺陷。缺陷是指产品存在危及他人人身、财产安全的不合理的危险；产品有保障人体健康和人身、财产安全的国家标准、行业标准的，是指不符合该标准。与产品存在瑕疵不同，瑕疵仅指产品质量不符合法定或约定的质量标准。

②产品责任主体的确定遵循法定原则。我国《产品质量法》规定，产品责任的主体包括生产者和销售者。事实上，在产品责任的问题上，从产品的形成到最终消费，要经历许多主体。因此，究竟哪些主体对权利人负责，更多是立法选择的问题。

③侵害的客体包括人身及财产损坏，但不以消费者为限。只要是个人的人身及财产因产品的缺陷造成损害的，均可以作为权利人提出主张。

④产品责任在性质上属于一种特殊侵权行为。

（二）产品责任的归责原则

产品责任包括两个层面的问题：一是生产者与销售者作为共同的一方如何对权利人（直接的消费者或其他因产品缺陷而遭受损失的人）承担责任的问题，另一层面是对权利人承担责任后，生产者与销售者之间分担责任的问题。《产品质量法》第四十三条规定，因产品存在缺陷造成人身、他人财产损害的，受害人可以向产品的生产者要求赔偿，也可以向产品的销售者要求赔偿。属于产品生产者的责任，产品销售者赔偿的，产品销售者有权向产品生产者追偿。属于产品销售者的责任，产品生产者赔偿的，产品生产者有权向产品销售者追偿。

(三) 产品责任的追究

《产品质量法》第四十一条第二款规定，生产者能够证明有下列情形之一的，不承担赔偿责任：

①未将产品投入流通的。

②产品投入流通时，引起损害的缺陷尚不存在的。

③将产品投入流通时的科学技术水平尚不能发现缺陷的存在的。

因产品缺陷造成受害人人身伤害的，侵害人应当赔偿医疗费、治疗期间的护理费、因误工减少的收入等费用；造成残疾的，还应当支付残疾者生活自助具费、生活补助费、残疾赔偿金以及由其抚养的人所必需的生活费等费用；造成受害人死亡的，应当支付丧葬费、死亡赔偿金以及由死者生前抚养的人所必需的生活费等费用。同时规定，因产品存在缺陷造成受害人财产损失的，侵害人应当恢复原状或者折价赔偿。受害人因此遭受其他重大损失的，侵害人应当赔偿损失。

因产品存在缺陷造成损害要求赔偿的诉讼时效期为 2 年，自当事人知道或者应当知道其权益受到损害时起计算。因产品存在缺陷造成损害赔偿的请求权，在造成损害的缺陷产品交付最初消费者满 10 年丧失，但是尚未超过明示的安全使用期的除外。

任务二 汽车召回制度

汽车召回制度 1966 年创建于美国，目前欧美汽车工业发达的国家和日本都有自己的汽车召回制度，2004 年国家质检总局（今为国家市场监督管理局）等四部门联合发布了《缺陷汽车召回管理规定》，这是我国第一个汽车召回制度，并于 2012 年重新修订，《缺陷汽车召回管理条例》于 2013 年 1 月 1 日起实施。

6.2.1 《缺陷汽车产品召回管理条例》

《缺陷汽车产品召回管理条例》明确了召回启动程序，确认汽车产品存在缺陷的，应当立即停止生产、销售、进口缺陷汽车产品，并实施召回。《缺陷汽车产品召回管理条例》规定了召回实施程序，对实施召回的缺陷汽车产品，生产者应当及时采取修正或者补充标识、修理、更换、退货等措施消除缺陷。《缺陷汽车产品召回管理条例》规定了召回报告程序，生产者应当按照国务院产品质量监督部门的规定提交召回阶段性报告和召回总结报告。

《缺陷汽车产品召回管理条例》全文

第一条 为了规范缺陷汽车产品召回，加强监督管理，保障人身、财产安全，制定本条例。

第二条 在中国境内生产、销售的汽车和汽车挂车（以下统称"汽车产品"）的召回及其监督管理，适用本条例。

第三条 本条例所称缺陷，是指由于设计、制造、标识等原因导致的在同一批次、型号或者类别的汽车产品中普遍存在的不符合保障人身、财产安全的国家标准、行业标准的情形或者其他危及人身、财产安全的不合理的危险。

本条例所称召回，是指汽车产品生产者对其已售出的汽车产品采取措施消除缺陷的活动。

第四条 国务院产品质量监督部门负责全国缺陷汽车产品召回的监督管理工作。

国务院有关部门在各自职责范围内负责缺陷汽车产品召回的相关监督管理工作。

第五条 国务院产品质量监督部门根据工作需要，可以委托省、自治区、直辖市人民政府产品质量监督部门、进出口商品检验机构负责缺陷汽车产品召回监督管理的部分工作。

国务院产品质量监督部门缺陷产品召回技术机构按照国务院产品质量监督部门的规定，承担缺陷汽车产品召回的具体技术工作。

第六条 任何单位和个人有权向产品质量监督部门投诉汽车产品可能存在的缺陷，国务院产品质量监督部门应当以便于公众知晓的方式向社会公布受理投诉的电话、电子邮箱和通信地址。

国务院产品质量监督部门应当建立缺陷汽车产品召回信息管理系统，收集汇总、分析处理有关缺陷汽车产品信息。

产品质量监督部门、汽车产品主管部门、商务主管部门、海关、公安机关交通管理部门、交通运输主管部门、工商行政管理部门等有关部门应当建立汽车产品的生产、销售、进口、登记检验、维修、消费者投诉、召回等信息的共享机制。

第七条 产品质量监督部门和有关部门、机构及其工作人员对履行本条例规定职责所知悉的商业秘密和个人信息，不得泄露。

第八条 对缺陷汽车产品，生产者应当依照本条例全部召回；生产者未实施召回的，国务院产品质量监督部门应当依照本条例责令其召回。

本条例所称生产者，是指在中国境内依法设立的生产汽车产品并以其名义颁发产品合格证的企业。

从中国境外进口汽车产品到境内销售的企业，视为前款所称的生产者。

第九条 生产者应当建立并保存汽车产品设计、制造、标识、检验等方面的信息记录以及汽车产品初次销售的车主信息记录，保存期不得少于10年。

第十条 生产者应当将下列信息报国务院产品质量监督部门备案：

（一）生产者基本信息；

（二）汽车产品技术参数和汽车产品初次销售的车主信息；

（三）因汽车产品存在危及人身、财产安全的故障而发生修理、更换、退货的信息；

（四）汽车产品在中国境外实施召回的信息；

（五）国务院产品质量监督部门要求备案的其他信息。

第十一条 销售、租赁、维修汽车产品的经营者（以下统称"经营者"）应当按照国务院产品质量监督部门的规定建立并保存汽车产品相关信息记录，保存期不得少于5年。

经营者获知汽车产品存在缺陷的，应当立即停止销售、租赁、使用缺陷汽车产品，并协助生产者实施召回。

经营者应当向国务院产品质量监督部门报告和向生产者通报所获知的汽车产品可能存在缺陷的相关信息。

第十二条 生产者获知汽车产品可能存在缺陷的，应当立即组织调查分析，并如实向国务院产品质量监督部门报告调查分析结果。

生产者确认汽车产品存在缺陷的，应当立即停止生产、销售、进口缺陷汽车产品，并实施召回。

第十三条 国务院产品质量监督部门获知汽车产品可能存在缺陷的，应当立即通知生产者开展调查分析；生产者未按照通知开展调查分析的，国务院产品质量监督部门应当开展缺陷调查。

国务院产品质量监督部门认为汽车产品可能存在会造成严重后果的缺陷的，可以直接开展缺陷调查。

第十四条 国务院产品质量监督部门开展缺陷调查，可以进入生产者、经营者的生产经营场所进行现场调查，查阅、复制相关资料和记录，向相关单位和个人了解汽车产品可能存在缺陷的情况。

生产者应当配合缺陷调查，提供调查需要的有关资料、产品和专用设备。经营者应当配合缺陷调查，提供调查需要的有关资料。

国务院产品质量监督部门不得将生产者、经营者提供的资料、产品和专用设备用于缺陷调查所需的技术检测和鉴定以外的用途。

第十五条 国务院产品质量监督部门调查认为汽车产品存在缺陷的，应当通知生产者实施召回。

生产者认为其汽车产品不存在缺陷的，可以自收到通知之日起15个工作日内向国务院产品质量监督部门提出异议，并提供证明材料。国务院产品质量监督部门应当组织与生产者无利害关系的专家对证明材料进行论证，必要时对汽车产品进行技术检测或者鉴定。

生产者既不按照通知实施召回又不在本条第二款规定期限内提出异议的，或者经国务院产品质量监督部门依照本条第二款规定组织论证、技术检测、鉴定确认汽车产品存在缺陷的，国务院产品质量监督部门应当责令生产者实施召回；生产者应当立即停止生产、销售、进口缺陷汽车产品，并实施召回。

第十六条 生产者实施召回，应当按照国务院产品质量监督部门的规定制定召回计划，并报国务院产品质量监督部门备案。修改已备案的召回计划应当重新备案。

生产者应当按照召回计划实施召回。

第十七条 生产者应当将报国务院产品质量监督部门备案的召回计划同时通报销售者，销售者应当停止销售缺陷汽车产品。

第十八条 生产者实施召回，应当以便于公众知晓的方式发布信息，告知车主汽车产品存在的缺陷、避免损害发生的应急处置方法和生产者消除缺陷的措施等事项。

国务院产品质量监督部门应当及时向社会公布已经确认的缺陷汽车产品信息以及生产者实施召回的相关信息。

车主应当配合生产者实施召回。

第十九条 对实施召回的缺陷汽车产品，生产者应当及时采取修正或者补充标识、修理、更换、退货等措施消除缺陷。

生产者应当承担消除缺陷的费用和必要的运送缺陷汽车产品的费用。

第二十条 生产者应当按照国务院产品质量监督部门的规定提交召回阶段性报告和召回

总结报告。

第二十一条　国务院产品质量监督部门应当对召回实施情况进行监督，并组织与生产者无利害关系的专家对生产者消除缺陷的效果进行评估。

第二十二条　生产者违反本条例规定，有下列情形之一的，由产品质量监督部门责令改正；拒不改正的，处 5 万元以上 20 万元以下的罚款：

（一）未按照规定保存有关汽车产品、车主的信息记录；

（二）未按照规定备案有关信息、召回计划；

（三）未按照规定提交有关召回报告。

第二十三条　违反本条例规定，有下列情形之一的，由产品质量监督部门责令改正；拒不改正的，处 50 万元以上 100 万元以下的罚款；有违法所得的，并处没收违法所得；情节严重的，由许可机关吊销有关许可：

（一）生产者、经营者不配合产品质量监督部门缺陷调查；

（二）生产者未按照已备案的召回计划实施召回；

（三）生产者未将召回计划通报销售者。

第二十四条　生产者违反本条例规定，有下列情形之一的，由产品质量监督部门责令改正，处缺陷汽车产品货值金额 1% 以上 10% 以下的罚款；有违法所得的，并处没收违法所得；情节严重的，由许可机关吊销有关许可：

（一）未停止生产、销售或者进口缺陷汽车产品；

（二）隐瞒缺陷情况；

（三）经责令召回拒不召回。

第二十五条　违反本条例规定，从事缺陷汽车产品召回监督管理工作的人员有下列行为之一的，依法给予处分：

（一）将生产者、经营者提供的资料、产品和专用设备用于缺陷调查所需的技术检测和鉴定以外的用途；

（二）泄露当事人商业秘密或者个人信息；

（三）其他玩忽职守、徇私舞弊、滥用职权行为。

第二十六条　违反本条例规定，构成犯罪的，依法追究刑事责任。

第二十七条　汽车产品出厂时未随车装备的轮胎存在缺陷的，由轮胎的生产者负责召回。具体办法由国务院产品质量监督部门参照本条例制定。

第二十八条　生产者依照本条例召回缺陷汽车产品，不免除其依法应当承担的责任。

汽车产品存在本条例规定的缺陷以外的质量问题的，车主有权依照产品质量法、消费者权益保护法等法律、行政法规和国家有关规定以及合同约定，要求生产者、销售者承担修理、更换、退货、赔偿损失等相应的法律责任。

第二十九条　本条例自 2013 年 1 月 1 日起施行。

6.2.2　《缺陷汽车产品召回管理条例实施办法》

为确保《缺陷汽车产品召回管理条例》贯彻实施，制定了《缺陷汽车产品召回管理条例实施办法》，对《缺陷汽车产品召回管理条例》中生产者的信息报告义务、缺陷调查及召回实施程序、监管职责和法律责任等相关内容做进一步细化和明确，使之更具有可操作性，以满足监管需要。

《缺陷汽车产品召回管理条例实施办法》全文

第一章 总则

第一条 根据《缺陷汽车产品召回管理条例》，制定本办法。

第二条 在中国境内生产、销售的汽车和汽车挂车（以下统称"汽车产品"）的召回及其监督管理，适用本办法。

第三条 汽车产品生产者（以下简称"生产者"）是缺陷汽车产品的召回主体。汽车产品存在缺陷的，生产者应当依照本办法实施召回。

第四条 国家质量监督检验检疫总局（以下简称"质检总局"）负责全国缺陷汽车产品召回的监督管理工作。各级产品质量监督部门和出入境检验检疫机构依法履行职责。

第五条 质检总局根据工作需要，可以委托省级产品质量监督部门和出入境检验检疫机构（以下统称省级质检部门），在本行政区域内按照职责分工分别负责境内生产和进口缺陷汽车产品召回监督管理的部分工作。

质检总局缺陷产品召回技术机构（以下简称"召回技术机构"）按照质检总局的规定承担缺陷汽车产品召回信息管理、缺陷调查、召回管理中的具体技术工作。

第二章 信息管理

第六条 任何单位和个人有权向产品质量监督部门和出入境检验检疫机构投诉汽车产品可能存在的缺陷等有关问题。

第七条 质检总局负责组织建立缺陷汽车产品召回信息管理系统，收集汇总、分析处理有关缺陷汽车产品信息，备案生产者信息，发布缺陷汽车产品信息和召回相关信息。

质检总局负责与国务院有关部门共同建立汽车产品的生产、销售、进口、登记检验、维修、事故、消费者投诉、召回等信息的共享机制。

第八条 地方产品质量监督部门和各地出入境检验检疫机构发现本行政区域内缺陷汽车产品信息的，应当将信息逐级上报。

第九条 生产者应当建立健全汽车产品可追溯信息管理制度，确保能够及时确定缺陷汽车产品的召回范围并通知车主。

第十条 生产者应当保存以下汽车产品设计、制造、标识、检验等方面的信息：

（一）汽车产品设计、制造、标识、检验的相关文件和质量控制信息；

（二）涉及安全的汽车产品零部件生产者及零部件的设计、制造、检验信息；

（三）汽车产品生产批次及技术变更信息；

（四）其他相关信息。

生产者还应当保存车主名称、有效证件号码、通信地址、联系电话、购买日期、车辆识别代码等汽车产品初次销售的车主信息。

第十一条 生产者应当向质检总局备案以下信息：

（一）生产者基本信息；

（二）汽车产品技术参数和汽车产品初次销售的车主信息；

（三）因汽车产品存在危及人身、财产安全的故障而发生修理、更换、退货的信息；

（四）汽车产品在中国境外实施召回的信息；

（五）技术服务通报、公告等信息；

（六）其他需要备案的信息。

生产者依法备案的信息发生变化的，应当在 20 个工作日内进行更新。

第十二条 销售、租赁、维修汽车产品的经营者（以下统称"经营者"）应当建立并保存其经营的汽车产品型号、规格、车辆识别代码、数量、流向、购买者信息、租赁、维修等信息。

第十三条 经营者、汽车产品零部件生产者应当向质检总局报告所获知的汽车产品可能存在缺陷的相关信息，并通报生产者。

第三章 缺陷调查

第十四条 生产者获知汽车产品可能存在缺陷的，应当立即组织调查分析，并将调查分析结果报告质检总局。

生产者经调查分析确认汽车产品存在缺陷的，应当立即停止生产、销售、进口缺陷汽车产品，并实施召回；生产者经调查分析认为汽车产品不存在缺陷的，应当在报送的调查分析结果中说明分析过程、方法、风险评估意见以及分析结论等。

第十五条 质检总局负责组织对缺陷汽车产品召回信息管理系统收集的信息、有关单位和个人的投诉信息以及通过其他方式获取的缺陷汽车产品相关信息进行分析，发现汽车产品可能存在缺陷的，应当立即通知生产者开展相关调查分析。

生产者应当按照质检总局通知要求，立即开展调查分析，并如实向质检总局报告调查分析结果。

第十六条 召回技术机构负责组织对生产者报送的调查分析结果进行评估，并将评估结果报告质检总局。

第十七条 存在下列情形之一的，质检总局应当组织开展缺陷调查：

（一）生产者未按照通知要求开展调查分析的；

（二）经评估生产者的调查分析结果不能证明汽车产品不存在缺陷的；

（三）汽车产品可能存在造成严重后果的缺陷的；

（四）经实验检测，同一批次、型号或者类别的汽车产品可能存在不符合保障人身、财产安全的国家标准、行业标准情形的；

（五）其他需要组织开展缺陷调查的情形。

第十八条 质检总局、受委托的省级质检部门开展缺陷调查，可以行使以下职权：

（一）进入生产者、经营者、零部件生产者的生产经营场所进行现场调查；

（二）查阅、复制相关资料和记录，收集相关证据；

（三）向有关单位和个人了解汽车产品可能存在缺陷的情况；

（四）其他依法可以采取的措施。

第十九条 与汽车产品缺陷有关的零部件生产者应当配合缺陷调查，提供调查需要的有关资料。

第二十条 质检总局、受委托的省级质检部门开展缺陷调查，应当对缺陷调查获得的相关信息、资料、实物、实验检测结果和相关证据等进行分析，形成缺陷调查报告。

省级质检部门应当及时将缺陷调查报告报送质检总局。

第二十一条 质检总局可以组织对汽车产品进行风险评估，必要时向社会发布风险预警信息。

第二十二条 质检总局根据缺陷调查报告认为汽车产品存在缺陷的，应当向生产者发出缺陷汽车产品召回通知书，通知生产者实施召回。

生产者认为其汽车产品不存在缺陷的，可以自收到缺陷汽车产品召回通知书之日起15个工作日内向质检总局提出书面异议，并提交相关证明材料。

生产者在15个工作日内提出异议的，质检总局应当组织与生产者无利害关系的专家对生产者提交的证明材料进行论证；必要时质检总局可以组织对汽车产品进行技术检测或者鉴定；生产者申请听证的或者质检总局根据工作需要认为有必要组织听证的，可以组织听证。

第二十三条 生产者既不按照缺陷汽车产品召回通知书要求实施召回，又不在15个工作日内向质检总局提出异议的，或者经组织论证、技术检测、鉴定，确认汽车产品存在缺陷的，质检总局应当责令生产者召回缺陷汽车产品。

第四章 召回实施与管理

第二十四条 生产者实施召回，应当按照质检总局的规定制订召回计划，并自确认汽车产品存在缺陷之日起5个工作日内或者被责令召回之日起5个工作日内向质检总局备案；同时以有效方式通报经营者。

生产者制订召回计划，应当内容全面，客观准确，并对其内容的真实性、准确性及召回措施的有效性负责。

生产者应当按照已备案的召回计划实施召回；生产者修改已备案的召回计划，应当重新向质检总局备案，并提交说明材料。

第二十五条 经营者获知汽车产品存在缺陷的，应当立即停止销售、租赁、使用缺陷汽车产品，并协助生产者实施召回。

第二十六条 生产者应当自召回计划备案之日起5个工作日内，通过报刊、网站、广播、电视等便于公众知晓的方式发布缺陷汽车产品信息和实施召回的相关信息，30个工作日内以挂号信等有效方式，告知车主汽车产品存在的缺陷、避免损害发生的应急处置方法和生产者消除缺陷的措施等事项。

生产者应当通过热线电话、网络平台等方式接受公众咨询。

第二十七条 车主应当积极配合生产者实施召回，消除缺陷。

第二十八条 质检总局应当向社会公布已经确认的缺陷汽车产品信息、生产者召回计划以及生产者实施召回的其他相关信息。

第二十九条 生产者应当保存已实施召回的汽车产品召回记录，保存期不得少于10年。

第三十条 生产者应当自召回实施之日起每3个月向质检总局提交一次召回阶段性报告。质检总局有特殊要求的，生产者应当按要求提交。

生产者应当在完成召回计划后15个工作日内，向质检总局提交召回总结报告。

第三十一条 生产者被责令召回的，应当立即停止生产、销售、进口缺陷汽车产品，并按照本办法的规定实施召回。

第三十二条 生产者完成召回计划后，仍有未召回的缺陷汽车产品的，应当继续实施召回。

第三十三条 对未消除缺陷的汽车产品，生产者和经营者不得销售或者交付使用。

第三十四条 质检总局对生产者召回实施情况进行监督或者委托省级质检部门进行监督，组织与生产者无利害关系的专家对消除缺陷的效果进行评估。

受委托对召回实施情况进行监督的省级质检部门，应当及时将有关情况报告质检总局。

质检总局通过召回实施情况监督和评估发现生产者的召回范围不准确、召回措施无法有效消除缺陷或者未能取得预期效果的，应当要求生产者再次实施召回或者采取其他相应补救措施。

第五章 法律责任

第三十五条 生产者违反本办法规定，有下列行为之一的，责令限期改正；逾期未改正的，处以1万元以上3万元以下罚款：

（一）未按规定更新备案信息的；

（二）未按规定提交调查分析结果的；

（三）未按规定保存汽车产品召回记录的；

（四）未按规定发布缺陷汽车产品信息和召回信息的。

第三十六条 零部件生产者违反本办法规定不配合缺陷调查的，责令限期改正；逾期未改正的，处以1万元以上3万元以下罚款。

第三十七条 违反本办法规定，构成《缺陷汽车产品召回管理条例》等有关法律法规规定的违法行为的，依法予以处理。

第三十八条 违反本办法规定，构成犯罪的，依法追究刑事责任。

第三十九条 本办法规定的行政处罚由违法行为发生地具有管辖权的产品质量监督部门和出入境检验检疫机构在职责范围内依法实施；法律、行政法规另有规定的，依照法律、行政法规的规定执行。

第六章 附则

第四十条 本办法所称汽车产品是指中华人民共和国国家标准《汽车和挂车类型的术语和定义》规定的汽车和挂车。

本办法所称生产者是指在中国境内依法设立的生产汽车产品并以其名义颁发产品合格证的企业。

从中国境外进口汽车产品到境内销售的企业视为前款所称的生产者。

第四十一条 汽车产品出厂时未随车装备的轮胎的召回及其监督管理由质检总局另行规定。

第四十二条 本办法由质检总局负责解释。

第四十三条 本办法自2016年1月1日起施行。

任务三 汽车三包规定

《家用汽车产品修理、更换、退货责任规定》已经2012年6月27日国家质量监督检验检疫总局局务会议审议通过。现予公布，自 2013 年 10 月 1 日起施行。

《家用汽车产品修理、更换、退货责任规定》全文

第一章 总则

第一条 为了保护家用汽车产品消费者的合法权益，明确家用汽车产品修理、更换、退货（以下简称"三包"）责任，根据有关法律法规，制定本规定。

第二条 在中华人民共和国境内生产、销售的家用汽车产品的三包，适用本规定。

第三条 本规定是家用汽车产品三包责任的基本要求。鼓励家用汽车产品经营者做出更有利于维护消费者合法权益的严于本规定的三包责任承诺；承诺一经做出，应当依法履行。

第四条 本规定所称三包责任由销售者依法承担。销售者依照规定承担三包责任后，属于生产者的责任或者属于其他经营者的责任的，销售者有权向生产者、其他经营者追偿。

家用汽车产品经营者之间可以订立合同约定三包责任的承担，但不得侵害消费者的合法权益，不得免除本规定所规定的三包责任和质量义务。

第五条 家用汽车产品消费者、经营者行使权利、履行义务或承担责任，应当遵循诚实信用原则，不得恶意欺诈。

家用汽车产品经营者不得故意拖延或者无正当理由拒绝消费者提出的符合本规定的三包责任要求。

第六条 国家质量监督检验检疫总局（以下简称"国家质检总局"）负责本规定实施的协调指导和监督管理；组织建立家用汽车产品三包信息公开制度，并可以依法委托相关机构建立家用汽车产品三包信息系统，承担有关信息管理等工作。

地方各级质量技术监督部门负责本行政区域内本规定实施的协调指导和监督管理。

第七条 各有关部门、机构及其工作人员对履行规定职责所知悉的商业秘密和个人信息依法负有保密义务。

第二章 生产者义务

第八条 生产者应当严格执行出厂检验制度；未经检验合格的家用汽车产品，不得出厂销售。

第九条 生产者应当向国家质检总局备案生产者基本信息、车型信息、约定的销售和修理网点资料、产品使用说明书、三包凭证、维修保养手册、三包责任争议处理和退换车信息等家用汽车产品三包有关信息，并在信息发生变化时及时更新备案。

第十条 家用汽车产品应当具有中文的产品合格证或相关证明以及产品使用说明书、三包凭证、维修保养手册等随车文件。

产品使用说明书应当符合消费品使用说明等国家标准规定的要求。家用汽车产品所具有的使用性能、安全性能在相关标准中没有规定的，其性能指标、工作条件、工作环境等要求应当在产品使用说明书中明示。

三包凭证应当包括以下内容：产品品牌、型号、车辆类型规格、车辆识别代号（VIN）、生产日期；生产者名称、地址、邮政编码、客服电话；销售者名称、地址、邮政编码、电话等销售网点资料、销售日期；修理者名称、地址、邮政编码、电话等修理网点资料或者相关查询方式；家用汽车产品三包条款、包修期和三包有效期以及按照规定要求应当明示的其他

内容。

维修保养手册应当格式规范、内容实用。

随车提供工具、备件等物品的，应附有随车物品清单。

第三章　销售者义务

第十一条　销售者应当建立并执行进货检查验收制度，验明家用汽车产品合格证等相关证明和其他标识。

第十二条　销售者销售家用汽车产品，应当符合下列要求：

（一）向消费者交付合格的家用汽车产品以及发票；

（二）按照随车物品清单等随车文件向消费者交付随车工具、备件等物品；

（三）当面查验家用汽车产品的外观、内饰等现场可查验的质量状况；

（四）明示并交付产品使用说明书、三包凭证、维修保养手册等随车文件；

（五）明示家用汽车产品三包条款、包修期和三包有效期；

（六）明示由生产者约定的修理者名称、地址和联系电话等修理网点资料，但不得限制消费者在上述修理网点中自主选择修理者；

（七）在三包凭证上填写有关销售信息；

（八）提醒消费者阅读安全注意事项、按产品使用说明书的要求进行使用和维护保养。

对于进口家用汽车产品，销售者还应当明示并交付海关出具的货物进口证明和出入境检验检疫机构出具的进口机动车辆检验证明等资料。

第四章　修理者义务

第十三条　修理者应当建立并执行修理记录存档制度。书面修理记录应当一式两份，一份存档，一份提供给消费者。

修理记录内容应当包括送修时间、行驶里程、送修问题、检查结果、修理项目、更换的零部件名称和编号、材料费、工时和工时费、拖运费、提供备用车的信息或者交通费用补偿金额、交车时间、修理者和消费者签名或盖章等。

修理记录应当便于消费者查阅或复制。

第十四条　修理者应当保持修理所需要的零部件的合理储备，确保修理工作的正常进行，避免因缺少零部件而延误修理时间。

第十五条　用于家用汽车产品修理的零部件应当是生产者提供或者认可的合格零部件，且其质量不低于家用汽车产品生产装配线上的产品。

第十六条　在家用汽车产品包修期和三包有效期内，家用汽车产品出现产品质量问题或严重安全性能故障而不能安全行驶或者无法行驶的，应当提供电话咨询修理服务；电话咨询服务无法解决的，应当开展现场修理服务，并承担合理的车辆拖运费。

第五章　三包责任

第十七条　家用汽车产品包修期限不低于3年或者行驶里程60 000千米，以先到者为准；家用汽车产品三包有效期限不低于2年或者行驶里程50 000千米，以先到者为准。家用汽车产品包修期和三包有效期自销售者开具购车发票之日起计算。

第十八条　在家用汽车产品包修期内，家用汽车产品出现产品质量问题，消费者凭三包凭证由修理者免费修理（包括工时费和材料费）。

家用汽车产品自销售者开具购车发票之日起60日内或者行驶里程3 000千米之内（以先到者为准），发动机、变速器的主要零件出现产品质量问题的，消费者可以选择免费更换发动机、变速器。发动机、变速器的主要零件的种类范围由生产者明示在三包凭证上，其种类范围应当符合国家相关标准或规定，具体要求由国家质检总局另行规定。

家用汽车产品的易损耗零部件在其质量保证期内出现产品质量问题的，消费者可以选择免费更换易损耗零部件。易损耗零部件的种类范围及其质量保证期由生产者明示在三包凭证上。生产者明示的易损耗零部件的种类范围应当符合国家相关标准或规定，具体要求由国家质检总局另行规定。

第十九条 在家用汽车产品包修期内，因产品质量问题每次修理时间（包括等待修理备用件时间）超过5日的，应当为消费者提供备用车，或者给予合理的交通费用补偿。

修理时间自消费者与修理者确定修理之时起，至完成修理之时止。一次修理占用时间不足24小时的，以1日计。

第二十条 在家用汽车产品三包有效期内，符合本规定更换、退货条件的，消费者凭三包凭证、购车发票等由销售者更换、退货。

家用汽车产品自销售者开具购车发票之日起60日内或者行驶里程3 000千米之内（以先到者为准），家用汽车产品出现转向系统失效、制动系统失效、车身开裂或燃油泄漏，消费者选择更换家用汽车产品或退货的，销售者应当负责免费更换或退货。

在家用汽车产品三包有效期内，发生下列情况之一，消费者选择更换或退货的，销售者应当负责更换或退货：

（一）因严重安全性能故障累计进行了2次修理，严重安全性能故障仍未排除或者又出现新的严重安全性能故障的；

（二）发动机、变速器累计更换2次后，或者发动机、变速器的同一主要零件因其质量问题，累计更换2次后，仍不能正常使用的，发动机、变速器与其主要零件更换次数不重复计算；

（三）转向系统、制动系统、悬架系统、前/后桥、车身的同一主要零件因其质量问题，累计更换2次后，仍不能正常使用的；

转向系统、制动系统、悬架系统、前/后桥、车身的主要零件由生产者明示在三包凭证上。

第二十一条 在家用汽车产品三包有效期内，因产品质量问题修理时间累计超过35日的，或者因同一产品质量问题累计修理超过5次的，消费者可以凭三包凭证、购车发票，由销售者负责更换。

下列情形所占用的时间不计入前款规定的修理时间：

（一）需要根据车辆识别代号（VIN）等定制的防盗系统、全车线束等特殊零部件的运输时间；特殊零部件的种类范围由生产者明示在三包凭证上；

（二）外出救援路途所占用的时间。

第二十二条 在家用汽车产品三包有效期内，符合更换条件的，销售者应当及时向消费者更换新的合格的同品牌同型号家用汽车产品；无同品牌同型号家用汽车产品更换的，销售者应当及时向消费者更换不低于原车配置的家用汽车产品。

第二十三条 在家用汽车产品三包有效期内，符合更换条件，销售者无同品牌同型号家用汽车产品，也无不低于原车配置的家用汽车产品向消费者更换的，消费者可以选择退货，销售者应当负责为消费者退货。

第二十四条 在家用汽车产品三包有效期内，符合更换条件的，销售者应当自消费者要求换货之日起15个工作日内向消费者出具更换家用汽车产品证明。

在家用汽车产品三包有效期内，符合退货条件的，销售者应当自消费者要求退货之日起15个工作日内向消费者出具退车证明，并负责为消费者按发票价格一次性退清货款。

家用汽车产品更换或退货的，应当按照有关法律法规规定办理车辆登记等相关手续。

第二十五条 按照本规定更换或者退货的，消费者应当支付因使用家用汽车产品所产生的合理使用补偿，销售者依照本规定应当免费更换、退货的除外。

合理使用补偿费用的计算公式为：[（车价款（元）×行驶里程（km））/1 000]×n。使用补偿系数 n 由生产者根据家用汽车产品使用时间、使用状况等因素在0.5%至0.8%之间确定，并在三包凭证中明示。

家用汽车产品更换或者退货的，发生的税费按照国家有关规定执行。

第二十六条 在家用汽车产品三包有效期内，消费者书面要求更换、退货的，销售者应当自收到消费者书面要求更换、退货之日起10个工作日内，做出书面答复。逾期未答复或者未按本规定负责更换、退货的，视为故意拖延或者无正当理由拒绝。

第二十七条 消费者遗失家用汽车产品三包凭证的，销售者、生产者应当在接到消费者申请后10个工作日内予以补办。消费者向销售者、生产者申请补办三包凭证后，可以依照本规定继续享有相应权利。

按照本规定更换家用汽车产品后，销售者、生产者应当向消费者提供新的三包凭证，家用汽车产品包修期和三包有效期自更换之日起重新计算。

在家用汽车产品包修期和三包有效期内发生家用汽车产品所有权转移的，三包凭证应当随车转移，三包责任不因汽车所有权转移而改变。

第二十八条 经营者破产、合并、分立、变更的，其三包责任按照有关法律法规规定执行。

第六章 三包责任免除

第二十九条 易损耗零部件超出生产者明示的质量保证期出现产品质量问题的，经营者可以不承担本规定所规定的家用汽车产品三包责任。

第三十条 在家用汽车产品包修期和三包有效期内，存在下列情形之一的，经营者对所涉及产品质量问题，可以不承担本规定所规定的三包责任：

（一）消费者所购家用汽车产品已被书面告知存在瑕疵的；

（二）家用汽车产品用于出租或者其他营运目的的；

（三）使用说明书中明示不得改装、调整、拆卸，但消费者自行改装、调整、拆卸而造成损坏的；

（四）发生产品质量问题，消费者自行处置不当而造成损坏的；

（五）因消费者未按照使用说明书要求正确使用、维护、修理产品，而造成损坏的；

（六）因不可抗力造成损坏的。

第三十一条　在家用汽车产品包修期和三包有效期内，无有效发票和三包凭证的，经营者可以不承担本规定所规定的三包责任。

第七章　争议的处理

第三十二条　家用汽车产品三包责任发生争议的，消费者可以与经营者协商解决；可以依法向各级消费者权益保护组织等第三方社会中介机构请求调解解决；可以依法向质量技术监督部门等有关行政部门申诉进行处理。

家用汽车产品三包责任争议双方不愿通过协商、调解解决或者协商、调解无法达成一致的，可以根据协议申请仲裁，也可以依法向人民法院起诉。

第三十三条　经营者应当妥善处理消费者对家用汽车产品三包问题的咨询、查询和投诉。

经营者和消费者应积极配合质量技术监督部门等有关行政部门、有关机构等对家用汽车产品三包责任争议的处理。

第三十四条　省级以上质量技术监督部门可以组织建立家用汽车产品三包责任争议处理技术咨询人员库，为争议处理提供技术咨询；经争议双方同意，可以选择技术咨询人员参与争议处理，技术咨询人员咨询费用由双方协商解决。

经营者和消费者应当配合质量技术监督部门家用汽车产品三包责任争议处理技术咨询人员库建设，推荐技术咨询人员，提供必要的技术咨询。

第三十五条　质量技术监督部门处理家用汽车产品三包责任争议，按照产品质量申诉处理有关规定执行。

第三十六条　处理家用汽车产品三包责任争议，需要对相关产品进行检验和鉴定的，按照产品质量仲裁检验和产品质量鉴定有关规定执行。

第八章　罚则

第三十七条　违反本规定第九条规定的，予以警告，责令限期改正，处1万元以上3万元以下罚款。

第三十八条　违反本规定第十条规定，构成有关法律法规规定的违法行为的，依法予以处罚；未构成有关法律法规规定的违法行为的，予以警告，责令限期改正；情节严重的，处1万元以上3万元以下罚款。

第三十九条　违反本规定第十二条规定，构成有关法律法规规定的违法行为的，依法予以处罚；未构成有关法律法规规定的违法行为的，予以警告，责令限期改正；情节严重的，处3万元以下罚款。

第四十条　违反本规定第十三条、第十四条、第十五条或第十六条规定的，予以警告，责令限期改正；情节严重的，处3万元以下罚款。

第四十一条　未按本规定承担三包责任的，责令改正，并依法向社会公布。

第四十二条　本规定所规定的行政处罚，由县级以上质量技术监督部门等部门在职权范围内依法实施，并将违法行为记入质量信用档案。

第九章　附则

第四十三条　本规定下列用语的含义：

家用汽车产品，是指消费者为生活消费需要而购买和使用的乘用车。

乘用车，是指相关国家标准规定的除专用乘用车之外的乘用车。

生产者，是指在中华人民共和国境内依法设立的生产家用汽车产品并以其名义颁发产品合格证的单位。从中华人民共和国境外进口家用汽车产品到境内销售的单位视同生产者。

销售者，是指以自己的名义向消费者直接销售、交付家用汽车产品并收取货款、开具发票的单位或者个人。

修理者，是指与生产者或销售者订立代理修理合同，依照约定为消费者提供家用汽车产品修理服务的单位或者个人。

经营者，包括生产者、销售者、向销售者提供产品的其他销售者、修理者等。

产品质量问题，是指家用汽车产品出现影响正常使用、无法正常使用或者产品质量与法规、标准、企业明示的质量状况不符合的情况。

严重安全性能故障，是指家用汽车产品存在危及人身、财产安全的产品质量问题，致使消费者无法安全使用家用汽车产品，包括出现安全装置不能起到应有的保护作用或者存在起火等危险情况。

第四十四条　按照本规定更换、退货的家用汽车产品再次销售的，应当经检验合格并明示该车是"三包换退车"以及更换、退货的原因。

"三包换退车"的三包责任按合同约定执行。

第四十五条　本规定涉及的有关信息系统以及信息公开和管理、生产者信息备案、三包责任争议处理技术咨询人员库管理等具体要求由国家质检总局另行规定。

第四十六条　有关法律、行政法规对家用汽车产品的修理、更换、退货等另有规定的，从其规定。

第四十七条　本规定由国家质量监督检验检疫总局负责解释。

第四十八条　本规定自 2013 年 10 月 1 日起施行。

同步测试
项目六　汽车产品质量与消费者权益保护

项目七
汽车维修与报废法律法规

$$
\text{汽车维修与报废法律法规}
\begin{cases}
\text{汽车维修管理法规}
\begin{cases}
\text{机动车维修管理规定}
\begin{cases}
\text{《机动车维修管理规定》全文} \\
\text{《机动车维修管理规定》重点内容}
\end{cases} \\
\text{汽车维修技术信息公开管理}
\begin{cases}
\text{汽车维修技术信息公开实施管理办法} \\
\text{汽车维修技术信息公开目录}
\end{cases}
\end{cases} \\
\text{机动车报废与回收管理}
\begin{cases}
\text{机动车报废管理}
\begin{cases}
\text{《机动车强制报废标准规定》全文} \\
\text{《机动车强制报废标准规定》重点内容}
\end{cases} \\
\text{报废机动车回收管理}
\begin{cases}
\text{《报废机动车回收管理办法》全文} \\
\text{《报废机动车回收管理办法》重点内容}
\end{cases}
\end{cases}
\end{cases}
$$

1. 掌握汽车维修技术信息公开管理法律法规，了解汽车维修技术信息公开目录；
2. 了解机动车报废标准与回收管理法律法规。

大国工匠陶巍的汽车人生

谁可以因为修车而登上美国《时代周刊》？谁可以和外国政要面对面地"侃车"，并在海外有以自己名字命名的节日？

他就是陶巍。从事汽修40年，陶巍被誉为"汽车神医"。2007年，陶巍被美国机动车工程师学会（简称"SAE"）认证为汽车诊断工程领域研究员资深高级工程师。在他的名片上，可以找到上海汽车维修研发中心主任、上海幼狮汽车销售服务公司总经理、中国汽车维修行业协会副会长、国家质检总局（今国家市场监督管理总局）汽车缺陷调查与鉴定召回专家等头衔和身份。除此之外，他还致力于为驾车一族维护权益和为国家培养高级汽车维修人才。

陶巍"汽车神医"的美誉源于他对汽车疑难杂症"手到病除"的能力。许多在4S店修不好的名车,都可以在他的整修后恢复如初。一次,陶巍曾修复了当时国内仅有的一辆因故障而沉睡车库多年的劳斯莱斯车,美国《时代周刊》曾报道了此事。后来,他又把中华人民共和国成立初期陈毅担任上海市市长期间的专车——基本报废的凯迪拉克整修一新,因此有了名气,不少领事馆外交官员都慕名找上门来请陶巍修车。1998年6月底,克林顿访问上海,所乘坐的高级防弹车突然无法启动,美国总领事馆找到陶巍,经过一系列检修后总统的座驾又可以安全上路了。从那时起,陶巍声名鹊起,他创办的"幼狮"高级轿车修理厂也成了在沪外国领事馆、外资公司、外商企业和外籍人士高级轿车定点保养、维修单位。

25年来,陶巍的"幼狮"已经为在沪的70多个外国领事馆和100多个外国新闻机构提供了检修汽车的服务。因为修车,不少外国官员都和陶巍成了朋友。在一些外交官员的举荐和穿针引线下,陶巍多次赴外学习、讲课和交流,先后成为美国麻省理工学院荣誉博士、底特律三角洲学院汽车维修国际高级教官,并获得了美国国会、加州政府颁发的最高"终身成就奖"等;陶巍访问俄罗斯期间,俄罗斯总领事还特意安排了他与苏联领导人戈尔巴乔夫会面,同聊汽车;在加拿大,陶巍和他的"幼狮"与加拿大北阿尔伯特理工大学共同就汽车维修技术培训等展开交流,埃德蒙顿市还正式宣布2009年8月18日为该市的"陶巍日"。

身处汽修行业多年,陶巍发现维修市场的"李鬼"和4S店的"猫腻"真的不少,身为"汽修专家"的陶巍决定加入为消费者维权的行列。根据消费者的投诉,陶巍义务上门现场勘查280余次,解决了汽车自燃等案件60余件,为消费者挽回的经济损失达980万元。2014年,陶巍还获得了2013年度"全国消费维权楷模"的荣誉称号。

据权威部门统计,至2015年11月底,我国汽车保有量为1.72亿辆,为仅次于美国的世界第二大汽车保有国,中国汽车维修市场蕴藏着巨大商机,但对于国内汽修企业来说,既是机遇也是挑战。

"国外汽修人才都是大学生,有的还是博士。而我国从业者文凭水平都较低,很多都是初中毕业。"陶巍主动肩负起了加快培养高级汽车维修人才的使命。他回顾了自己多年检修汽车的经验,不少高校都将他总结汽车使用和维修的理论作为教材使用。他还多次主动参与汽车专业组织的专业讲座,先后有60 000多人次接受授课培训。

2014年5月,国家级"陶巍技能大师工作室(汽车修理)"批准成立。如今,陶巍还应邀担任了交通运输部机动车检测维修专业技术人员职业水平资格考试专家委员会副主任,全国机动车检测维修专业技术人员职业水平实际操作考官,全国交通运输行业机动车检测维修职业技能竞赛、全国职业院校技能大赛裁判长,上海交通大学、上海工程技术大学等五所高校的兼职教授。

陶巍认为,"工匠精神"的核心不是把工作当作赚钱的工具,而是对所从事的工作精益求精、精雕细琢的精神。"其实,工作就是一种修行。在修炼的道路上,要耐得住寂寞,受得了冷嘲热讽,不断完善自己,把自己变得越来越强大。因为态度决定一切,细节决定成败。"

来源:中国网

谈一谈大国工匠陶巍是怎样理解"工匠精神"的。

2016年全球汽车销量为8 967.80万辆，较上年同比增长4.66%，主要增长点为继续保持高速增长的中国市场和继续稳健增长的美国市场。在销售总量上，中国继续领先美国，是全球最大汽车市场。从绝对的汽车保有量来看，美国、中国、日本、德国和法国为全球汽车保有量最多的五个国家。中国在2010年超过日本成为全球汽车保有量排名第二的国家，截至2016年年末，中国的汽车保有量已经达到了19 400.00万辆。由于汽车保有量的快速增长也使得汽车维修和养护需求快速增长，汽车维修行业已经成为我国经济发展的重要行业。

在汽车制造业已进入微利的时代，更多的获利机会将会在贸易服务领域，即汽车后市场中展开。中国汽车后市场还有很大的发展空间和潜力，但是它的发展也是需要一个过程，其中首先是需要对汽车后市场的规章、制度、政策规范化，促进汽车维修、保养和回收市场的健康、有序发展。

思考：规范汽车维修管理的必要性体现在哪些方面？

任务一　汽车维修管理法规

7.1.1　机动车维修管理规定

一、《机动车维修管理规定》全文

（2005年6月24日交通部发布　根据2015年8月8日交通运输部《关于修改〈机动车维修管理规定〉的决定》第一次修正　根据2016年4月19日交通运输部《关于修改〈机动车维修管理规定〉的决定》第二次修正　根据2019年6月21日交通运输部《关于修改〈机动车维修管理规定〉的决定》第三次修改。）

第一章　总则

第一条　为规范机动车维修经营活动，维护机动车维修市场秩序，保护机动车维修各方当事人的合法权益，保障机动车运行安全，保护环境，节约能源，促进机动车维修业的健康发展，根据《中华人民共和国道路运输条例》及有关法律、行政法规的规定，制定本规定。

第二条　从事机动车维修经营的，应当遵守本规定。

本规定所称机动车维修经营，是指以维持或者恢复机动车技术状况和正常功能，延长机动车使用寿命为作业任务所进行的维护、修理以及维修救援等相关经营活动。

第三条　机动车维修经营者应当依法经营，诚实信用，公平竞争，优质服务，落实安全生产主体责任和维修质量主体责任。

第四条 机动车维修管理，应当公平、公正、公开和便民。

第五条 任何单位和个人不得封锁或者垄断机动车维修市场。

托修方有权自主选择维修经营者进行维修。除汽车生产厂家履行缺陷汽车产品召回、汽车质量三包责任外，任何单位和个人不得强制或者变相强制指定维修经营者。

鼓励机动车维修企业实行集约化、专业化、连锁经营，促进机动车维修业的合理分工和协调发展。

鼓励推广应用机动车维修环保、节能、不解体检测和故障诊断技术，推进行业信息化建设和救援、维修服务网络化建设，提高机动车维修行业整体素质，满足社会需要。

鼓励机动车维修企业优先选用具备机动车检测维修国家职业资格的人员，并加强技术培训，提升从业人员素质。

第六条 交通运输部主管全国机动车维修管理工作。

县级以上地方人民政府交通运输主管部门负责组织领导本行政区域的机动车维修管理工作。

县级以上道路运输管理机构负责具体实施本行政区域内的机动车维修管理工作。

第二章 经营备案

第七条 从事机动车维修经营业务的，应当在依法向市场监督管理机构办理有关登记手续后，向所在地县级道路运输管理机构进行备案。

道路运输管理机构应当按照《中华人民共和国道路运输条例》和本规定实施机动车维修经营备案。道路运输管理机构不得向机动车维修经营者收取备案相关费用。

第八条 机动车维修经营依据维修车型种类、服务能力和经营项目实行分类备案。

机动车维修经营业务根据维修对象分为汽车维修经营业务、危险货物运输车辆维修经营业务、摩托车维修经营业务和其他机动车维修经营业务四类。

汽车维修经营业务、其他机动车维修经营业务根据经营项目和服务能力分为一类维修经营业务、二类维修经营业务和三类维修经营业务。

摩托车维修经营业务根据经营项目和服务能力分为一类维修经营业务和二类维修经营业务。

第九条 一类、二类汽车维修经营业务或者其他机动车维修经营业务，可以从事相应车型的整车修理、总成修理、整车维护、小修、维修救援、专项修理和维修竣工检验工作；三类汽车维修经营业务（含汽车综合小修）、三类其他机动车维修经营业务，可以分别从事汽车综合小修或者发动机维修、车身维修、电气系统维修、自动变速器维修、轮胎动平衡及修补、四轮定位检测调整、汽车润滑与养护、喷油泵和喷油器维修、曲轴修磨、气缸镗磨、散热器维修、空调维修、汽车美容装潢、汽车玻璃安装及修复等汽车专项维修工作。具体有关经营项目按照《汽车维修业开业条件》（GB/T 16739）相关条款的规定执行。

第十条 一类摩托车维修经营业务，可以从事摩托车整车修理、总成修理、整车维护、小修、专项修理和竣工检验工作；二类摩托车维修经营业务，可以从事摩托车维护、小修和专项修理工作。

第十一条 危险货物运输车辆维修经营业务，除可以从事危险货物运输车辆维修经营业务外，还可以从事一类汽车维修经营业务。

第十二条　从事汽车维修经营业务或者其他机动车维修经营业务的，应当符合下列条件：

（一）有与其经营业务相适应的维修车辆停车场和生产厂房。租用的场地应当有书面的租赁合同，且租赁期限不得少于1年。停车场和生产厂房面积按照国家标准《汽车维修业开业条件》（GB/T 16739）相关条款的规定执行。

（二）有与其经营业务相适应的设备、设施。所配备的计量设备应当符合国家有关技术标准要求，并经法定检定机构检定合格。从事汽车维修经营业务的设备、设施的具体要求按照国家标准《汽车维修业开业条件》（GB/T 16739）相关条款的规定执行；从事其他机动车维修经营业务的设备、设施的具体要求，参照国家标准《汽车维修业开业条件》（GB/T 16739）执行，但所配备设施、设备应与其维修车型相适应。

（三）有必要的技术人员：

1. 从事一类和二类维修业务的应当各配备至少1名技术负责人员、质量检验人员、业务接待人员以及从事机修、电器、钣金、涂漆的维修技术人员。技术负责人员应当熟悉汽车或者其他机动车维修业务，并掌握汽车或者其他机动车维修及相关政策法规和技术规范；质量检验人员应当熟悉各类汽车或者其他机动车维修检测作业规范，掌握汽车或者其他机动车维修故障诊断和质量检验的相关技术，熟悉汽车或者其他机动车维修服务收费标准及相关政策法规和技术规范，并持有与承修车型种类相适应的机动车驾驶证；从事机修、电器、钣金、涂漆的维修技术人员应当熟悉所从事工种的维修技术和操作规范，并了解汽车或者其他机动车维修及相关政策法规。各类技术人员的配备要求按照《汽车维修业开业条件》（GB/T 16739）相关条款的规定执行。

2. 从事三类维修业务的，按照其经营项目分别配备相应的机修、电器、钣金、涂漆的维修技术人员；从事汽车综合小修、发动机维修、车身维修、电气系统维修、自动变速器维修的，还应当配备技术负责人员和质量检验人员。各类技术人员的配备要求按照国家标准《汽车维修业开业条件》（GB/T 16739）相关条款的规定执行。

（四）有健全的维修管理制度。包括质量管理制度、安全生产管理制度、车辆维修档案管理制度、人员培训制度、设备管理制度及配件管理制度。具体要求按照国家标准《汽车维修业开业条件》（GB/T 16739）相关条款的规定执行。

（五）有必要的环境保护措施。具体要求按照国家标准《汽车维修业开业条件》（GB/T 16739）相关条款的规定执行。

第十三条　从事危险货物运输车辆维修的汽车维修经营者，除具备汽车维修经营一类维修经营业务的条件外，还应当具备下列条件：

（一）有与其作业内容相适应的专用维修车间和设备、设施，并设置明显的指示性标志；

（二）有完善的突发事件应急预案，应急预案包括报告程序、应急指挥以及处置措施等内容；

（三）有相应的安全管理人员；

（四）有齐全的安全操作规程。

本规定所称危险货物运输车辆维修，是指对运输易燃、易爆、腐蚀、放射性、剧毒等性质货物的机动车维修，不包含对危险货物运输车辆罐体的维修。

第十四条 从事摩托车维修经营的，应当符合下列条件：

（一）有与其经营业务相适应的摩托车维修停车场和生产厂房。租用的场地应有书面的租赁合同，且租赁期限不得少于1年。停车场和生产厂房的面积按照国家标准《摩托车维修业开业条件》（GB/T 18189）相关条款的规定执行。

（二）有与其经营业务相适应的设备、设施。所配备的计量设备应符合国家有关技术标准要求，并经法定检定机构检定合格。具体要求按照国家标准《摩托车维修业开业条件》（GB/T 18189）相关条款的规定执行。

（三）有必要的技术人员：

1. 从事一类维修业务的应当至少有1名质量检验人员。质量检验人员应当熟悉各类摩托车维修检测作业规范，掌握摩托车维修故障诊断和质量检验的相关技术，熟悉摩托车维修服务收费标准及相关政策法规和技术规范。

2. 按照其经营业务分别配备相应的机修、电器、钣金、涂漆的维修技术人员。机修、电器、钣金、涂漆的维修技术人员应当熟悉所从事工种的维修技术和操作规范，并了解摩托车维修及相关政策法规。

（四）有健全的维修管理制度。包括质量管理制度、安全生产管理制度、摩托车维修档案管理制度、人员培训制度、设备管理制度及配件管理制度。具体要求按照国家标准《摩托车维修业开业条件》（GB/T 18189）相关条款的规定执行。

（五）有必要的环境保护措施。具体要求按照国家标准《摩托车维修业开业条件》（GB/T 18189）相关条款的规定执行。

第十五条 从事机动车维修经营的，应当向所在地的县级道路运输管理机构进行备案，提交《机动车维修经营备案表》（见附件1），并附送符合本规定第十二条、第十三条、第十四条规定条件的下列材料，保证材料真实完整：

（一）维修经营者的营业执照复印件；

（二）经营场地（含生产厂房和业务接待室）、停车场面积材料、土地使用权及产权证明等相关材料；

（三）技术人员汇总表，以及各相关人员的学历、技术职称或职业资格证明等相关材料；

（四）维修设备设施汇总表，维修检测设备及计量设备检定合格证明等相关材料；

（五）维修管理制度等相关材料；

（六）环境保护措施等相关材料。

第十六条 从事机动车维修连锁经营服务的，其机动车维修连锁经营企业总部应先完成备案。

机动车维修连锁经营服务网点可由机动车维修连锁经营企业总部向连锁经营服务网点所在地县级道路运输管理机构进行备案，提交《机动车维修经营备案表》，附送下列材料，并对材料真实性承担相应的法律责任：

（一）连锁经营协议书副本；

（二）连锁经营的作业标准和管理手册；

（三）连锁经营服务网点符合机动车维修经营相应条件的承诺书。

连锁经营服务网点的备案经营项目应当在机动车维修连锁经营企业总部备案经营项目范围内。

第十七条 道路运输管理机构收到备案材料后，对材料齐全且符合备案要求的应当予以备案，并编号归档；对材料不全或者不符合备案要求的，应当场或者自收到备案材料之日起5日内一次性书面通知备案人需要补充的全部内容。

第十八条 机动车维修经营者名称、法定代表人、经营范围、经营地址等备案事项发生变化的，应当向原办理备案的道路运输管理机构办理备案变更。

机动车维修经营者需要终止经营的，应当在终止经营前30日告知原备案机构。

第十九条 道路运输管理机构应当向社会公布已备案的机动车维修经营者名单并及时更新，便于社会查询和监督。

第三章 维修经营

第二十条 机动车维修经营者应当按照备案的经营范围开展维修服务。

第二十一条 机动车维修经营者应当将机动车维修标志牌悬挂在经营场所的醒目位置。

机动车维修标志牌由机动车维修经营者按照统一式样和要求自行制作。

第二十二条 机动车维修经营者不得擅自改装机动车，不得承修已报废的机动车，不得利用配件拼装机动车。

托修方要改变机动车车身颜色，更换发动机、车身和车架的，应当按照有关法律、法规的规定办理相关手续，机动车维修经营者在查看相关手续后方可承修。

第二十三条 机动车维修经营者应当加强对从业人员的安全教育和职业道德教育，确保安全生产。

机动车维修从业人员应当执行机动车维修安全生产操作规程，不得违章作业。

第二十四条 机动车维修产生的废弃物，应当按照国家的有关规定进行处理。

第二十五条 机动车维修经营者应当公布机动车维修工时定额和收费标准，合理收取费用。

机动车维修工时定额可按各省机动车维修协会等行业中介组织统一制定的标准执行，也可按机动车维修经营者报所在地道路运输管理机构备案后的标准执行，也可按机动车生产厂家公布的标准执行。当上述标准不一致时，优先适用机动车维修经营者备案的标准。

机动车维修经营者应当将其执行的机动车维修工时单价标准报所在地道路运输管理机构备案。

机动车生产、进口企业应当在新车型投放市场后6个月内，向社会公布其生产、进口机动车车型的维修技术信息和工时定额。具体要求按照国家有关部门关于汽车维修技术信息公开的规定执行。

第二十六条 机动车维修经营者应当使用规定的结算票据，并向托修方交付维修结算清单，作为托修方追责依据。维修结算清单中，工时费与材料费应当分项计算。维修结算清单应当符合交通运输部有关标准要求，维修结算清单内容应包括托修方信息、承修方信息、维修费用明细单等。

机动车维修经营者不出具规定的结算票据和结算清单的,托修方有权拒绝支付费用。

第二十七条 机动车维修经营者应当按照规定,向道路运输管理机构报送统计资料。

道路运输管理机构应当为机动车维修经营者保守商业秘密。

第二十八条 机动车维修连锁经营企业总部应当按照统一采购、统一配送、统一标识、统一经营方针、统一服务规范和价格的要求,建立连锁经营的作业标准和管理手册,加强对连锁经营服务网点经营行为的监管和约束,杜绝不规范的商业行为。

第四章 质量管理

第二十九条 机动车维修经营者应当按照国家、行业或者地方的维修标准规范和机动车生产、进口企业公开的维修技术信息进行维修。尚无标准或规范的,可参照机动车生产企业提供的维修手册、使用说明书和有关技术资料进行维修。

机动车维修经营者不得通过临时更换机动车污染控制装置、破坏机动车车载排放诊断系统等维修作业,使机动车通过排放检验。

第三十条 机动车维修经营者不得使用假冒伪劣配件维修机动车。

机动车维修配件实行追溯制度。机动车维修经营者应当记录配件采购、使用信息,查验产品合格证等相关证明,并按规定留存配件来源凭证。

托修方、维修经营者可以使用同质配件维修机动车。同质配件是指,产品质量等同或者高于装车零部件标准要求,且具有良好装车性能的配件。

机动车维修经营者对于换下的配件、总成,应当交托修方自行处理。

机动车维修经营者应当将原厂配件、同质配件和修复配件分别标识,明码标价,供用户选择。

第三十一条 机动车维修经营者对机动车进行二级维护、总成修理、整车修理的,应当实行维修前诊断检验、维修过程检验和竣工质量检验制度。

承担机动车维修竣工质量检验的机动车维修企业或机动车综合性能检测机构应当使用符合有关标准并在检定有效期内的设备,按照有关标准进行检测,如实提供检测结果证明,并对检测结果承担法律责任。

第三十二条 机动车维修竣工质量检验合格的,维修质量检验人员应当签发机动车维修竣工出厂合格证;未签发机动车维修竣工出厂合格证的机动车,不得交付使用,车主可以拒绝交费或接车。

第三十三条 机动车维修经营者应当建立机动车维修档案,并实行档案电子化管理。维修档案应当包括:维修合同(托修单)、维修项目、维修人员及维修结算清单等。对机动车进行二级维护、总成修理、整车修理的,维修档案还应当包括:质量检验单、质量检验人员、竣工出厂合格证(副本)等。

机动车维修经营者应当按照规定如实填报、及时上传承修机动车的维修电子数据记录至国家有关汽车维修电子健康档案系统。机动车生产厂家或者第三方开发、提供机动车维修服务管理系统的,应当向汽车维修电子健康档案系统开放相应数据接口。

机动车托修方有权查阅机动车维修档案。

第三十四条 道路运输管理机构应当加强机动车维修从业人员管理,建立健全从业人员信用档案,加强从业人员诚信监管。

机动车维修经营者应当加强从业人员从业行为管理，促进从业人员诚信、规范从业维修。

第三十五条 道路运输管理机构应当加强对机动车维修经营的质量监督和管理，采用定期检查、随机抽样检测检验的方法，对机动车维修经营者维修质量进行监督。

道路运输管理机构可以委托具有法定资格的机动车维修质量监督检验单位，对机动车维修质量进行监督检验。

第三十六条 机动车维修实行竣工出厂质量保证期制度。

汽车和危险货物运输车辆整车修理或总成修理质量保证期为车辆行驶 20 000 千米或者 100 日；二级维护质量保证期为车辆行驶 5 000 千米或者 30 日；一级维护、小修及专项修理质量保证期为车辆行驶 2 000 千米或者 10 日。

摩托车整车修理或者总成修理质量保证期为摩托车行驶 7 000 千米或者 80 日；维护、小修及专项修理质量保证期为摩托车行驶 800 千米或者 10 日。

其他机动车整车修理或者总成修理质量保证期为机动车行驶 6 000 千米或者 60 日；维护、小修及专项修理质量保证期为机动车行驶 700 千米或者 7 日。

质量保证期中行驶里程和日期指标，以先达到者为准。

机动车维修质量保证期，从维修竣工出厂之日起计算。

第三十七条 在质量保证期和承诺的质量保证期内，因维修质量原因造成机动车无法正常使用，且承修方在 3 日内不能或者无法提供因非维修原因而造成机动车无法使用的相关证据的，机动车维修经营者应当及时无偿返修，不得故意拖延或者无理拒绝。

在质量保证期内，机动车因同一故障或维修项目经两次修理仍不能正常使用的，机动车维修经营者应当负责联系其他机动车维修经营者，并承担相应修理费用。

第三十八条 机动车维修经营者应当公示承诺的机动车维修质量保证期。所承诺的质量保证期不得低于第三十六条的规定。

第三十九条 道路运输管理机构应当受理机动车维修质量投诉，积极按照维修合同约定和相关规定调解维修质量纠纷。

第四十条 机动车维修质量纠纷双方当事人均有保护当事车辆原始状态的义务。必要时可拆检车辆有关部位，但双方当事人应同时在场，共同认可拆检情况。

第四十一条 对机动车维修质量的责任认定需要进行技术分析和鉴定，且承修方和托修方共同要求道路运输管理机构出面协调的，道路运输管理机构应当组织专家组或委托具有法定检测资格的检测机构做出技术分析和鉴定。鉴定费用由责任方承担。

第四十二条 对机动车维修经营者实行质量信誉考核制度。机动车维修质量信誉考核办法另行制定。

机动车维修质量信誉考核内容应当包括经营者基本情况、经营业绩（含奖励情况）、不良记录等。

第四十三条 道路运输管理机构应当采集机动车维修企业信用信息，并建立机动车维修企业信用档案，除涉及国家秘密、商业秘密外，应当依法公开，供公众查阅。机动车维修质量信誉考核结果、汽车维修电子健康档案系统维修电子数据记录上传情况及车主评价、投诉和处理情况是机动车维修信用档案的重要组成部分。

第四十四条 建立机动车维修经营者和从业人员黑名单制度,县级道路运输管理机构负责认定机动车维修经营者和从业人员黑名单,具体办法由交通运输部另行制定。

第五章 监督检查

第四十五条 道路运输管理机构应当加强对机动车维修经营活动的监督检查。

道路运输管理机构应当依法履行对维修经营者的监管职责,对维修经营者是否依法备案或者备案事项是否属实进行监督检查。

道路运输管理机构的工作人员应当严格按照职责权限和程序进行监督检查,不得滥用职权、徇私舞弊,不得乱收费、乱罚款。

第四十六条 道路运输管理机构应当积极运用信息化技术手段,科学、高效地开展机动车维修管理工作。

第四十七条 道路运输管理机构的执法人员在机动车维修经营场所实施监督检查时,应当有2名以上人员参加,并向当事人出示交通运输部监制的交通行政执法证件。

道路运输管理机构实施监督检查时,可以采取下列措施:

(一)询问当事人或者有关人员,并要求其提供有关资料;

(二)查询、复制与违法行为有关的维修台账、票据、凭证、文件及其他资料,核对与违法行为有关的技术资料;

(三)在违法行为发现场所进行摄影、摄像取证;

(四)检查与违法行为有关的维修设备及相关机具的有关情况。

检查的情况和处理结果应当记录,并按照规定归档。当事人有权查阅监督检查记录。

第四十八条 从事机动车维修经营活动的单位和个人,应当自觉接受道路运输管理机构及其工作人员的检查,如实反映情况,提供有关资料。

第六章 法律责任

第四十九条 违反本规定,从事机动车维修经营业务,未按规定进行备案的,由县级以上道路运输管理机构责令改正;拒不改正的,处5 000元以上2万元以下的罚款。

第五十条 违反本规定,从事机动车维修经营业务不符合国务院交通运输主管部门制定的机动车维修经营业务标准的,由县级以上道路运输管理机构责令改正;情节严重的,由县级以上道路运输管理机构责令停业整顿。

第五十一条 违反本规定,机动车维修经营者使用假冒伪劣配件维修机动车,承修已报废的机动车或者擅自改装机动车的,由县级以上道路运输管理机构责令改正;有违法所得的,没收违法所得,处违法所得2倍以上10倍以下的罚款;没有违法所得或者违法所得不足1万元的,处2万元以上5万元以下的罚款,没收假冒伪劣配件及报废车辆;情节严重的,由县级以上道路运输管理机构责令停业整顿;构成犯罪的,依法追究刑事责任。

第五十二条 违反本规定,机动车维修经营者签发虚假机动车维修竣工出厂合格证的,由县级以上道路运输管理机构责令改正;有违法所得的,没收违法所得,处以违法所得2倍以上10倍以下的罚款;没有违法所得或者违法所得不足3 000元的,处以5 000元以上2万元以下的罚款;情节严重的,由县级以上道路运输管理机构责令停业整顿;构成犯罪的,依法追究刑事责任。

第五十三条 违反本规定，有下列行为之一的，由县级以上道路运输管理机构责令其限期整改；限期整改不合格的，予以通报：

（一）机动车维修经营者未按照规定执行机动车维修质量保证期制度的；

（二）机动车维修经营者未按照有关技术规范进行维修作业的；

（三）伪造、转借、倒卖机动车维修竣工出厂合格证的；

（四）机动车维修经营者只收费不维修或者虚列维修作业项目的；

（五）机动车维修经营者未在经营场所醒目位置悬挂机动车维修标志牌的；

（六）机动车维修经营者未在经营场所公布收费项目、工时定额和工时单价的；

（七）机动车维修经营者超出公布的结算工时定额、结算工时单价向托修方收费的；

（八）机动车维修经营者未按规定建立机动车维修档案并实行档案电子化管理，或者未及时上传维修电子数据记录至国家有关汽车维修电子健康档案系统的。

第五十四条 违反本规定，道路运输管理机构的工作人员有下列情形之一的，由同级地方人民政府交通运输主管部门依法给予行政处分；构成犯罪的，依法追究刑事责任：

（一）不按照规定实施备案和黑名单制度的；

（二）参与或者变相参与机动车维修经营业务的；

（三）发现违法行为不及时查处的；

（四）索取、收受他人财物或谋取其他利益的；

（五）其他违法违纪行为。

第七章 附则

第五十五条 本规定自2005年8月1日起施行。经商国家发展和改革委员会、国家工商行政管理总局同意，1986年12月12日交通部、原国家经委、原国家工商行政管理局发布的《汽车维修行业管理暂行办法》同时废止，1991年4月10日交通部颁布的《汽车维修质量管理办法》同时废止。

二、新版《机动车维修管理规定》重点内容

①取消机动车维修"经营许可"制度，改为"备案制度"，放宽市场准入条件，鼓励非授权汽修企业进一步融入市场，4S店的垄断格局或将发生变革，这将推动汽车维修行业全面形成市场化运作和竞争机制。

②加强机动车维修企业信用体系建设，建立黑名单制度。第四十三条，第一款规定：道路运输管理机构应当采集机动车维修企业信用信息，并建立机动车维修企业信用档案，除涉及国家秘密、商业秘密外，应当依法公开，供公众查阅。车主评价、投诉处理情况均会影响经营者的信用。第四十四条规定：建立机动车维修经营者和从业人员黑名单制度，县级道路运输管理机构负责认定机动车维修经营者和从业人员黑名单。

③进一步强调要求技术公开，明确规定进口车也包含在内。第二十五条，第四款规定：机动车生产、进口企业应当在新车型投放市场后6个月内，向社会公布其生产、进口机动车车型的维修技术信息和工时定额。所以，汽车维修技术的公开是必须的义务，各类机动车维修主体均有权获得。

④要求机动车维修企业严格按照标准开展维修业务，维修服务完成后应提供明细单，作

为车主追责依据。第二十六条，第一款规定："机动车维修经营者应当使用规定的结算票据，并向托修方交付维修结算清单，作为托修方追责依据。维修结算清单中，工时费与材料费应当分项计算。维修结算清单应当符合交通运输部有关标准要求，维修结算清单内容应包括托修方信息、承修方信息、维修费用明细单等。"此规定使整个汽车维修行业更加正规、透明。但在在执行国家、行业或企业的维修标准和提供维修清单方面，4S店依然是具有绝对优势的执行主体。

⑤调整有关事中、事后监管措施，加强对机动车维修行为的监管，对维修企业出现违法违规行为，依法予以处罚。取消经营许可，并不代表对机动车维修行业的管理会变少，反而会更加严格地要求地方相关部门更加严格地执行事中及事后监管措施，取消经营许可，其实也是取消维修企业的护身符，采用备案制度后，备案责任主体是企业主，不管是小维修店、连锁维修店，还是4S店，只要违反行业规范，从事非法经营，企业经营者均会受到处罚，轻者责令改正，重者停业整顿，构成犯罪的，依法追究刑事责任。

⑥鼓励机动车维修企业实行集约化、专业化连锁经营，促进第三方维修机构在全国范围内的加速整合，提升行业发展速度。第十六条规定：从事机动车维修连锁经营服务的，其机动车维修连锁经营企业总部应先完成备案。目前，汽车新车消费市场持续低迷，汽车后市场由于巨大的存量和不断扩大的基盘，市场体量或突破万亿规模，被投资者普遍看好，发展势头良好，竞争加剧，汽车连锁维修企业及互联网新零售维修服务业态或将成为黑马。

⑦增加了对机动车维修企业的环保相关要求，体现了汽车维修企业与环保密不可分的关系。第十五条规定：从事机动车维修经营的，应当向所在地的县级道路运输管理机构进行备案，提交"机动车维修经营备案表"，并附送符合本规定第十二条、第十三条、第十四条规定条件的下列材料，保证材料真实完整，其中最重要的就是增加了第六项，要求提供环境保护措施等相关材料。4S店的售后维修过程必须重视环保的因素，例如洗车废水、烤漆房废气的排放、维修过程中噪声的产生、危险废弃物的垃圾分类及回收处理、废机油的回收、存放、合规合法处置等。

并且新规还在第二十九条增加了第二款规定：机动车维修经营者不得通过临时更换机动车污染控制装置、破坏机动车车载排放诊断系统等维修作业，使机动车通过排放检验。这也顺应了国家对于环境保护的要求，体现了《大气污染防治法》对机动车维修经营者的合法维修经营作业的要求。

综上，国家对于市场准入放宽、对于经营行为进一步规范和监管，目的在于推动机动车维修行业良性健康发展，顺应时代的要求和市场发展的规律，汽车经销商也应适时寻求创新和变革。

7.1.2 汽车维修技术信息公开管理

一、汽车维修技术信息公开实施管理办法

为深入贯彻党的十八大和十八届三中全会精神、《大气污染防治法》规定、《国务院关于促进市场公平竞争维护市场正常秩序的若干意见》（国发（2014）20号）以及交通运输部等十部委联合印发的《关于促进汽车维修业转型升级提升服务质量的指导意见》（交运发

(2014) 186 号）有关要求，交通运输部、环境保护部商务部、国家工商总局、国家质检总局、国家认监委、国家知识产权局、中国保监会联合制定了《汽车维修技术信息公开实施管理办法》。

《汽车维修技术信息公开实施管理办法》全文

第一章 总则

第一条 为贯彻落实《大气污染防治法》，贯彻落实《国务院关于促进市场公平竞争维护市场正常秩序的若干意见》（国发〔2014〕20 号），推进、规范汽车维修技术信息公开工作，促进汽车维修市场公平竞争，保障汽车维修质量和运行安全，保护消费者使用、维修汽车的合法权益，根据有关法律法规规定，制定本办法。

第二条 在中国境内销售的汽车车型的维修技术信息公开及其监督管理，适用本办法。

第三条 汽车维修技术信息公开应当遵循公平公正、诚实守信、自主公开、方便用户、保护知识产权的原则。

汽车生产者应以可用的信息形式、便利的信息途径、合理的信息价格，向所有维修经营者及消费者无差别、无歧视、无延迟地公开所销售汽车车型的维修技术信息；不得通过设置技术壁垒排除、限制竞争，封锁或者垄断汽车维修市场，汽车生产者同时应向社会有关信息用户公开车型维修技术信息。

第四条 交通运输部负责汽车维修技术信息公开的指导、协调和监督管理。环保、商务、工商、质检、认证认可、知识产权、保险等有关部门分别在各自职责范围内负责相关监督管理工作。

交通运输部会同有关部门组建汽车维修技术信息公开实施工作专家委员会，负责履行开展汽车维修技术信息公开制度实施中的策咨询，标准审议、技术鉴定争议调解等职责；采取政府购买服务的方式，委托技术支持单位，开展汽车维修技术信息公开的具体工作。

第二章 汽车维修技术信息公开要求

第五条 汽车生产者应制定本企业汽车维修技术信息公开工作规范，明确责任部门及职责，负责公开本企业获得国家 CCC 认证并且已上市销售汽车车型的维修技术信息，汽车生产者应对所公开信息的真实性、准确性、完整性负责。

第六条 汽车生产者应向交通运输部备案以下工作信息。

（一）汽车生产者基本信息；

（二）本企业已上市销售汽车车型目录；

（三）信息公开方式，即汽车生产者自行组织或委托第三方机构进行信息公开，包括信息公开的方式、渠道、网站名称、网址等信息。由第三方机构承担信息公开的，还应提供其有关信息及联系方式；

（四）汽车生产者关于依法履行汽车维修技术信息公开义务，并保护商业秘密、专利、商标等知识产权权利的声明；

（五）用于政府部门监管，可免费登录信息公开网站的监管账号和密钥。

企业备案信息发生变化的，汽车生产者应及时更新备案。汽车生产者应按年度向交通运输部报告本企业维修技术信息公开情况。

第七条 汽车维修技术信息用户分为直接用于汽车维修目的的用户和用于其他经营目的的用户，前者包括各类维修经营者和消费者，后者包括维修诊断工具及设备制造商、零部件制造商、出版商、保险企业、培训机构等。

第八条 汽车生产者应公开的汽车维修技术信息的具体内容及要求按照附录《汽车维修技术信息公开目录》执行，公开内容原则上应采用中文表述，并在有关信息发生变化时及时更新。

汽车生产者在制作、生成整车维修技术信息过程中，需要整车生产配套零部件供应商提供有关零部件信息的，零部件供应商应配合提供。

交通运输部可根据汽车技术发展和维修市场需求，对信息公开目录进行动态管理。

第九条 汽车生产者可以免于公开以下信息，但必要时应向交通运输部做出说明。

（一）涉及车辆防盗控制系统（含汽车钥匙芯片）编程、设置等操作的信息，但经汽车生产者授权、可以开展汽车防盗控制系统维修的经营者除外；

（二）用于防止车辆动力总成及排放控制系统原程序、原标定数据以及车载诊断系统（OBD）原始数据记录被擦写、改的相关系统底层控制和操作的信息；

（三）涉及汽车生产者及零部件供应商的商业秘密，影响其依法运用知识产权规则的有关信息；

（四）受国家法律法规保护的其他有关信息。

第十条 汽车维修技术信息公开实行网上信息公开方式。汽车生产者原则上应通过直接或者授权委托第三方机构设立网络信息公开系统（含网站、网上信息检索阅览系统）的方式，向用户提供维修技术信息。

受汽车生产者委托承担汽车维修技术信息公开的第三方机构，应遵守双方约定，按照本办法规定及时、准确、充分地公开有关信息，不得影响用户正常使用。

第十一条 汽车生产者应采取必要措施，以确保信息公开系统具备以下功能，可提供有关服务，并符合有关要求：

（一）具备中文版，具备用户注册、信息索引、查询及在线打印、在线支付等功能，确保用户能够通过车型年款或车辆识别代号（VN）等信息快速、准确地关联、查询有关车型及其维修技术信息；

（二）安全可靠，确保用户信息安全，能够向用户提供稳定、不间断的信息访问服务；

（三）明示可用于访问、浏览网站所需的计算机终端的最低硬件配置和软件要求，需要软件客户端或相关阅读软件浏览信息的，应免费提供软件客户端，或推荐采用较为普遍使用的文档浏览、阅览软件；

（四）明示网站所刊载汽车维修技术信息的版权、有偿使用规则以及侵权法律责任；

（五）明示可为信息用户提供的信息服务项目、资费标准及付费方式，以及开展相关维修操作所应具备的技术基础；

（六）明示、标记修改或调整过的维修技术信息项目或内容，提醒用户及时了解有关信息更正，防止信息被错用、误用，导致严重后果；

（七）提供网站使用说明和必要的使用帮助；

（八）提供汽车生产者和信息提供者的联系地址、电话、邮箱等联系方式；

（九）具备用户投诉、建议等交互式服务功能；

（十）支持与交通运输部汽车维修技术信息公开监督与服务网络平台，第三方网站的相互链接。

除不可抗力导致的情况外，信息公开网站如因故障或系统升级改造造成无法正常访问的，汽车生产者应及时向社会公告。

第十二条 汽车生产者应为信息用户提供可选择的，能够满足临时、短期或长期等不同信息使用需求的用户访问权限（即信息服务项目）。不同的用户访问权限除可有效连接网站、使用网站信息的时间长度权限不同外，所访问、浏览的信息内容应确保一致。

基于各类用户访问权限，信息用户均应能够检索、查询、浏览网站上公开的所有车型的维修技术信息，且每次登录可打印不超过限量的技术文件，汽车生产者应确保其售后服务授权者与其他汽车维修经营者所访问、浏览的网站信息内容一致。

第十三条 汽车生产者可以对汽车维修经营者、消费者实行有偿服务，对不同访问权限的信息用户设定相应收费标准，但不得根据用户检索、使用车型信息的数量另行收费。

汽车生产者可以依法对维修技术信息自主定价，价格应公平、合理。汽车生产者的有关价格行为应遵守《价格法》规定。

汽车生产者应在其网络信息公开系统中设立相应服务模块（版块），免费向消费者公开各车型的车辆维护技术信息，具体内容按照附来《汽车维修技术信息公开目录》有关要求执行。

第十四条 对于汽车维修经营者、消费者之外的其他信息用户，需要获取维修技术信息的，应与汽车生产者订立书面合同，信息价格由双方协商议定，但应保持公平、公正、合理。

第十五条 自本办法实施之日起取得CCC认证的汽车车型，汽车生产者应在该车型上市之日起6个月内公开维修技术信息，并在信息公开网站上公布相关车型上市时间。

车型上市之日的计定，以相关车型获得CCC认证日期为准。

预计同一型号车型年销售量在500辆以下的乘用车车型以及年销售量在50辆以下的客车、货车，半挂牵引车车型，可以纸质文件，光盘等媒介形式公开有关维修技术信息同时应以公众便于知晓的方式公布。

对于上述免于上网公开的乘用车车型累计销售量达到1 000辆的，或者免于上网公开的客车、货车，半挂牵引车车型累计销售量达到20辆的，有关车型的维修技术信息应转至网上公开。

第十六条 各车型的维修技术信息应当自该车型上市之日起10年内保持公开状态；超过10年的，汽车生产者可以将相关车型信息存档，但应公布相关车型信息的索取方式。

第十七条 鼓励汽车生产者及零部件供应商采用直接或委托第三方机构的方式，积极向各类维修经营者提供维修技术培训，提高维修经营者有效获取、正确使用维修技术信息的能力。

第十八条 汽车生产者破产、合并、分立、变更的，其车型维修信息公开责任和义务按照有关法律法规规定执行。

第三章 信息用户的责任和义务

第十九条 各类维修经营者应按照《机动车维修管理规定》要求，建立健全汽车维修质量管理制度，依法履行维修质量责任，维修经营者应按照国家、行业标准以及汽车生产者提供的维修技术信息开展维修作业，确保维修质量；按规定签发机动车维修竣工出厂合格证，履行机动车维修质量保证期责任。

第二十条 维修诊断工具及设备制造商、零部件制造商应积极运用维修技术信息，研发生产各类汽车维修诊断工具、设备及合格配件，为维修经营者、消费者提供充分的市场选择。

第二十一条 所有信息用户、承担维修技术信息公开的第三方机构，应遵守国家知识产权保护的有关法律法规，不得以任何形式侵犯汽车生产者的维修技术信息版权。信息用户应遵守相关约定，不得超出汽车生产者规定范围使用信息，未经汽车生产者授权，信息用户不得将所获取的维修技术信息用于转售、出版、公开或其他商业用途。

第四章 监督检查及市场监管

第二十二条 汽车维修技术信息公开监督管理，应当公平、公正、公开、便民、依法监管，促进市场公平竞争和知识产权保护。

第二十三条 交通运输部应加强汽车维修技术信息公开监督管理，建立完善监督检查制度，不定期对维修技术信息公开实施情况进行抽查，定期对信息公开实施效果进行评估；应充分运用信息化技术，建立完善汽车维修技术信息公开监督与服务网络平台，为社会提供权威、方便的信息服务，提高信息公开主体监管水平。

省级交通运输主管部门受交通运输部委托，可以就本行政区内的汽车生产者履行维修技术信息公开义务情况进行监督管理。

第二十四条 有关汽车制造行业协会应当加强行业自律，督促汽车生产者贯彻落实汽车维修技术信息公开制度；应当积极发挥桥梁纽带作用，搜集整理汽车生产者的意见建议，并向有关部门及时反映，维护汽车生产者合法权益。

汽车维修、汽车保修设备、汽车保险等有关行业协会及第三方机构认为有关汽车生产者维修技术信息公开工作存在问题或不足的，可以向汽车生产者提出意见建议，由其改进完善；也可以向交通运输部提出意见建议。

第二十五条 汽车维修档案管理实行电子化档案管理制度。交通运输部应运用信息化技术，建立完善全国汽车电子健康档案系统平台，为健全修车记录、提升维修质量、透明市场服务、促进汽车"三包"及缺陷汽车产品召回、保护消费者合法权益提供有效手段和依据。

第二十六条 交通运输部会同国家质检总局、国家认监委建立汽车产品CCC认证及售后服务信息共享机制，就汽车生产者备案，汽车电子健康档案有关信息与汽车产品CCC认证缺陷汽车产品召回、汽车"三包"管理有关信息实施共享，提升对汽车生产者的监管和服务水平。

第二十七条 交通运输部、环境保护部应就涉及汽车污染物排放控制技术信息和污染控制、汽车检测与维护制度实施等工作加强协调，建立信息共享机制，及时共享汽车排气及噪声污染控制装置维修电子数据记录信息，促进汽车污染物排放治理。

第二十八条 各级工商行政管理、市场监管部门在查处汽车及零部件经营中的有关不正当竞争、消费侵权案件时,可以利用汽车生产者公开的汽车维修技术信息。

各级质量技术监督部门应充分运用汽车生产者公开的汽车维修技术信息,依法打击生产假冒伪劣、不合格以及不符合CCC认证要求的零部件产品的行为。

第二十九条 交通运输部、中国保监会应指导有关汽车维修行业协会保险行业协会及保险企业,运用汽车生产者公开的汽车维修技术信息,科学测算,公布事故汽车维修工时信息,规范事故汽车维修和理赔;加强同质配件使用推广,促进保险企业依据维修技术信息,同质配件使用精确定损,降低维修成本和保险费用,保护消费者利益。

第三十条 国家知识产权局及相关知识产权管理部门,应依法加强对汽车维修技术信息公开所涉及知识产权的保护。

第三十一条 对于汽车生产者未有效执行本办法规定,存在下列行为之一的,由交通运输部或者省级交通运输主管部门责令改正。

（一）未制定汽车维修技术信息公开工作规范的;
（二）未及时备案、如期更新汽车生产者有关信息的;
（三）未按照规定目录和要求有效公开维修技术信息的;
（四）未按照规定方式、途径公开维修技术信息,或信息公开系统功能和服务能力达不到规定要求的;
（五）违反本办法规定的其他行为。

第三十二条 对于汽车生产者未按规定公开车型维修技术信息的,由交通运输部责令整改。整改不合格的,由交通运输部依法予以通报,罚款等处罚,并抄送国家认监委,由国家认监委指定的认证机构依据相关规定做出处理。交通运输部会同国家认监委建立违规企业、车型抄送处置制度。

第三十三条 对汽车维修后存在维修质量争议、纠纷的,按照《机动车维修管理规定》规定的程序处理,对因维修不当或使用假冒伪劣配件造成汽车维修质量问题的,维修经营者应依法承担责任;对因汽车生产者所公开的维修技术信息不当或存在错误造成维修不当、质量问题的,汽车生产者应承担法律责任。

对维修质量纠纷涉及相关维修技术信息提供、使用,需要专家委员会做出技术鉴定、纠纷调解的,可以向专家委员会提出申请,由专家委员会按照规定程序受理、处理。

第三十四条 各级交通运输主管部门及有关行政部门应依法受理涉及汽车维修技术信息公开或滥用的有关投诉、举报,并按规定程序调查、处理。

汽车生产者、各类信息用户等相关方应当积极配合调查,如实反映情况,提供调查所需要的有关资料。

第三十五条 各有关部门、机构及其工作人员对履行本办法规定所知悉的商业秘密负有保密义务。

从事汽车维修技术信息公开监管工作的人员,在相关工作中有滥用职权、玩忽职守、徇私舞弊等情形的,依法给予行政处分;构成犯罪的,依法移交司法机关处理。

第五章 附则

第三十六条 摩托车及其他机动车的维修技术信息公开,可参照本办法执行。仅用于军事目的、用途车辆的维修技术信息公开管理不适用本办法。

第三十七条 本办法所称汽车，是指国家标准《汽车和挂车类型的术语和定义》（GB/T 3730.1）定义的汽车。

汽车生产者，是指在中国境内依法设立的生产汽车产品并以其名义颁发产品合格证的企业，从中国境外进口汽车产品到境内销售的企业，视为汽车生产者。

汽车维修技术信息，是指汽车在使用过程中，为维持或恢复汽车出厂时的技术状况和工作能力，延长汽车使用寿命，确保汽车符合安全、环保使用要求所进行的汽车诊断、检测、维修作业必需的技术信息资料的总称。

汽车维修技术信息公开，是指为确保市场公平竞争，提升汽车维修质量，保障消费者安全合理使用汽车的合法权益，由汽车生产者履行义务，通过设立一定信息渠道，向维修经营者、消费者及相关经营者（包括维修诊断工具及设备制造商、零部件制造商、出版商、保险企业、培训机构等）提供其所销售汽车的维修技术信息的活动。

第三十八条 本办法由交通运输部会同各有关部门负责解释。

第三十九条 本办法自 2016 年 1 月 1 日起实施，此前有关文件规定与本办法不一致的以本办法为准。

二、汽车维修技术信息公开目录

附件：汽车维修技术信息公开目录（2015 年版）

在中国境内从事汽车维修技术信息公开，所要公开汽车维修技术信息的基本内容，应遵照本目录执行。

汽车生产者公开的汽车维修技术信息以基本车型为主，个别车型改款和变形可归入相关基本车型，但应做出说明。本目录所提出的"基本车型"是指国家认监委发布《强制性产品认证实施规则—汽车》所规定的车辆"型号"汽车生产者需公开的汽车维修技术信息内容，原则上应采用中文表述，应包括但不限于以下内容：

（一）车辆识别代号，VIN 码的编码规则以及车辆识别代号中汽车生产者自定义码段的编码规则（可以不包括 VIN 后 6 位的生产顺序号），或其他有效地将具体车辆与所属车型进行关联、识别的方法。

（二）汽车维修手册，应包括但不限于以下系统和部件的信息：

1. 动力总成及排放控制系统：发动机（含附件）和变速箱，也包括新能源汽车的驱动系统，如驱动电机、电池等；排放控制系统，包括燃油供应系统、蒸发控制系统、排气后处理系统噪声控制系统及其他系统，如增压器、排气再循环系统（EGR）等。车上若有车载诊断系统（OHD）的，应包括在内；

2. 底盘系统：动力传动系统、制动系统、转向系统、行驶系统，包括离合器、变速器、分动器、传动轴（驱动半轴）、主减速器、差速器、制动器、转向器、悬架、轮胎和轮毂等；

3. 电气系统：包括供暖、通风和空调系统、仪表、灯光、扬声器、定位导航和多媒体、数据总线等；

4. 车身及附件：车身和车架、座椅、气囊和安全带、刮水器、车窗、天窗、门锁、后视镜、内外饰件等。

汽车生产者所公开的涉及上述系统和部件的维修技术信息应包括但不限于以下内容：

1. 车辆维护信息，包括车辆定期维护项目、检查内容、维护作业和维护间隔设置依据、方法，以及润滑油、冷却液等油液的规格参数。此条款信息应按照规定方式，由汽车生产者免费向消费者提供；

2. 总成及零部件的拆装方法、技术规范及图示说明，零部件检测方法及鉴别判断的信息；

3. 电路接线图，包括接线图、器件位置、插接件型号规格等；

4. 各电子控制系统（含 OBD 系统）故障代码表（包括通用故障代码和汽车生产者自定义故障代码）、代码定义，故障诊断及排除的方法和步骤，用于检测和故障诊断的相关参数信息（即指能够在诊断仪器上显示的各项数据参数及含义、故障出现时的冻结帧、数据参数值的合理范围等）；

5. 排放控制系统信息，包括排放控制系统的安装位置示意图、装配图和维修技术要求、排气后处理系统关键零部件的型号、生产厂家及更换时间等信息；

6. 车身尺寸图，如车身及车架的基本尺寸及定位基准、钣金和涂装作业所需的技术信息；

7. 车轮定位参数的标准范围及调整方法；

8. 在零部件更换或维修后，需进行匹配、基本设置等操作所必需的信息（如电动车窗、天窗、节气门、加速踏板，制动踏板等零部件的重新匹配设置所需的信息）；

9. 维修操作安全注意事项及其他必要说明等。

（三）零部件目录，包括汽车生产者提供的用于售后服务的原厂零部件的名称商标和编号，零部件变更、升级、换代信息，以及为方便确定具体车型车款所适用零部件必需的信息。

（四）适用具体车型电子控制系统的软、硬件版本识别号（不包含软件本身）。

（五）除本办法规定可以免于公开的内容外，对车辆电子控制系统需要重新编程的信息（即需要进行重新编程的认定条件及基本操作，但不包含程序软件本身内容）。

（六）专用诊断、检测、维修工具和设备及其相关软件信息（如型号、规格、软件版本等），及其相关购买渠道信息。

（七）车辆认证信息，主要是 CCC 认证证书信息，如车型型号、规格和参数以及零部件供应商信息。

（八）技术服务通告，包括由实践经验得到的，针对某类故障，通常影响某一车型或车辆批次问题的解决方案，以及在授权维修网络内可进行免费维修的通告等。

（九）汽车召回信息和缺陷消除措施等。

（十）上述各项信息的所有后续修订和补充。

（十一）国家法律法规要求公开的其他有关信息。

（十二）若某车型不具备上述某种特定功能系统或零部件，则免于公开有关信息。

本目录由交通运输部制定并负责解释。

任务二 机动车报废与回收管理

7.2.1 机动车报废管理

根据机动车使用和安全技术、排放检验状况，国家对达到报废标准的机动车实施强制报废。

一、《机动车强制报废标准规定》全文

（2012年12月27日商务部、国家发展和改革委员会、公安部、环境保护部令〔2012〕第12号公布　自2013年5月1日起施行）

第一条　为保障道路交通安全、鼓励技术进步、加快建设资源节约型、环境友好型社会，根据《中华人民共和国道路交通安全法》及其实施条例、《中华人民共和国大气污染防治法》、《中华人民共和国噪声污染防治法》，制定本规定。

第二条　根据机动车使用和安全技术、排放检验状况，国家对达到报废标准的机动车实施强制报废。

第三条　商务、公安、环境保护、发展改革等部门依据各自职责，负责报废机动车回收拆解监督管理、机动车强制报废标准执行有关工作。

第四条　已注册机动车有下列情形之一的应当强制报废，其所有人应当将机动车交售给报废机动车回收拆解企业，由报废机动车回收拆解企业按规定进行登记、拆解、销毁等处理，并将报废机动车登记证书、号牌、行驶证交公安机关交通管理部门注销：

（一）达到本规定第五条规定使用年限的；

（二）经修理和调整仍不符合机动车安全技术国家标准对在用车有关要求的；

（三）经修理和调整或者采用控制技术后，向大气排放污染物或者噪声仍不符合国家标准对在用车有关要求的；

（四）在检验有效期届满后连续3个机动车检验周期内未取得机动车检验合格标志的。

第五条　各类机动车使用年限分别如下：

（一）小、微型出租客运汽车使用8年，中型出租客运汽车使用10年，大型出租客运汽车使用12年；

（二）租赁载客汽车使用15年；

（三）小型教练载客汽车使用10年，中型教练载客汽车使用12年，大型教练载客汽车使用15年；

（四）公交客运汽车使用13年；

（五）其他小、微型营运载客汽车使用10年，大、中型营运载客汽车使用15年；

（六）专用校车使用15年；

（七）大、中型非营运载客汽车（大型轿车除外）使用20年；

（八）三轮汽车、装用单缸发动机的低速货车使用9年，装用多缸发动机的低速货车以及微型载货汽车使用12年，危险品运输载货汽车使用10年，其他载货汽车（包括半挂牵引车和全挂牵引车）使用15年；

（九）有载货功能的专项作业车使用 15 年，无载货功能的专项作业车使用 30 年；

（十）全挂车、危险品运输半挂车使用 10 年，集装箱半挂车 20 年，其他半挂车使用 15 年；

（十一）正三轮摩托车使用 12 年，其他摩托车使用 13 年。

对小、微型出租客运汽车（纯电动汽车除外）和摩托车，省、自治区、直辖市人民政府有关部门可结合本地实际情况，制定严于上述使用年限的规定，但小、微型出租客运汽车不得低于 6 年，正三轮摩托车不得低于 10 年，其他摩托车不得低于 11 年。

小、微型非营运载客汽车、大型非营运轿车、轮式专用机械车无使用年限限制。

机动车使用年限起始日期按照注册登记日期计算，但自出厂之日起超过 2 年未办理注册登记手续的，按照出厂日期计算。

第六条 变更使用性质或者转移登记的机动车应当按照下列有关要求确定使用年限和报废：

（一）营运载客汽车与非营运载客汽车相互转换的，按照营运载客汽车的规定报废，但小、微型非营运载客汽车和大型非营运轿车转为营运载客汽车的，应按照本规定所列公式核算累计使用年限，且不得超过 15 年；

（二）不同类型的营运载客汽车相互转换，按照使用年限较严的规定报废；

（三）小、微型出租客运汽车和摩托车需要转出登记所属地省、自治区、直辖市范围的，按照使用年限较严的规定报废；

（四）危险品运输载货汽车、半挂车与其他载货汽车、半挂车相互转换的，按照危险品运输载货车、半挂车的规定报废。

距本规定要求使用年限 1 年以内（含 1 年）的机动车，不得变更使用性质、转移所有权或者转出登记地所属地市级行政区域。

第七条 国家对达到一定行驶里程的机动车引导报废。

达到下列行驶里程的机动车，其所有人可以将机动车交售给报废机动车回收拆解企业，由报废机动车回收拆解企业按规定进行登记、拆解、销毁等处理，并将报废的机动车登记证书、号牌、行驶证交公安机关交通管理部门注销：

（一）小、微型出租客运汽车行驶 60 万千米，中型出租客运汽车行驶 50 万千米，大型出租客运汽车行驶 60 万千米；

（二）租赁载客汽车行驶 60 万千米；

（三）小型和中型教练载客汽车行驶 50 万千米，大型教练载客汽车行驶 60 万千米；

（四）公交客运汽车行驶 40 万千米；

（五）其他小、微型营运载客汽车行驶 60 万千米，中型营运载客汽车行驶 50 万千米，大型营运载客汽车行驶 80 万千米；

（六）专用校车行驶 40 万千米；

（七）小、微型非营运载客汽车和大型非营运轿车行驶 60 万千米，中型非营运载客汽车行驶 50 万千米，大型非营运载客汽车行驶 60 万千米；

（八）微型载货汽车行驶 50 万千米，中、轻型载货汽车行驶 60 万千米，重型载货汽车（包括半挂牵引车和全挂牵引车）行驶 70 万千米，危险品运输载货汽车行驶 40 万千米，装用多缸发动机的低速货车行驶 30 万千米；

（九）专项作业车、轮式专用机械车行驶 50 万千米；

（十）正三轮摩托车行驶 10 万千米，其他摩托车行驶 12 万千米。

第八条 本规定所称机动车是指上道路行驶的汽车、挂车、摩托车和轮式专用机械车；非营运载客汽车是指个人或者单位不以获取利润为目的的自用载客汽车；危险品运输载货汽车是指专门用于运输剧毒化学品、爆炸品、放射性物品、腐蚀性物品等危险品的车辆；变更使用性质是指使用性质由营运转为非营运或者由非营运转为营运，小、微型出租、租赁、教练等不同类型的营运载客汽车之间的相互转换，以及危险品运输载货汽车转为其他载货汽车。本规定所称检验周期是指《中华人民共和国道路交通安全法实施条例》规定的机动车安全技术检验周期。

第九条 省、自治区、直辖市人民政府有关部门依据本规定第五条制定的小、微型出租客运汽车或者摩托车使用年限标准，应当及时向社会公布，并报国务院商务、公安、环境保护等部门备案。

第十条 上道路行驶拖拉机的报废标准规定另行制定。

第十一条 本规定自 2013 年 5 月 1 日起施行。2013 年 5 月 1 日前已达到本规定所列报废标准的，应当在 2014 年 4 月 30 日前予以报废。《关于发布〈汽车报废标准〉的通知》（国经贸经〔1997〕456 号）、《关于调整轻型载货汽车报废标准的通知》（国经贸经〔1998〕407 号）、《关于调整汽车报废标准若干规定的通知》（国经贸资源〔2000〕1202 号）、《关于印发的通知》（国经贸资源〔2001〕234 号）、《摩托车报废标准暂行规定》（国家经贸委、发展计划委、公安部、环保总局令〔2002〕第 33 号）同时废止。

二、《机动车强制报废标准规定》重点内容

（一）新规介绍

小型私家车无使用年限限制规定，但是行驶 60 万千米后会引导报废。新的私家车强制报废规定出台之后，二手车的价格也可能会有小幅度上涨。

根据新规定，已注册机动车在检验有效期满后连续三个机动车检验周期内未取得机动车检验合格标志的将被强制报废。新规实施后，一些车龄较长，但是性能不错的二手车价格将会有所提升。这也会直接导致二手车市场价格的上涨。

非营运的小型汽车在使用的前 6 年需要 2 年检测一次，第 7 年到第 15 年要求 1 年 1 次，15 年之后需要半年检测一次。也就是说一辆全新的小车在连续 3 次（6 年时间）未进行或者未通过年检就将强制报废。而购买了超过 15 年的旧车，连续 3 个检测周期（一年半时间）未获得合格标志就将强制报废。如果车主驾驶者未年检的车辆上路，将会得到罚款 200 元、驾驶证扣 3 分的处罚。

1. 家用轿车报废规定——限制千米数

家用轿车报废年限新规在商务部正式下发的《机动车强制报废标准》中取消了对非营运轿车行驶年限的规定，同时将私家车报废行驶里程限制为 60 万千米。这种取消了年限转而以千米数的限制为标准的方法，大大提高了汽车的使用率。以一年 2 万千米的正常使用率来计算，私家车的使用时限几乎翻了一番。虽然取消了年限，但并不意味着任何车辆都能真正开满 60 万千米，新政已经对车辆使用标准进行了更严格的规定。

2. 家用轿车报废规定——年检要求

家用轿车报废年限取消对车辆的安全技术检验提出了更高要求。私家车自注册登记后的第 15 年起车辆需要一年进行两次年检，超过 20 年的从第 21 年起每年定期检验 4 次。年检中对高龄车辆进行了严格规定，在私家车在进行功率检验时，底盘输出功率不得低于发动机额定功率的 60% 或最大净功率的 65%。同时，新标准提出，在一个机检周期内的车辆，安全不合格、环保不达标将强制报废。功率检验项目也将取代现有的油耗项目，用以淘汰性能指标较差的车辆。所以，虽然放宽了车辆使用年限，但是加强了老旧车辆的淘汰，尤其是对于环保标准进行了严格把控。

3. 机动车使用年限及行驶里程（见表 7-1）

表 7-1 机动车使用年限及行驶里程汇总表

车辆类型与用途				使用年限/年	行驶里程参考值/万千米
汽车	载客	营运	出租客运 小、微型	8	60
			出租客运 中型	10	50
			出租客运 大型	12	60
			租赁	15	60
			教练 小型	10	50
			教练 中型	12	50
			教练 大型	15	60
			公交客运	13	40
			其他 小、微型	10	60
			其他 中型	15	50
			其他 大型	15	80
			专用校车	15	40
		非营运	小、微型客车、大型轿车	无	60
			中型客车	20	50
			大型客车	20	60
	载货		微型	12	50
			中、轻型	15	60
			重型	15	70
			危险品运输	10	40
			三轮汽车、装用单缸发动机的低速货车	9	无
			装用多缸发动机的低速货车	12	30
	专项作业		有载货功能	15	50
			无载货功能	30	50

续表

车辆类型与用途			使用年限/年	行驶里程参考值/万千米
挂车	半挂车	集装箱	20	无
		危险品运输	10	无
		其他	15	无
	全挂车		10	无
摩托车	正三轮		12	10
	其他		13	12
轮式专用机械车			无	50

备注：1. 表中机动车主要依据《机动车类型术语和定义》（GA 802—2008）进行分类；标注·的车辆为乘用车。

2. 对小、微型出租客运汽车（纯电动汽车除外）和摩托车，省、自治区、直辖市人民政府有关部门可结合本地实际情况，制定严于表中使用年限的规定，但小、微型出租客运汽车不得低于6年，正三轮摩托车不得低于10年，其他摩托车不得低于11年。

4. 变更使用性质后累计使用年限计算

非营运小微型载客汽车和大型轿车变更使用性质后累计使用年限计算公式为：

累计使用年限 = 原状态已使用年（1 - 原状态已使用年 ÷ 原状态使用年限）× 状态改变后年限

备注：公式中原状态已使用年中不足一年的按一年计算，例如，已使用2.5年按照3年计算；原状态使用年限数值取定值为17；累计使用年限计算结果向下圆整为整数，且不超过15年。

（二）延缓报废

办理延缓汽车报废年限手续，车主需要携带相关申请材料到车管所办理，所需手续主要有机动车所有人的身份证明、机动车行驶证、机动车登记证书、机动车第三者责任强制保险凭证、机动车检测表。车主提交申请后，车管所会根据申请材料对车主和申请延缓汽车报废年限的车辆进行审核检测，如果情况符合要求，车管所会出具批准延缓汽车报废年限的证明。

一般情况下不同类型的车辆延缓的年限不同，具体可以分为以下几种情况：

①非营运9座（含）以下客车报废年限为15年。最初的6年内每2年审验1次，之后为1年1审，使用年限超过15年后，每半年审验1次，能通过审验即可无限延期，签注至2099年12月31日；

②9座以上非营运客车报废年限为10年，可申请延期至20年；

③旅游客车报废年限为10年，可申请延期至20年；

④营运客车，报废年限为10年，可申请延期至15年；

⑤轻型货车和大型货车报废年限为10年，可申请延期至15年；

⑥微型货车和19座以下出租车报废年限为8年，不可申请延期；

⑦20 座以上出租车，报废年限为 8 年，可申请延期至 12 年；

⑧带拖挂货车、矿山作业车，报废年限为 8 年，可申请延期至 12 年；

⑨吊车、消防车、钻探车、专项作业车等专用车，报废年限为 10 年，可申请适当延期，签注至 2099 年 12 月 31 日；

⑩全挂车，报废年限为 10 年，可申请延期至 15 年；

⑪半挂车，报废年限为 10 年，可申请延期至 15 年；

⑫半挂牵引车，报废年限为 10 年，可申请延期至 15 年；

⑬三轮农用车，报废年限为 6 年，可申请延期至 9 年；

⑭四轮农用车，报废年限为 9 年，可申请延期至 12 年；

⑮正三轮摩托车，报废年限为 7~9 年，可申请延期至 10~12 年；

⑯其他摩托车，报废年限为 8~10 年，可申请延期至 11~13 年；

⑰其他汽车，报废年限为 10 年，可申请延期至 15 年。

7.2.2　报废机动车回收管理

一、《报废机动车回收管理办法》全文

中华人民共和国国务院令 第 715 号 现公布《报废机动车回收管理办法》，自 2019 年 6 月 1 日起施行。

第一条　为了规范报废机动车回收活动，保护环境，促进循环经济发展，保障道路交通安全，制定本办法。

第二条　本办法所称报废机动车，是指根据《中华人民共和国道路交通安全法》的规定应当报废的机动车。

不属于《中华人民共和国道路交通安全法》规定的应当报废的机动车，机动车所有人自愿做报废处理的，依照本办法的规定执行。

第三条　国家鼓励特定领域的老旧机动车提前报废更新，具体办法由国务院有关部门另行制定。

第四条　国务院负责报废机动车回收管理的部门主管全国报废机动车回收（含拆解，下同）监督管理工作，国务院公安、生态环境、工业和信息化、交通运输、市场监督管理等部门在各自的职责范围内负责报废机动车回收有关的监督管理工作。

县级以上地方人民政府负责报废机动车回收管理的部门对本行政区域内报废机动车回收活动实施监督管理。县级以上地方人民政府公安、生态环境、工业和信息化、交通运输、市场监督管理等部门在各自的职责范围内对本行政区域内报废机动车回收活动实施有关的监督管理。

第五条　国家对报废机动车回收企业实行资质认定制度。未经资质认定，任何单位或者个人不得从事报废机动车回收活动。

国家鼓励机动车生产企业从事报废机动车回收活动。机动车生产企业按照国家有关规定承担生产者责任。

第六条　取得报废机动车回收资质认定，应当具备下列条件：

（一）具有企业法人资格；

（二）具有符合环境保护等有关法律、法规和强制性标准要求的存储、拆解场地，拆解设备、设施以及拆解操作规范；

（三）具有与报废机动车拆解活动相适应的专业技术人员。

第七条 拟从事报废机动车回收活动的，应当向省、自治区、直辖市人民政府负责报废机动车回收管理的部门提出申请。省、自治区、直辖市人民政府负责报废机动车回收管理的部门应当依法进行审查，对符合条件的，颁发资质认定书；对不符合条件的，不予资质认定并书面说明理由。

省、自治区、直辖市人民政府负责报废机动车回收管理的部门应当充分利用计算机网络等先进技术手段，推行网上申请、网上受理等方式，为申请人提供便利条件。申请人可以在网上提出申请。

省、自治区、直辖市人民政府负责报废机动车回收管理的部门应当将本行政区域内取得资质认定的报废机动车回收企业名单及时向社会公布。

第八条 任何单位或者个人不得要求机动车所有人将报废机动车交售给指定的报废机动车回收企业。

第九条 报废机动车回收企业对回收的报废机动车，应当向机动车所有人出具《报废机动车回收证明》，收回机动车登记证书、号牌、行驶证，并按照国家有关规定及时向公安机关交通管理部门办理注销登记，将注销证明转交机动车所有人。

《报废机动车回收证明》样式由国务院负责报废机动车回收管理的部门规定。任何单位或者个人不得买卖或者伪造、变造报废机动车回收证明。

第十条 报废机动车回收企业对回收的报废机动车，应当逐车登记机动车的型号、号牌号码、发动机号码、车辆识别代号等信息；发现回收的报废机动车疑似赃物或者用于盗窃、抢劫等犯罪活动的犯罪工具的，应当及时向公安机关报告。

报废机动车回收企业不得拆解、改装、拼装、倒卖疑似赃物或者犯罪工具的机动车或者其发动机、方向机、变速器、前后桥、车架（以下统称"五大总成"）和其他零部件。

第十一条 回收的报废机动车必须按照有关规定予以拆解；其中，回收的报废大型客车、货车等营运车辆和校车，应当在公安机关的监督下解体。

第十二条 拆解的报废机动车"五大总成"具备再制造条件的，可以按照国家有关规定出售给具有再制造能力的企业经过再制造予以循环利用；不具备再制造条件的，应当作为废金属，交售给钢铁企业作为冶炼原料。

拆解的报废机动车"五大总成"以外的零部件符合保障人身和财产安全等强制性国家标准，能够继续使用的，可以出售，但应当标明"报废机动车回用件"。

第十三条 国务院负责报废机动车回收管理的部门应当建立报废机动车回收信息系统。报废机动车回收企业应当如实记录本企业回收的报废机动车"五大总成"等主要部件的数量、型号、流向等信息，并上传至报废机动车回收信息系统。

负责报废机动车回收管理的部门、公安机关应当通过政务信息系统实现信息共享。

第十四条 拆解报废机动车，应当遵守环境保护法律、法规和强制性标准，采取有效措施保护环境，不得造成环境污染。

第十五条 禁止任何单位或者个人利用报废机动车"五大总成"和其他零部件拼装机动车，禁止拼装的机动车交易。

除机动车所有人将报废机动车依法交售给报废机动车回收企业外,禁止报废机动车整车交易。

第十六条 县级以上地方人民政府负责报废机动车回收管理的部门应当加强对报废机动车回收企业的监督检查,建立和完善以随机抽查为重点的日常监督检查制度,公布抽查事项目录,明确抽查的依据、频次、方式、内容和程序,随机抽取被检查企业,随机选派检查人员。抽查情况和查处结果应当及时向社会公布。

在监督检查中发现报废机动车回收企业不具备本办法规定的资质认定条件的,应当责令限期改正;拒不改正或者逾期未改正的,由原发证部门吊销资质认定书。

第十七条 县级以上地方人民政府负责报废机动车回收管理的部门应当向社会公布本部门的联系方式,方便公众举报违法行为。

县级以上地方人民政府负责报废机动车回收管理的部门接到举报的,应当及时依法调查处理,并为举报人保密;对实名举报的,负责报废机动车回收管理的部门应当将处理结果告知举报人。

第十八条 负责报废机动车回收管理的部门在监督管理工作中发现不属于本部门处理权限的违法行为的,应当及时移交有权处理的部门;有权处理的部门应当及时依法调查处理,并将处理结果告知负责报废机动车回收管理的部门。

第十九条 未取得资质认定,擅自从事报废机动车回收活动的,由负责报废机动车回收管理的部门没收非法回收的报废机动车、报废机动车"五大总成"和其他零部件,没收违法所得;违法所得在5万元以上的,并处违法所得2倍以上5倍以下的罚款;违法所得不足5万元或者没有违法所得的,并处5万元以上10万元以下的罚款。对负责报废机动车回收管理的部门没收非法回收的报废机动车、报废机动车"五大总成"和其他零部件,必要时有关主管部门应当予以配合。

第二十条 有下列情形之一的,由公安机关依法给予治安管理处罚:

(一)买卖或者伪造、变造《报废机动车回收证明》;

(二)报废机动车回收企业明知或者应当知道回收的机动车为赃物或者用于盗窃、抢劫等犯罪活动的犯罪工具,未向公安机关报告,擅自拆解、改装、拼装、倒卖该机动车。

报废机动车回收企业有前款规定情形,情节严重的,由原发证部门吊销资质认定书。

第二十一条 报废机动车回收企业有下列情形之一的,由负责报废机动车回收管理的部门责令改正,没收报废机动车"五大总成"和其他零部件,没收违法所得;违法所得在5万元以上的,并处违法所得2倍以上5倍以下的罚款;违法所得不足5万元或者没有违法所得的,并处5万元以上10万元以下的罚款;情节严重的,责令停业整顿直至由原发证部门吊销资质认定书:

(一)出售不具备再制造条件的报废机动车"五大总成";

(二)出售不能继续使用的报废机动车"五大总成"以外的零部件;

(三)出售的报废机动车"五大总成"以外的零部件未标明"报废机动车回用件"。

第二十二条 报废机动车回收企业对回收的报废机动车,未按照国家有关规定及时向公安机关交通管理部门办理注销登记并将注销证明转交机动车所有人的,由负责报废机动车回收管理的部门责令改正,可以处1万元以上5万元以下的罚款。

利用报废机动车"五大总成"和其他零部件拼装机动车或者出售报废机动车整车、拼装的机动车的，依照《中华人民共和国道路交通安全法》的规定予以处罚。

第二十三条　报废机动车回收企业未如实记录本企业回收的报废机动车"五大总成"等主要部件的数量、型号、流向等信息并上传至报废机动车回收信息系统的，由负责报废机动车回收管理的部门责令改正，并处1万元以上5万元以下的罚款；情节严重的，责令停业整顿。

第二十四条　报废机动车回收企业违反环境保护法律、法规和强制性标准，污染环境的，由生态环境主管部门责令限期改正，并依法予以处罚；拒不改正或者逾期未改正的，由原发证部门吊销资质认定书。

第二十五条　负责报废机动车回收管理的部门和其他有关部门的工作人员在监督管理工作中滥用职权、玩忽职守、徇私舞弊的，依法给予处分。

第二十六条　违反本办法规定，构成犯罪的，依法追究刑事责任。

第二十七条　报废新能源机动车回收的特殊事项，另行制定管理规定。

军队报废机动车的回收管理，依照国家和军队有关规定执行。

第二十八条　本办法自2019年6月1日起施行。2001年6月16日国务院公布的《报废汽车回收管理办法》同时废止。

二、《报废机动车回收管理办法》重点内容

1. 报废机动车不再"论斤卖"

很多人宁愿选择把汽车扔到路边也不主动去报废，主要因为一是不熟悉回收处理报废汽车的流程，二是报废后所获得的补偿不高。以前一辆开了十多年的小轿车需要报废处理，才能卖几百块钱，再交了拖车费就没剩多少钱了，真是一桩不划算的买卖。为什么回收补偿这么低呢？

此前为防止报废车和拼装车上路行驶，《报废汽车回收管理办法》明确规定报废汽车回收企业拆解的"五大总成"应当作为废金属，交售给钢铁企业作为冶炼原料。因此，报废机动车都是按照废旧金属价格"论斤卖"。

新发布的《报废机动车回收管理办法》对此做出调整，拆解的报废机动车"五大总成"具备再制造条件的，可以按照国家有关规定出售给具有再制造能力的企业，经过再制造予以循环利用。

新规定有利于汽车零部件的再次利用，对汽车售后维修市场也有一定影响。据了解，目前在欧洲一些国家，超过50%以上的售后零部件是再制造产品。但在我国，汽车售后维修市场大部分是全新的零部件。新规定出台后，未来在汽车维修过程中，更换零部件的价格会有一定的下降空间。按照新规定，除"五大总成"外，二次利用的汽车零部件将主要流向汽车配件市场、汽车维修机构和个体使用群体。汽车维修如果使用这些再制造的零部件，可以降低维修材料费。

2. 放宽行业准入门槛

此前我国将报废机动车回收行业认定为"特种行业"，对回收企业实行数量控制，开办报废汽车回收公司必须要有报废汽车回收许可证，一般市县一级只有一家。

新规定修改了原有的进入和退出机制，并对内外资企业一视同仁，只要企业依法取得营业执照，并申请获得回收资质后，就可以从事报废机动车回收拆解业务。行业门槛的放宽和

报废机动车市场的不断扩大,必将带动回收企业增加及报废车回收行业的发展。

此外,报废机动车回收拆解过程中会产生废油、重金属等有毒有害污染物。对此,新规定还提出了强制性的标准和要求,对环保违法行为加大了监管和处罚力度,将有效解决环境污染问题。

同步测试

项目七　汽车维修与报废法律法规

项目八
二手车流通政策法规

知识导图

二手车流通政策法规
- 二手车流通管理办法
  - 二手车流通管理的必要性
  - 二手车流通管理办法
- 二手车交易规范
  - 收购和销售规范
  - 经纪规范
  - 拍卖规范
  - 直接交易规范
  - 交易市场的服务与管理
- 二手车鉴定评估技术规范
  - 二手车鉴定评估概述
  - 二手车鉴定评估规范过程

项目要求

1. 了解二手车流通管理办法的变更发展及其必要性；
2. 掌握禁止经营的车辆类型，理解二手车流通管理办法的核心要义；
3. 了解二手车交易（收购/销售、经纪、拍卖、自由交易等）过程中的行为规范及注意事项；
4. 掌握二手车鉴定评估技术规范、评估流程及管理规范。

项目思政

车易拍等 12 家二手车电商联名签署诚信经营倡议书

为促进二手车行业健康向上发展，树立消费者信心，中国汽车流通协会在 2017 年 9 月 21 日召开了二手车电商规范宣传座谈会，共同商讨了应该如何提高和规范行业品牌传播事宜，同时联合 12 家二手车电商共同签署了以"弘扬正能量，树消费信心"为主题的倡议书。

中国汽车流通协会倡议：二手车企业应该坚守诚信原则、强化诚信意识，坚持服务第

一、用户至上的宗旨；严格遵守国家法律法规和行业自律公约，提倡公平守信，反对恶性竞争，营造健康文明的行业环境；切实保护消费者权益，履行车况信息、服务信息的公开、透明、公平合理的经营服务承诺，杜绝违法、违规、事故等问题车辆经营行为；切实履行售后保障服务；增强行业透明度，正确面对舆论监督。此外，倡议书还写明，将建立行业健康发展联盟，引入诚信评级机制，对于存在恶性竞争、欺诈消费者行为的企业，一经查实，将向全社会进行公示。

作为二手车电商的"老兵"，车易拍也参加了此次座谈会并签署了倡议书。目前，大量电商平台的涌入也让行业发展正趋于完善。网上竞价交易、寄售、第三方评估、二手车金融、跨区域流通等服务，为用户在交易方式上提供了更多选择，在车况、车价方面提供了更多了解渠道，而在金融、流通方面，则让二手车交易有了更多可能。

谈一谈诚信对二手车交易的重要性。

费小姐在某二手车公司购买了一辆丰田二手车。虽然是二手车，可是里程数不足3万公里，车况也显得比较新，费小姐对于这次交易十分满意。然而，时隔两个月后，当费小姐送车去保养时，4S店的工作人员却告诉她车的里程数被人为调整过，实际的里程数已经超过了7万公里。于是，费小姐和该二手车公司进行沟通，希望可以退车并获得合理赔偿，但双方未能达成一致意见，费小姐起诉至法院。

审理中，二手车公司认为，公司对于路码表中的里程数是否与实际相符不负有担保责任，而且费小姐自己也在提车前检查过车辆，确认无误后公司才交车。此外，实际卖给费小姐的二手车也是从他人处进来的，公司并不清楚里程数是不是原来的车主修改的。所以二手车公司销售车辆过程中不存在欺诈，车辆也可以正常使用，不应退车，更不需要承担三倍赔付的责任。费小姐则认为，正是因为二手车公司隐瞒了实际的里程数，自己才同意购买这辆丰田轿车，如果早知车子的里程数如此之多，她不会选择购买。法官就双方购车细节及车辆来源进行了询问。二手车公司称曾重点阐明对于里程数不予担保，但无法提供证据证实；该二手车公司亦没有提供其购买该车的相关凭据。

法院认为，一方当事人故意告知对方虚假情况，或者故意隐瞒真实情况，诱使对方当事人做出错误意思表示的，可以认定为欺诈行为。车辆行驶里程数应当是反映车辆真实状况的一个重要指标，并进而决定交易价格及购车方购车决策的重要因素之一。二手车公司辩称行驶里程不影响二手车价格，显然与其在购车协议上明确注明行驶里程的做法以及与其陈述的二手车市场普遍存在篡改行驶里程的现象不符，所以二手车公司这一辩称意见，不符合常理，不予采信。二手车公司作为专业二手车经营者，真实、全面披露商品信息当属其法定义务，现因其未能真实披露该车辆的行驶里程，致使费小姐在错误信息的误导下做出了购车决策。二手车公司既未诚信履约，又未能对自身的免责事由予以举证证明，故费小姐主张二手车公司存在欺诈行为，要求撤销《购车协议》并退还购车款，于法有据，应予支持。

经营者提供商品或者服务有欺诈行为的，应当按照消费者的要求增加赔偿其受到的损失，增加赔偿的金额为消费者购买商品的价款或者接受服务的费用的三倍，故费小姐要求二手车公司按照所买车辆购买价款的三倍增加赔偿，亦于法有据，予以支持。

本案中，销售者作为专业的二手车经营者，对于该车的重要指标，明显应当知晓。且该销售者在庭审中称篡改里程数是二手车销售中的普遍行为，更可以体现其应对该事实知情。

最终，法院判决撤销购车合同，费小姐返还车辆，二手车公司返还购车款 7.8 万余元，并进行三倍赔偿 23 万余元。

思考：目前国内二手车市场普遍存在的"调表车""隐匿事故车"等信息不透明现象将对消费者和二手车行业带来哪些不良影响？国家应如何规范管理二手车的流通？

任务一 二手车流通管理办法

1. 二手车流通规范管理的必要性

在汽车技术和销量均飞速发展的今天，二手车市场呈现出巨大潜力。2011—2018 年中国汽车新车销量和二手车交易量统计显示：二手车交易量和新车销量差距逐年缩小，2018 年二手车交易量约为新车销量的 0.5 倍左右（见图 8-1）。在发达国家，二手车交易量甚至是远远超过新车销量的，如：目前美国二手车交易量是新车的 2.3 倍、日本是 1.5 倍、德国是 2.3 倍、韩国是 1.3 倍。

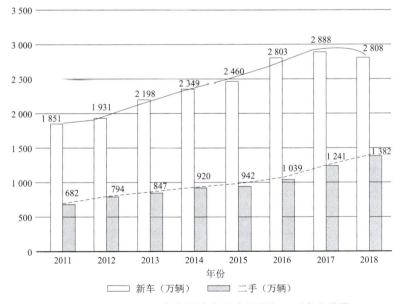

图 8-1 2011—2018 年中国汽车新车销量与二手车交易量

交通运输是国民经济的支柱产业，是活跃经济发展的重要支撑。车辆是交通运输的重要组成部分，二手车作为车辆流通过程中的重要环节，同时也是发展节约型社会的时代需要。只有二手车流通过程中公平、公正、公开并且规范化管理，才能促进市场持续稳健发展。

2013 年 5 月 1 日起实施的机动车强制报废规定中取消私家车报废年限限制，2016 年取消二手车限迁政策等，都大大释放了对二手车市场的束缚，促进了二手车市场的开放发展，消费者也得到了实实在在的利益。

综上所述，二手车流通的规范化管理是保护消费者权益、净化市场环境、促进二手车市场持续稳健发展的重要保障。只有从制度上科学规范，从管理上扎实落地，才能形成消费者信任信赖、销售者敬畏严谨的行业风气。

2. 二手车流通管理办法

《二手车流通管理办法》（商务部、公安部、工商总局、税务总局令〔2005〕第 2 号）2005 年 10 月 1 日发布实施。

为释放二手车市场活力，2017 年 9 月 14 日，中华人民共和国商务部发布商务部令 2017 年第 3 号，删去《二手车流通管理办法》第九条、第十条、第十一条关于二手车鉴定评估机构设立条件和程序等规定，大大放宽了二手车鉴定机构的设立要求。

为更好地适应时代发展需要，规范二手车市场，引导行业健康稳定发展，2018 年年底商务部将修订《二手车流通管理办法》列入规章立法计划，在广泛听取各方意见，并在充分借鉴国际经验基础上，起草形成了《二手车流通管理办法（征求意见稿）》。

《二手车流通管理办法（征求意见稿）》如下：

第一章　总则

第一条【目的】 为加强二手车流通管理，规范二手车经营行为，保障二手车交易双方的合法权益，促进二手车流通健康发展，依据国家有关法律、行政法规，制定本办法。

第二条【适用范围及条件】 在中华人民共和国境内从事二手车相关经营活动，适用本办法。

从事二手车相关经营活动应当遵循合法、自愿、公平、诚信的原则，接受依法实施的监督检查。

第三条【二手车定义】 本办法所称二手车，是指从办理完注册登记手续到依法应当实施报废之前进行交易并转移所有权的汽车、挂车和摩托车。

第四条【发展方向】 国家鼓励发展专业化、品牌化、连锁化的二手车经销、拍卖流通模式，促进二手车自由流通。

第五条【主管部门】 国务院商务主管部门、公安部门、税务部门、市场监督管理部门在各自的职责范围内负责二手车流通有关指导、协调和监督管理工作。

县级以上地方商务主管部门、公安部门、税务部门、市场监督管理部门在各自的职责范围内负责本行政区域内二手车流通有关监督管理工作。

第六条【行业组织】 鼓励二手车流通相关行业协会、商会制定行业标准规范，提供信息咨询、宣传培训等服务，开展行业监测和预警分析，加强行业自律。

第二章　经营行为规范

第七条【二手车交易市场】 二手车交易市场是指具备一定规模的固定场地、必要的配套设施，满足车辆展示需求，为买卖双方提供二手车交易和办理二手车鉴定评估、转移登记、保险、纳税等手续的场所。

第八条【二手车经销企业】 二手车鉴定评估机构应当具备下列条件：

1. 是独立的中介机构；
2. 有固定的经营场所和从事经营活动的必要设施；
3. 有3名以上从事二手车鉴定评估业务的专业人员（包括本办法实施之前取得国家职业资格证书的旧机动车鉴定估价师）；
4. 有规范的规章制度。

第九条【注册登记】 设立二手车鉴定评估机构，应当按下列程序办理：

1. 申请人向拟设立二手车鉴定评估机构所在地省级商务主管部门提出书面申请，并提交符合本办法第九条规定的相关材料；
2. 省级商务主管部门自收到全部申请材料之日起20个工作日内做出是否予以核准的决定，对予以核准的，颁发二手车鉴定评估机构核准证书；不予核准的，应当说明理由；
3. 申请人持二手车鉴定评估机构核准证书到工商行政管理部门办理登记手续。

第十条【基本规则】 外商投资设立二手车交易市场、经销企业、经纪机构、鉴定评估机构的申请人，应当分别持符合第八条、第九条规定和《外商投资商业领域管理办法》、有关外商投资法律规定的相关材料报省级商务主管部门。省级商务主管部门进行初审后，自收到全部申请材料之日起1个月内上报国务院商务主管部门。合资中方有国家计划单列企业集团的，可直接将申请材料报送国务院商务主管部门。国务院商务主管部门自收到全部材料3个月内会同国务院工商行政管理部门，做出是否予以批准的决定，对予以批准的，颁发或者换发外商投资企业批准证书；不予批准的，应当说明理由。

申请人持外商投资企业批准证书到工商行政管理部门办理登记手续。

第十一条【核实交易信息】 设立二手车拍卖企业（含外商投资二手车拍卖企业）应当符合《中华人民共和国拍卖法》和《拍卖管理办法》有关规定，并按《拍卖管理办法》规定的程序办理。

第十二条【服务明示】 外资并购二手车交易市场和经营主体及已设立的外商投资企业增加二手车经营范围的，应当按第十一条、第十二条规定的程序办理。

第十三条【交易合同】 进行二手车交易应当签订合同。合同示范文本由国务院市场监督管理部门制定。

鼓励具备条件的地区对二手车交易实施网上签约管理。

第十四条【保修服务】 二手车卖方应在合同中向买方明确是否提供保修。二手车卖方提供保修的，应当明确保修承担人、范围、期限、修理和投诉方式、免责条款等内容。

二手车卖方自行提供或委托企业提供延长保修服务的，应当明确延长保修服务的承担单位、范围、期限、修理和投诉方式、免责条款等内容。

第十五条【车辆状况表格】 二手车经销企业在销售二手车前，应当自行或通过鉴定评估机构检测核实车辆状况，如实填写车辆状况表格并在车窗醒目位置予以展示。通过互联网销售二手车的，应当在互联网上相应醒目位置予以展示。车辆状况表格应包括车辆基本信息、价格信息、重要配置信息、事故信息、重要功能异常信息、延长保修信息等以及需要说明的其他事项。车辆状况表格示范文本见附录。

二手车经销企业在销售二手车时，应将车辆状况表格附在交易合同中，车辆状况表格与交易合同具有同等法律效力。

二手车卖方、二手车经销企业提供虚假车辆状况表格信息或隐瞒影响车辆正常使用的重大瑕疵的，应当承担相应的法律责任。

第十六条【交付凭证】 二手车交易完成后，卖方应当及时向买方交付车辆、号牌及车辆法定证明、凭证，凭证不全的应以书面方式予以说明并经买方确认。车辆法定凭证主要包括：

1. 机动车登记证书；
2. 机动车行驶证；
3. 有效的机动车安全技术检验合格标志；
4. 车辆保险与车船使用税缴付凭证；
5. 汽车"三包"凭证（车辆在"三包"有效期内提供）。

第十七条【禁止交易】 下列车辆禁止交易：

1. 已报废或者达到国家强制报废标准的车辆；
2. 在抵押期间或者未经海关批准交易的海关监管车辆；
3. 在人民法院、人民检察院、行政执法部门依法查封、扣押期间的车辆；
4. 通过盗窃、抢劫、诈骗等违法犯罪手段获得的车辆；
5. 发动机号码、车辆识别代号或者车架号码与登记号码不相符，或者有凿改迹象的车辆；
6. 走私、非法拼（组）装的车辆；
7. 不具有机动车登记证书或机动车行驶证的车辆；
8. 其他国家法律法规禁止经营的车辆。

二手车交易市场经营者和二手车经销企业发现车辆具有4、5、6情形之一的，应当及时报告公安机关、市场监督管理部门等执法机关。

对明知或应知属于禁止交易车辆仍进行交易的，二手车卖方、二手车交易市场经营者和二手车经销企业应当承担相应的法律责任。

第十八条【禁调里程】 除因车辆里程表产生故障而进行的专业校准、维修，任何人不得非法修改车辆行驶里程表数值。

第十九条【交易发票】 二手车经销企业销售二手车，应当按规定向买方开具税务机关监制的统一发票。二手车所有人不通过经销企业将车辆直接出售给买方的，应当由税务机关或二手车交易市场经营者按规定向买方开具税务机关监制的统一发票。

二手车交易市场、二手车经销企业应如实开具发票，不得虚开发票金额。

第二十条【转移登记】 二手车交易完成后，现车辆所有人应当凭税务机关监制的统一发票以及其他凭证，按法律、法规有关规定办理转移登记手续。

第二十一条【交易市场责任与义务】 二手车交易市场经营者应当切实履行对场内交易活动的监督、规范和管理义务，主要包括：

（1）审核入驻经营主体的营业执照，签订场租合同；
（2）制定市场管理制度，建立经营主体档案、二手车入场登记制度，履行日常管理职责；
（3）受理和及时处理交易投诉，配合有关部门和消费者保护组织的调查与处理；
（4）统计市场交易情况。

二手车交易市场经营者管理不当给相关交易方造成损失的，应当承担相应的法律责任。

鼓励二手车交易市场经营者与入驻经营主体协议建立消费者权益保证金制度或者先行赔付制度，并公开消费者权益保证金及赔付款项的管理和使用办法。

第二十二条【鉴定评估】 二手车鉴定评估机构应当明确鉴定评估标准和免责条款，不得出具虚假或有重大遗漏的报告，对鉴定评估结果承担相应的法律责任。

鼓励有资质的认证机构开展二手车鉴定评估机构认证服务，培育二手车认证品牌。

二手车鉴定评估是指从事二手车车辆状况监测、评定、价值估算并出具鉴定评估报告的经营活动。

第二十三条【信息查询服务】 鼓励数据服务企业提供保险理赔、维修保养、召回等历史车况信息查询服务，相关企业应确保数据来源合法合规，确保数据真实、准确、完整，并在获得车辆所有人授权的情况下面向二手车经销企业和经营者提供查询。提供数据查询结果有误造成客户损失和泄露消费者个人隐私信息的，应当承担相应的法律责任。

第二十四条【交易信息报送】 二手车交易市场经营者和经销企业应当按照国务院商务主管部门有关要求，通过全国汽车流通信息管理应用服务（系统）实时准确采集和报送每次交易相关信息。

第二十五条【交易档案保存】 二手车交易市场经营者和二手车经销企业应当建立完整的二手车交易档案，交易档案保存期不得少于5年。

第二十六条【适当限制个人非正常交易】 个人在1年度内销售二手车数量超过5辆、所售车辆平均持有时间不满30天的，不适用个人出售自用物品免缴增值税的相关规定，按照小规模纳税人销售自己使用过的固定资产征收增值税。

第3章 监督管理

第二十七条【责任分工】 县级以上地方商务主管部门牵头负责本地二手车流通管理工作，拟定本地二手车流通行业发展的政策措施；公安部门负责二手车转移登记，依法查处扰乱公共秩序、危害公共安全，侵害公民人身、财产安全等违法犯罪行为；税务部门负责二手车交易税款征收和发票的监督管理，监督企业依法纳税，查处偷逃税款违法行为；市场监督管理部门负责二手车市场反垄断和反不正当竞争执法，实施产品和服务质量监管，依法处理合同纠纷和保护消费者权益等。

第二十八条【注册登记信息共享】 市场监督管理部门及时将二手车交易市场经营者和二手车经销企业注册登记信息推送商务主管部门、公安部门、税务部门。

第二十九条【日常监督检查】 县级以上地方商务主管部门、公安部门、税务部门、市场监督管理部门应当依据职责，采取"双随机"办法对二手车相关经营活动实施日常监督检查。

监督检查可采取下列措施：
（1）进入二手车交易市场和二手车经销企业从事经营活动的场所进行现场检查；
（2）询问与监督检查事项有关的单位和个人，要求其说明情况；
（3）查阅、复制有关文件、资料，检查相关数据信息系统及复制相关信息数据；
（4）依据国家有关规定采取的其他措施。

第三十条【联网核查】 商务主管部门、公安部门、税务部门、市场监督管理部门加强信息共享，建立交易信息联网核查机制。

第三十一条【信用体系】 县级以上地方商务主管部门会同有关部门建立企业信用记录，纳入全国统一的信用信息共享交换平台，对企业有关违法违规行为依法做出处理决定的，应当录入信用档案，并及时向社会公布。

第4章 法律责任

第三十二条 违法本办法第九条（注册登记）、第十二条（服务明示）、第十三条第一款（交易合同）、第十四条（保修服务）、第十五条第二款（车辆状况表格）、第十六条（交付凭证）、第十八条（禁调里程）有关规定的，由县级以上市场监督管理部门责令改正，给予警告并可处以3万元以下罚款。

第三十三条 违法本办法第十一条（核实交易信息）、第十五条第一款（车辆状况表格）、第二十一条（交易市场责任和义务）、第二十五条（交易档案保存）有关规定的，由县级以上市场监督管理部门责令改正，给予警告并可处以3万元以下罚款。

第三十四条 违法本办法第十九条（交易发票）有关规定的，由县级以上税务依据有关法律法规予以处罚。

第三十五条 县级以上地方商务主管部门、公安部门、税务部门、市场监督管理部门的工作人员在二手车监督管理工作中滥用职权、玩忽职守、徇私舞弊的，依法给予处分；构成犯罪的，依法追究行驶证责任。

第5章 附则

第三十六条【实施细则】 省级商务主管部门可结合本地实际情况制定本办法的实施细则，并报国务院商务主管部门备案。

第三十七条【实施时间】

本办法自201 年 月 日起施行，原《二手车流通管理办法》（商务部、公安部、工商总局、税务总局令2005年第2号）、《二手车交易规范》（商务部公告2006年第22号）同时废止。

附录

车辆状况表格

序号：　　　　　　日期：

品牌/型号				
车价				
车辆基本信息	生产企业		年款	
	牌照号码		VIN码	
	初次登记日期	年　月　日	车身颜色	
	表征里程	km	转移登记次数	
	厂家保修有效期	□是，截止日为　年　月　日 □否		
	使用性质	□营运 □非营运		

续表

重要配置	燃料类型	☐汽油　☐柴油　☐汽油普通混合动力　☐柴油普通混合动力 ☐汽油插电式混合动力　☐柴油插电式混合动力 ☐纯电动　☐其他		
	排量		功率	
	排放标准		燃油标号	
	驱动方式		变速箱形式	
	其他重要配置			
是否事故车		☐是　☐碰撞事故　☐水淹　☐火烧 ☐否		
重要功能异常描述				
是否提供延长质保服务		☐是（提供方＿＿＿＿＿＿；保修期＿＿＿＿＿） ☐否		
经营单位				
联系人/电话				

注：事故车是指严重撞击造成车辆结构性损伤以及发生泡水、火烧等事故的车辆。参照《二手车鉴定评估技术规范》（GB/T 30323-2013）要求进行判定。

任务二　二手车交易规范

本规范是2006年中华人民共和国商务部依据2005年开始实施的《二手车流通管理办法》制定的，共七章46条，是《二手车流通管理办法》的实施细则。若2018年午底制定的《二手车流通管理办法（征求意见稿）》落地实施，则《二手车交易规范》（商务部公告2006年第22号）同时废止。本文列出可做学习参考用，且本规范所指《二手车流通管理办法》均为2005年版中相应内容，此后不再赘述。

一、总则

第一章　为"总则"，共12条：

第一条　为规范二手车交易市场经营者和二手车经营主体的服务、经营行为，以及二手车直接交易双方的交易行为，明确交易规程，增加交易透明度，维护二手车交易双方的合法权益，依据《二手车流通管理办法》，制定本规范。

第二条　在中华人民共和国境内从事二手车交易及相关的活动适用于本规范。

第三条　二手车交易应遵循诚实、守信、公平、公开的原则，严禁欺行霸市、强买强卖、弄虚作假、恶意串通、敲诈勒索等违法行为。

第四条　二手车交易市场经营者和二手车经营主体应在各自的经营范围内从事经营活动，不得超范围经营。

第五条 二手车交易市场经营者和二手车经营主体应按下列项目确认卖方的身份及车辆的合法性：

（一）卖方身份证明或者机构代码证书原件合法有效；

（二）车辆号牌、机动车登记证书、机动车行驶证、机动车安全技术检验合格标志真实、合法、有效；

（三）交易车辆不属于《二手车流通管理办法》第二十三条规定禁止交易的车辆。

第六条 二手车交易市场经营者和二手车经营主体应核实卖方的所有权或处置权证明。车辆所有权或处置权证明应符合下列条件：

（一）机动车登记证书、行驶证与卖方身份证明名称一致；国家机关、国有企事业单位出售的车辆，应附有资产处理证明。

（二）委托出售的车辆，卖方应提供车主授权委托书和身份证明。

（三）二手车经销企业销售的车辆，应具有车辆收购合同等能够证明经销企业拥有该车所有权或处置权的相关材料，以及原车主身份证明复印件。原车主名称应与机动车登记证、行驶证名称一致。

第七条 二手车交易应当签订合同，明确相应的责任和义务。交易合同包括：收购合同、销售合同、买卖合同、委托购买合同、委托出售合同、委托拍卖合同等。

第八条 交易完成后，买卖双方应当按照国家有关规定，持下列法定证明、凭证向公安机关交通管理部门申办车辆转移登记手续：

（一）买方及其代理人的身份证明；

（二）机动车登记证书；

（三）机动车行驶证；

（四）二手车交易市场、经销企业、拍卖公司按规定开具的二手车销售统一发票；

（五）属于解除海关监管的车辆，应提供中华人民共和国海关监管车辆解除监管证明书。

车辆转移登记手续应在国家有关政策法规所规定的时间内办理完毕，并在交易合同中予以明确。

完成车辆转移登记后，买方应按国家有关规定，持新的机动车登记证书和机动车行驶证到有关部门办理车辆购置税、养路费变更手续。

第九条 二手车应在车辆注册登记所在地交易。二手车转移登记手续应按照公安部门有关规定在原车辆注册登记所在地公安机关交通管理部门办理。需要进行异地转移登记的，由车辆原属地公安机关交通管理部门办理车辆转出手续，在接收地公安机关交通管理部门办理车辆转入手续。

第十条 二手车交易市场经营者和二手车经营主体应根据客户要求提供相关服务，在收取服务费、佣金时应开具发票。

第十一条 二手车交易市场经营者、经销企业、拍卖公司应建立交易档案。交易档案主要包括以下内容：

（一）本规范第五条第二款规定的法定证明、凭证复印件；

（二）购车原始发票或者最近一次交易发票复印件；

（三）买卖双方身份证明或者机构代码证书复印件；

（四）委托人及授权代理人身份证或者机构代码证书以及授权委托书复印件；

（五）交易合同原件；

（六）二手车经销企业的车辆信息表（见附件一），二手车拍卖公司的拍卖车辆信息（见附件二）和二手车拍卖成交确认书（见附件三）；

（七）其他需要存档的有关资料。

交易档案保留期限不少于3年。

第十二条　二手车交易市场经营者、二手车经营主体发现非法车辆、伪造证照和车牌等违法行为，以及擅自更改发动机号、车辆识别代号（车架号码）和调整里程表等情况，应及时向有关执法部门举报，并有责任配合调查。

二、收购和销售

第十三条　二手车经销企业在收购车辆时，应按下列要求进行：

（一）按本规范第五条和第六条所列项目核实卖方身份以及交易车辆的所有权或处置权，并查验车辆的合法性。

（二）与卖方商定收购价格，如对车辆技术状况及价格存有异议，经双方商定可委托二手车鉴定评估机构对车辆技术状况及价值进行鉴定评估。达成车辆收购意向的，签订收购合同，收购合同中应明确收购方享有车辆的处置权。

（三）按收购合同向卖方支付车款。

第十四条　二手车经销企业将二手车销售给买方之前，应对车辆进行检测和整备。

二手车经销企业应对进入销售展示区的车辆按车辆信息表的要求填写有关信息，在显要位置予以明示，并可根据需要增加车辆信息表的有关内容。

第十五条　达成车辆销售意向的，二手车经销企业应与买方签订销售合同，并将车辆信息表作为合同附件。按合同约定收取车款时，应向买方开具税务机关监制的统一发票，并如实填写成交价格。

买方持本规范第八条规定的法定证明、凭证到公安机关交通管理部门办理转移登记手续。

第十六条　二手车经销企业向最终用户销售使用年限在3年以内或行驶里程在6万千米以内的车辆（以先到者为准，营运车除外），应向用户提供不少于3个月或5 000千米（以先到者为准）的质量保证。质量保证范围为发动机系统、转向系统、传动系统、制动系统、悬挂系统等。

第十七条　二手车经销企业向最终用户提供售后服务时，应向其提供售后服务清单。

第十八条　二手车经销企业在提供售后服务的过程中，不得擅自增加未经客户同意的服务项目。

第十九条　二手车经销企业应建立售后服务技术档案。售后服务技术档案包括以下内容：

（一）车辆基本资料，主要包括车辆品牌型号、车牌号码、发动机号、车架号、出厂日期、使用性质、最近一次转移登记日期、销售时间、地点等；

（二）客户基本资料，主要包括客户名称（姓名）、地址、职业、联系方式等；

（三）维修保养记录，主要包括维修保养的时间、里程、项目等。

售后服务技术档案保存时间不少于3年。

三、经纪

第二十条 购买或出售二手车可以委托二手车经纪机构办理。委托二手车经纪机构购买二手车时，应按《二手车流通管理办法》第二十一条规定进行。

第二十一条 二手车经纪机构应严格按照委托购买合同向买方交付车辆、随车文件及本规范第五条第二款规定的法定证明、凭证。

第二十二条 经纪机构接受委托出售二手车，应按以下要求进行：
（一）及时向委托人通报市场信息；
（二）与委托人签订委托出售合同；
（三）按合同约定展示委托车辆，并妥善保管，不得挪作他用；
（四）不得擅自降价或加价出售委托车辆。

第二十三条 签订委托出售合同后，委托出售方应当按照合同约定向二手车经纪机构交付车辆、随车文件及本规范第五条第二款规定的法定证明、凭证。

车款、佣金给付按委托出售合同约定办理。

第二十四条 通过二手车经纪机构买卖的二手车，应由二手车交易市场经营者开具国家税务机关监制的统一发票。

第二十五条 进驻二手车交易市场的二手车经纪机构应与交易市场管理者签订相应的管理协议，服从二手车交易市场经营者的统一管理。

第二十六条 二手车经纪人不得以个人名义从事二手车经纪活动。二手车经纪机构不得以任何方式从事二手车的收购、销售活动。

第二十七条 二手车经纪机构不得采取非法手段促成交易，以及向委托人索取合同约定佣金以外的费用。

四、拍卖

第二十八条 从事二手车拍卖及相关中介服务活动，应按照《拍卖法》及《拍卖管理办法》的有关规定进行。

第二十九条 委托拍卖时，委托人应提供身份证明、车辆所有权或处置权证明及其他相关材料。拍卖人接受委托的，应与委托人签订委托拍卖合同。

第三十条 委托人应提供车辆真实的技术状况，拍卖人应如实填写拍卖车辆信息。如对车辆的技术状况存有异议，拍卖委托双方经商定可委托二手车鉴定评估机构对车辆进行鉴定评估。

第三十一条 拍卖人应于拍卖日7日前发布公告。拍卖公告应通过报纸或者其他新闻媒体发布，并载明下列事项：
（一）拍卖的时间、地点；
（二）拍卖的车型及数量；
（三）车辆的展示时间、地点；
（四）参加拍卖会办理竞买的手续；
（五）需要公告的其他事项。

拍卖人应在拍卖前展示拍卖车辆，并在车辆显著位置张贴拍卖车辆信息。车辆的展示时间不得少于 2 天。

第三十二条　进行网上拍卖，应在网上公布车辆的彩色照片和拍卖车辆信息，公布时间不得少于 7 天。

网上拍卖是指二手车拍卖公司利用互联网发布拍卖信息，公布拍卖车辆技术参数和直观图片，通过网上竞价，网下交接，将二手车转让给超过保留价的最高应价者的经营活动。

网上拍卖过程及手续应与现场拍卖相同。网上拍卖组织者应根据《拍卖法》及《拍卖管理办法》有关条款制定网上拍卖规则，竞买人则需要办理网上拍卖竞买手续。

任何个人及未取得二手车拍卖人资质的企业不得开展二手车网上拍卖活动。

第三十三条　拍卖成交后，买受人和拍卖人应签署《二手车拍卖成交确认书》。

第三十四条　委托人、买受人可与拍卖人约定佣金比例。

委托人、买受人与拍卖人对拍卖佣金比例未作约定的，依据《拍卖法》及《拍卖管理办法》有关规定收取佣金。

拍卖未成交的，拍卖人可按委托拍卖合同的约定向委托人收取服务费用。

第三十五条　拍卖人应在拍卖成交且买受人支付车辆全款后，将车辆、随车文件及本规范第五条第二款规定的法定证明、凭证交付给买受人，并向买受人开具二手车销售统一发票，如实填写拍卖成交价格。

五、直接交易

第三十六条　二手车直接交易方为自然人的，应具有完全民事行为能力。无民事行为能力的，应由其法定代理人代为办理，法定代理人应提供相关证明。

二手车直接交易委托代理人办理的，应签订具有法律效力的授权委托书。

第三十七条　二手车直接交易双方或其代理人均应向二手车交易市场经营者提供其合法身份证明，并将车辆及本规范第五条第二款规定的法定证明、凭证送交二手车交易市场经营者进行合法性验证。

第三十八条　二手车直接交易双方应签订买卖合同，如实填写有关内容，并承担相应的法律责任。

第三十九条　二手车直接交易的买方按照合同支付车款后，卖方应按合同约定及时将车辆及本规范第五条第二款规定的法定证明、凭证交付买方。

车辆法定证明、凭证齐全合法，并完成交易的，二手车交易市场经营者应当按照国家有关规定开具二手车销售统一发票，并如实填写成交价格。

六、交易市场的服务与管理

第四十条　二手车交易市场经营者应具有必要的配套服务设施和场地，设立车辆展示交易区、交易手续办理区及客户休息区，做到标志明显，环境整洁卫生。交易手续办理区应设立接待窗口，明示各窗口业务受理范围。

第四十一条　二手车交易市场经营者在交易市场内应设立醒目的公告牌，明示交易服务程序、收费项目及标准、客户查询和监督电话号码等内容。

第四十二条　二手车交易市场经营者应制定市场管理规则，对场内的交易活动负有监督、规范和管理责任，保证良好的市场环境和交易秩序。由于管理不当给消费者造成损失

的，应承担相应的责任。

第四十三条 二手车交易市场经营者应及时受理并妥善处理客户投诉，协助客户挽回经济损失，保护消费者权益。

第四十四条 二手车交易市场经营者在履行其服务、管理职能的同时，可依法收取交易服务和物业等费用。

第四十五条 二手车交易市场经营者应建立严格的内部管理制度，牢固树立为客户服务、为驻场企业服务的意识，加强对所属人员的管理，提高人员素质。二手车交易市场服务、管理人员须经培训合格后上岗。

七、附 则

第四十六条 本规范自发布之日起实施。

商务部公告2006年第22号
二〇〇六年三月二十四日

附件一

车辆信息表

质量保证类别							
车牌号							
经销企业名称							
营业执照号码				地址			
车辆基本信息	车辆价格	元	品牌型号			车身颜色	
	初次登记	年 月 日	行驶里程	km		燃料	
	发动机号		车架号码			生产厂家	
	出厂日期	年 月 日	年检到期	年 月 日		排放等级	
	结构特点	□自动挡 □手动挡 □ABS □其他					
	使用性质	□营运 □出租车 □非营运 □营转非 □出租营转非 □教练车 □其他					
	交通事故记录 次数/类别/程度						
	重大维修记录 时间/部件						
	法定证明、凭证	□号牌 □行驶证 □登记证 □年检证明 □车辆购置税完税证明 □养路费缴付证明 □车船使用税完税证明 □保险单 □其他					
车辆技术状况							

续表

质量保证	
声明	本车辆符合《二手车流通管理办法》有关规定，属合法车辆
	买方（签章）　　　　　　经销企业（签章） 　　　　　　　　　　　　　经办人（签章） 　　　　　　　　　　　　　　　　　　　　　年　　月　　日
备注	1. 本表由经销企业负责填写。 2. 本表一式三份，一份用于车辆展示，其余作为销售合同附件

填表说明

1. 质量保证类别。车辆使用年限在 3 年以内或行驶里程在 6 万千米以内（以先到者为准，营运车除外），填写"本车属于质量保证车辆"。

如果超出质量保证范围，则在质量保证类别栏中填写"本车不属于质量保证车辆"，质量保证栏填写"本公司无质量担保责任"。

2. 经销企业名称、营业执照号码及地址应按照企业营业执照所登记的内容填写。

3. 车辆基本信息按车辆登记证书所载信息填写。

（1）行驶里程按实际行驶里程填写。如果更换过仪表，应注明更换之前行驶里程；如果不能确定实际行驶里程，则应予以注明。

（2）年检到期日以车辆最近一次年检证明所列日期为准。

（3）车辆价格按二手车经销企业拟卖出价格填写，可以不是最终销售价。

（4）其他信息根据车辆具体情况，符合项在□中画√。

（5）使用性质按表中所列分类，符合项在□中画√。

（6）交通事故记录次数/类别/程度，应根据可查记录或原车主的描述以及在对车辆进行技术状况检测过程中发现的，对车辆有重大损害的交通事故次数、类别及程度填写。未发生过重大交通事故填写"无"。

（7）重大维修录应根据可查记录或原车主的描述以及在车辆检测过程中发现的更换或维修车辆重要部件部分（比如发动机大、中修等）填有关内容。车辆未经过大、中修填写"无"。

4. 法定证明、凭证等按表中所列项目，符合项在□中画√。

5. 车辆技术状况是指车辆在展示前，二手车经销企业对车辆技术状况及排放状况进行检测，检测项目及检测方式根据企业具体情况实施，并将检测结果在表中填写。同时，检验员应在表中相应位置签字。

6. 属于质量担保车辆的，经销企业根据交易车辆的实际情况，填写质量保证部件、里程和时间。一般情况下，质量保证可按以下内容填写：

（1）质量保证范围为：从车辆售出之日起 3 个月或行驶 5 000 千米，以先到为准。

（2）本公司在车辆销售之前或之后质量保证期内，保证车辆安全技术性能。

（3）质量保证不包括轮胎、电瓶、内饰和车身油漆，也不包括因车辆碰撞、车辆用于赛车或拉力赛等非正常使用造成的质量问题。

经销企业也可根据实际情况适当延长质量保证期限，放宽对使用年限和行驶里程的限制。

7. 当车辆实现销售时，由经销企业及其经办人和买方分别在签章栏中签章。

附件二

拍卖车辆信息

拍卖企业名称						
营业执照号码			地址			
拍卖时间	年 月 日		拍卖地点			
车辆基本信息	车牌号		厂牌型号		车身颜色	
	初次登记	年 月 日	行驶里程	km	燃料	
	发动机号		车架号码			
	出厂日期	年 月 日	发动机排量			
	年检到期	年 月 日	生产厂家			
	结构特点	☐自动挡 ☐手动挡 ☐ABS ☐其他				
	使用性质	☐营运 ☐出租车 ☐非营运 ☐营转非 ☐出租营转非 ☐教练车 ☐其他				
	交通事故记录 次数/类别/程度					
	重大维修记录					
	其他提示					
	法定证明、凭证	☐号牌 ☐行驶证 ☐登记证 ☐年检证明 ☐车辆购置税完税证明 ☐养路费缴付证明 ☐车船使用税完税证明 ☐保险单 ☐其他				
车辆技术状况						
	检测日期		检测人			
质量保证						
声明	本车辆符合《二手车流通管理办法》有关规定，属合法车辆					

续表

其他载明事项	
	拍卖人（签章）
备注	1. 本表由经销企业负责填写。 2. 本表一式三份，一份用于车辆展示，其余作为拍卖成交确认书附件。

填表说明

1. 拍卖企业名称、营业执照号码及地址应按照企业营业执照所登记的内容填写。

2. 拍卖时间、地点填写拍卖会举办的时间和地点。

3. 车辆基本信息按车辆登记证书所载信息填写。

（1）行驶里程按实际行驶里程填写。如果更换过仪表，应注明更换之前行驶里程；如果不能确定实际行驶里程，则应予以注明。

（2）年检到期日以车辆最近一次年检证明所列日期为准。

（3）其他信息根据车辆具体情况，符合项在□中画√。

（4）使用性质按表中所列分类，符合项在□中画√。

（5）交通事故记录次数/类别/程度，应根据可查记录或委托方的描述以及在对车辆进行技术状况检测过程中发现的，对车辆有重大损害的交通事故次数、类别及程度填写。确定未发生过重大交通事故填写"无"。

（6）重大维修记录应根据可查记录或委托方的描述以及在车辆检测过程中发现的更换或维修车辆重要部件部分（比如发动机大、中修等）填写有关内容。确定未经过大、中修填写"无"。

（7）拍卖企业应在其他提示栏中指出车辆存在的质量缺陷、未排除的故障等方面的瑕疵。

4. 法定证明、凭证等按表中所列项目，符合项在□中画√。

5. 车辆技术状况是指车辆在展示前，拍卖企业对车辆技术状况及排放状况进行检测，检测项目及检测方式根据企业具体情况实施，并将检测结果在表中填写。同时，检验员应在表中相应位置签字。

6. 有能力的拍卖企业可为拍卖车辆提供质量保证，质量担保范围可参照经销企业的"车辆信息表"有关要求。质量保证部件、里程和时间可根据实际情况由企业自行掌握。

7. 其他载明事项是拍卖企业需要对车辆进行特殊说明的事项。

8. 当车辆拍卖成交时，拍卖人在签章栏中签章。

附件三

二手车拍卖成交确认书

拍卖人：

买受人：

签订地点：

签订时间：

经审核本拍卖标的手续齐全，符合国家有关规定，属于合法车辆。

拍卖人于_____年___月___日在_____举行拍卖会上，竞标号码为_____的竞买人_____，经过公开竞价，成功竞得_____。拍卖标的物的详情见附件《拍卖车辆信息》。依照《二手车流通管理办法》《中华人民共和国拍卖法》及有关法律、行政法规之规定，双方签订拍卖成交确认书如下：

一、成交拍卖标的：拍卖编号为的二手机动车，车牌号码为_____。

二、成交价款及佣金：标的成交价款为人民币大写_____元（¥_____），佣金比例为成交总额的___%，佣金为人民币大写_____元（¥_____），合计大写_____元（¥_____）。

三、付款方式：拍卖标的已经拍定，其买受人在付足全款后方可领取该车。

四、交接：拍卖人在买受人付足全款后，应将拍出的车辆移交给买受人，并向买受人提供车辆转移登记所需的号牌、机动车登记证书、机动车行驶证、有效的机动车安全技术检验合格标志、车辆购置税完税证明、养路费缴付凭证、车船使用税缴付凭证、车辆保险单等法定证明、凭证。

五、转移登记：买受人应自领取车辆及法定证明、凭证之日起30日内，向公安机关交通管理部门申办转移登记手续。

六、质量保证：_____。

七、声明：买受人已充分了解拍卖标的全部情况，承认并且愿意遵守《中华人民共和国拍卖法》和国家有关法律、行政法规之各项条款。

八、其他约定事项：_____。

买受人（签章）：   拍卖人（签章）：
法定代表人：   法定代表人：

任务三　二手车评估标准——二手车鉴定评估技术规范

导入案例

近日东源县人民法院审理了一起二手车纠纷，一名男子从微信上购买了一辆便宜的二手车，可没想到这竟然是一辆重大事故车。2017年9月，王先生被微信朋友圈一则二手车买卖广告所吸引，新车上路14万多元，仅行驶了4 000千米，可按揭零首付，包过户售价10.3万元等字眼一下子就打动了王先生的心。王先生本以为自己赚到了便宜，未曾想交易完成后车辆在使用过程中却频频出现问题，仅十多天时间就发现仪表盘架子脱落、前轮异响，车身脱漆等各种毛病，有一次在行驶过程中还发生了全车断电。

当王先生联系李某要求退还购车款，李某却坚决不肯承认车是事故车，不同意退款。多次协商无果后，2017年11月，王先生将李某诉至东源县人民法院，诉求法院判被告李某全额退款购车款，并根据《中华人民共和国消费者权益保护法》相关规定，给予自己三倍赔偿。法官表示，由于无法认定李某经营者的身份，王先生的案例难以用消费者权益保护法执行赔偿。最后双方在庭后达成了调解协议，被告李某在限定时间内退还全部购车款，原告王某退还所购车辆，配合李某办理过户手续，诉讼费两人各承担一半。

对于买卖二手车法官建议市民一定要到正规的车行进行购买，一方面，二手车行在消费者权益保护法中处于经营者地位，一旦出现违约，买家可以适用消费者权益保护法上三倍赔偿法则进行索赔；另一方面，二手车行具有完善的检测流程和丰富的二手车检验技术经验，能够识别二手车的状况、查询到车辆的保险和事故情况。

一、二手车鉴定评估技术规范概述

为规范二手车鉴定评估行为，营造公平、公正的二手车消费环境，保护消费者合法权益，促进汽车市场健康发展，制定本标准——中华人民共和国国家标准《二手车鉴定评估技术规范》（GB/T 30323－2013）。本标准是由中华人民共和国商务部提出并归口，中国汽车流通协会按照国标（GB/T1.1 2009）起草。2013年12月31日发布，2014年6月1日实施。

本标准在制定过程中，参考了国外二手车鉴定评估有关法规与行业标准的主要思路与方法。

1. 本规范适用范围

本标准规定了二手车鉴定评估的术语和定义、企业要求、作业流程和方法等技术要求。本标准适用于从事二手乘用车鉴定评估的活动。从事其他二手车鉴定评估，以及其他涉及汽车鉴定评估活动参照执行。

2. 规范性引用文件

下列规范所包含的条文，通过在本规范中引用而构成本规范的条文。本规范出版时，所示版本均为有效。所有规范都会被修订，使用本规范的各方应探讨使用下列规范最新版本的可能性。凡是不注明日期的引用文件，其最新版本适用于本规范。

GB 7258《机动车运行安全技术条件》

3. 术语和定义

二手车是指从办理完注册登记手续到达到国家强制报废标准之前进行交易并转移所有权的汽车。

二手车鉴定评估是指对二手车进行技术状况检测、鉴定，确定某一时点价值的过程。

二手车技术状况鉴定对车辆技术状况进行缺陷描述、等级评定。

二手车价值评估根据二手车技术状况鉴定结果和鉴定评估目的，对目标车辆价值评估。价值评估方法主要包括现行市价法、重置成本法。

（1）现行市价法：根据车辆技术状况按照市场现行价格计算出被评估车辆价值的方法。

（2）重置成本法：按照相同车型市场现行价格重新购置一个全新状态的评估对象，用所需的全部成本减去评估对象的实体性、功能性和经济性陈旧贬值后的差额，以其作为评估对象现时价值的方法。

二手车鉴定评估机构：从事二手车鉴定评估经营活动的第三方服务机构。二手车鉴定评估师与高级二手车鉴定评估师：分别指依法取得二手车鉴定评估师、高级二手车鉴定评估师国家职业资格的人员。

4. 二手车鉴定评估机构条件和要求

①场所。经营面积不少于200㎡。

②设施设备。具备汽车举升设备；车辆故障信息读取设备、车辆结构尺寸检测工具或设备；具备车辆外观缺陷测量工具、漆面厚度检测设备；具备照明工具、照相机、螺丝刀、扳手等常用操作工具。

③人员。具有3名以上二手车鉴定评估师，1名以上高级二手车鉴定评估师。

④其他。具备电脑等办公设施，具备符合国家有关规定的消防设施。

二、二手车鉴定评估过程

1. 二手车鉴定评估程序

（1）二手车鉴定评估作业流程

二手车鉴定评估机构开展二手车鉴定评估经营活动按图8-2流程作业，并按本章附录四填写二手车鉴定评估作业表。二手车经销、拍卖、经纪等企业开展业务涉及二手车鉴定评估活动的，参照图8-2有关内容和顺序作业，即查验可交易车辆——登记基本信息——判别事故车——鉴定技术状况，并参照附录三填写二手车技术状况表。

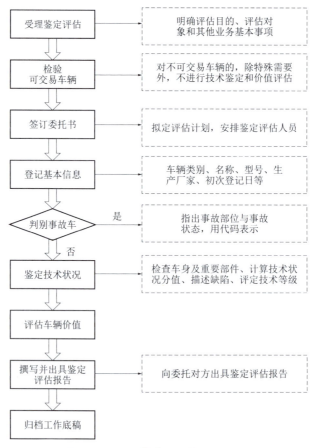

图8-2　二手车鉴定评估作业流程

（2）受理鉴定评估

了解委托方及其车辆的基本情况，明确委托方要求，主要包括委托方要求的评估目的、评估基准日、期望完成评估的时间等；

（3）查验可交易车辆

①查验机动车登记证书、行驶证、有效机动车安全技术检验合格标志、车辆购置税完税证明、车船使用税缴付凭证、车辆保险单等法定证明、凭证是否齐全，并按照表一检查所列项目是否全部判定为"Y"。可交易车辆判别表见表8-1。

表8-1 可交易车辆判别表

序号	检查项目	判别
1	是否达到国家强制报废标准	Y 否　　N 是
2	是否为抵押期间或海关监管期间	Y 否　　N 是
3	是否为人民法院、检察院、行政执法等部门依法查封、扣押期间的车辆	Y 否　　N 是
4	是否为通过盗窃、抢劫、诈骗等违法犯罪手段获得的车辆	Y 否　　N 是
5	发动机号与机动车登记证书登记号码是否一致，且无凿改痕迹	Y 是　　N 否
6	车辆识别代号或车架号码与机动车登记证书登记号码是否一致，且无凿改痕迹	Y 是　　N 否
7	是否走私、非法拼组装车辆	Y 否　　N 是
8	是否法律法规禁止经营的车辆	Y 否　　N 是

②如发现上述法定证明、凭证不全、或表一检查项目任何一项判别为"N"的车辆，应告知委托方，不需继续进行技术鉴定和价值评估（司法机关委托等特殊要求的除外）。

③发现法定证明、凭证不全，或者表一中第1项、4项至8项任意一项判断为"N"的车辆应及时报告公安机关等执法部门。

（4）签订委托书

对相关证照齐全、表8-1检查项目全部判别为"Y"的，或者司法机关委托等特殊要求的车辆，按本章附录1签署二手车鉴定评估委托书。

（5）登记基本信息

①登记车辆使用性质信息，明确营运与非营运车辆。

②登记车辆基本情况信息，包括车辆类别、名称、型号、生产厂家、初次登记日期、表征行驶里程等。如果表征行驶里程如与实际车况明显不符，应在《二手车鉴定评估报告》或二手车技术状况表有关技术缺陷描述时予以注明。

（6）判别事故车

①参照图8-3所示车体部位，按照表8-2要求检查车辆外观，判别车辆是否发生过碰撞、火烧，确定车体结构是完好无损或者有事故痕迹。

②使用漆面厚度检测设备配合对车体结构部件进行检测；使用车辆结构尺寸检测工具或设备检测车体左右对称性。

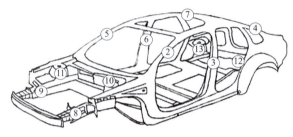

2—左A柱；　　6—右B柱；　　10—左减震器悬挂部位；
3—左B柱；　　7—右C柱；　　11—右减震器悬挂部位；
4—左C柱；　　8—左纵梁；　　12—左后减震器悬挂部位；
5—右A柱；　　9—右纵梁；　　13—右后减震器悬挂部位。

图 8－3　车体结构示意图

③根据表 8－2、表 8－3 对车体状态进行缺陷描述。即：车身部位 + 状态。例：4SH，即：左C柱有烧焊痕迹。

④当表 8－2 中任何一个检查项目存在表 8－3 中对应的缺陷时，则该车为事故车。

⑤事故车的车辆技术鉴定和价值评估不在本规范的范围之内。

表 8－2　车体部位代码表

序号	检查项目	序号	检查项目
1	车体左右对称性	8	左前纵梁
2	左 A 柱	9	右前纵梁
3	左 B 柱	10	左前减震器悬挂部位
4	左 C 柱	11	右前减震器悬挂部位
5	右 A 柱	12	左后减震器悬挂部位
6	右 B 柱	13	右后减震器悬挂部位
7	右 C 柱		

表 8－3　车辆缺陷状态描述对应表

代表字母	BX	NQ	GH	SH	ZZ
缺陷描述	变形	扭曲	更换	烧焊	褶皱

（7）鉴定车辆技术状况

①按照车身、发动机舱、驾驶舱、启动、路试、底盘等项目顺序检查车辆技术状况。

②根据检查结果确定车辆技术状况的分值。总分值为各个鉴定项目分值累加，即鉴定总

分 = Σ项目分值，满分 100 分。

③根据鉴定分值，按照表四确定车辆对应的技术等级。

车辆技术状况等级分值对应表见表 8-4。

表 8-4　车辆技术状况等级分值对应表

技术状况等级	分值区间
一级	鉴定总分 ≥ 90
二级	60 ≤ 鉴定总分 < 90
三级	20 ≤ 鉴定总分 < 60
四级	鉴定总分 < 20
五级	事故车

（8）评估车辆价值

①根据按照车辆有关情况，确立估值方法，并对车辆价值进行估算。

②估值方法选用原则：一般情况下，推荐选用现行市价法；在无参照物、无法使用现行市价法的情况下，选用重置成本法。

③现行市价法的运用方法：评估价值为相同车型、配置和相同技术状况鉴定检测分值的车辆近期的交易价格；如无参照，可从本区域本月内的交易记录中调取相同车型、相近分值，或从相邻区域的成交记录中调取相同车型、相近分值的成交价格，并结合车辆技术状况鉴定分值加以修正。

④当无任何参照体时，使用重置成本法计算车辆价值。

车辆评估价值 = 更新重置成本 × 综合成新率

a. 更新重置成本为相同型号、配置的新车在评估基准日的市场零售价格；

b. 综合成新率由技术鉴定成新率与年限成新率组成，即：

综合成新率 = 年限成新率 × α + 技术鉴定成新率 × β。其中，年限成新率 = 预计车辆剩余使用年限/车辆使用年限（乘用车使用年限 15 年，超过 15 年的按实际年限计算；有年限规定的车辆、营运车辆按实际要求计算）；技术鉴定成新率 = 车辆技术状况分值/100；α、β 分别为技术鉴定成新率与年限成新率系数。由评估人员根据市场行情等因素确定，且 α + β = 1。

技术鉴定成新率 × β，相当于实体性陈旧贬值与功能性陈旧贬值后，车辆剩余的价值率；年限成新率 × α，相当于经济性陈旧贬值后，车辆剩余的价值率。

（9）撰写及出具鉴定评估报告

①根据车辆技术状况鉴定等级和价值评估结果等情况，按照附录二要求撰写《二手车鉴定评估报告》，做到内容完整、客观、准确，书写工整。

②按委托书要求及时向客户出具《二手车鉴定评估报告》，并由鉴定评估人与复核人签章、鉴定评估机构加盖公章。

（10）归档工作底稿

将《二手车鉴定评估报告》及其附件与工作底稿独立汇编成册，存档备查。档案保存一般不低于5年；鉴定评估目的涉及财产纠纷的，其档案至少应当保存10年；法律法规另有规定的，从其规定。

2. 正常车辆技术状况鉴定有关要求

（1）车身

①参照图8-4标示，按照表8-5、表8-6要求检查26个项目，程度为1的扣0.5分，每增加1个程度加扣0.5分。共计20分，扣完为止。轮胎部分需高于程度4的标准，不符合标准扣1分。

②使用车辆外观缺陷测量工具与漆面厚度检测检测仪器结合目测法对车身外观进行检测。

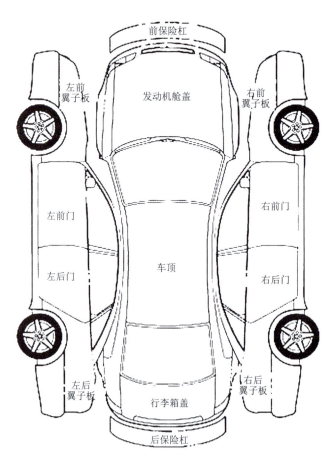

图8-4 车身外观展开示意图

③根据表8-5、表8-6描述缺陷，车身外观项目的转义描述为：车身部位+状态+程度。

例：21XS2对应描述为：左后车门有锈蚀，面积为大于100mm×100mm，小于或等于200mm×300mm。

表8-5 车身外观部位代码对应表

代码	部位	代码	部位
14	发动机舱盖表面	27	后保险杠
15	左前翼子板	28	左前轮
16	左后翼子板	29	左后轮
17	右前翼子板	30	右前轮
18	右后翼子板	31	右后轮
19	左前车门	32	前大灯
20	右前车门	33	后尾灯
21	左后车门	34	前挡风玻璃
22	右后车门	35	后挡风玻璃
23	行李箱盖	36	四门风窗玻璃
24	行李箱内侧	37	左后视镜
25	车顶	38	右后视镜
26	前保险杠	39	轮胎

表8-6 车身外观状态描述对应表

代码	HH	BX	XS	LW	AX	XF
描述	划痕	变形	锈蚀	裂纹	凹陷	修复痕迹

程度：

1——面积小于或等于100mm×100mm；

2——面积大于100mm×100mm并小于或等于200mm×300mm；

3——面积大于200mm×300mm；

4——轮胎花纹深度小于1.6mm。

（2）发动机舱

按表8-7要求检查10个项目。选择A不扣分，第40项选择B或C扣15分；第41项选择B或C扣5分；第44项选择B扣2分，选择C扣4分；其余各项选择B扣1.5分，选择C扣3分。共计20分，扣完为止。

如检查第40项时发现机油有冷却液混入、检查第41项时发现缸盖外有机油渗漏，则应在《二手车鉴定评估报告》或《二手车技术状况鉴定书》的技术状况缺陷描述中分别予以注明，并提示修复前不宜使用。

表8-7 发动机舱检查项目作业表

序号	检查项目	A	B	C
40	机油有无冷却液混入	无	轻微	严重

续表

序号	检查项目	A	B	C
41	缸盖外是否有机油渗漏	无	轻微	严重
42	前翼子板内缘、水箱框架、横拉梁有无凹凸或修复痕迹	无	轻微	严重
43	散热器格栅有无破损	无	轻微	严重
44	蓄电池电极桩柱有无腐蚀	无	轻微	严重
45	蓄电池电解液有无渗漏、缺少	无	轻微	严重
46	发动机皮带有无老化	无	轻微	严重
47	油管、水管有无老化、裂痕	无	轻微	严重
48	线束有无老化、破损	无	轻微	严重
49	其他	只描述缺陷，不扣分		

（3）驾驶舱

按表8-8要求检查15个项目。选择A不扣分，第50项选择C扣1.5分；第51、52项选择C扣0.5分；其余项目选择C扣1分。共计10分，扣完为止。

如检查第60项时发现安全带结构不完整或者功能不正常，则应在《二手车鉴定评估报告》或《二手车技术状况鉴定书》的技术状况缺陷描述中予以注明，并提示修复或更换前不宜使用。

表8-8 驾驶舱检查项目作业表

序号	检查项目	A	C
50	车内是否无水泡痕迹	是	否
51	车内后视镜、座椅是否完整、无破损、功能正常	是	否
52	车内是否整洁、无异味	是	否
53	方向盘自由行程转角是否小于15度	是	否
54	车顶及周边内饰是否无破损、松动及裂缝和污迹	是	否
55	仪表台是否无划痕，配件是否无缺失	是	否
56	排挡把手柄及护罩是否完好、无破损	是	否
57	储物盒是否无裂痕，配件是否无缺失	是	否
58	天窗是否移动灵活、关闭正常	是	否
59	门窗密封条是否良好、无老化	是	否
60	安全带结构是否完整、功能是否正常	是	否
61	驻车制动系统是否灵活有效	是	否
62	玻璃窗升降器、门窗工作是否正常	是	否
63	左、右后视镜折叠装置工作是否正常	是	否
64	其他	只描述缺陷，不扣分	

（4）启动

按表8-9要求检查10个项目。选择A不扣分，第65、66项选择C扣2分；第67项选择C扣1分；第68至71项，选择C扣0.5分；第72、73项选择C扣10分。共计20分，扣完为止。如检查第66项时发现仪表板指示灯显示异常或出现故障报警，则应查明原因，并在《二手车鉴定评估报告》或《二手车技术状况鉴定书》的技术状况缺陷描述中予以注明。优先选用车辆故障信息读取设备对车辆技术状况进行检测。

表8-9 启动检查项目作业表

序号	检查项目	A	C
65	车辆启动是否顺畅（时间少于5秒，或一次启动）	是	否
66	仪表板指示灯显示是否正常，无故障报警	是	否
67	各类灯光和调节功能是否正常	是	否
68	泊车辅助系统工作是否正常	是	否
69	制动防抱死系统（ABS）工作是否正常	是	否
70	空调系统风量、方向调节、分区控制、自动控制、制冷工作是否正常	是	否
71	发动机在冷、热车条件下怠速运转是否稳定	是	否
72	怠速运转时发动机是否无异响，空挡状态下逐渐增加发动机转速，发动机声音过渡是否无异响	是	否
73	车辆排气是否无异常	是	否
74	其他	只描述缺陷，不扣分	

（5）路试

按表8-10要求检查10个项目。选择A不扣分，选择C扣2分。共计15分，扣完为止。

如果检查第80项时发现制动系统出现刹车距离长、跑偏等不正常现象，则应在《二手车鉴定评估报告》或《二手车技术状况表》的技术缺陷描述中予以注明，并提示修复前不宜使用。

表8-10 路试检查项目作业表

序号	检查项目	A	C
75	发动机运转、加速是否正常	是	否
76	车辆启动前踩下制动踏板，保持5~10秒钟，踏板无向下移动的现象	是	否
77	踩住制动踏板启动发动机，踏板是否向下移动	是	否
78	行车制动系最大制动效能在踏板全行程的4/5以内达到	是	否
79	行驶是否无跑偏	是	否
80	制动系统工作是否正常有效、制动不跑偏	是	否
81	变速箱工作是否正常、无异响	是	否
82	行驶过程中车辆底盘部位是否无异响	是	否
83	行驶过程中车辆转向部位是否无异响	是	否

续表

序号	检查项目	A	C
84	其他	只描述缺陷，不扣分	

（6）底盘

按表 8-11 要求检查 8 个项目。选择 A 不扣分，第 85、86 项，选择 C 扣 4 分；第 87、88 项，选择 C 扣 3 分；第 89、90、91 项，选择 C 扣 2 分。共计 15 分，扣完为止。

表 8-11　底盘检查项目作业表

序号	检查项目	A	C
85	发动机油底壳是否无渗漏	是	否
86	变速箱体是否无渗漏	是	否
87	转向节臂球销是否无松动	是	否
88	三角臂球销是否无松动	是	否
89	传动轴十字轴是否无松旷	是	否
90	减震器是否无渗漏	是	否
91	减震弹簧是否无损坏	是	否
92	其他	只描述缺陷，不扣分	

（7）功能性零部件

对表 8-12 所示部件功能进行检查。结构、功能坏损的，直接进行缺陷描述，不计分。

表 8-12　车辆功能性零部件项目表

序号	类别	零部件名称	序号	类别	零部件名称
93	车身外部件	发动机舱盖锁止	105	随车附件	备胎
94		发动机舱盖液压撑杆	106		千斤顶
95		后门/后备箱液压支撑杆	107		轮胎扳手及随车工具
96		各车门锁止	108		三角警示牌
97		前后雨刮器	109		灭火器
98		立柱密封胶条	110		全套钥匙
99		排气管及消音器	111	其他	遥控器及功能
100		车轮轮毂	112		喇叭高低音色
101	驾驶舱内部件	车内后视镜	113		玻璃加热功能
102		座椅调节及加热			
103		仪表板出风管道			
104		中央集控			

（8）拍摄车辆照片

①外观图片。分别从车辆左前部与右后部45度角拍摄外观图片各1张。拍摄外观破损部位带标尺的正面图片1张。

②驾驶舱图片。分别拍摄仪表台操纵杆、前排座椅、后排座椅正面图片各1张，拍摄破损部位带标尺的正面图片1张。

③拍摄发动机舱图片1张。

3. 二手车鉴定评估机构经营管理

①有规范的名称、组织机构、固定场所和章程，遵守国家有关法律、法规及行规行约，客观公正地开展二手车鉴定评估业务。

②在经营场所明显位置悬挂二手车鉴定评估机构核准证书和营业执照等证照，张贴二手车鉴定评估流程和收费标准。

③二手车鉴定评估人员应严格遵守职业道德、职业操守和执业规范。

④开展二手车鉴定评估活动应坚持客观、独立、公正、科学的原则，按照关联回避原则，回避与本机构、评估人有关联的当事人委托的鉴定评估业务。

⑤建立内部培训考核制度，保证鉴定评估人员职业素质和鉴定评估工作质量。

⑥建立和完善二手车鉴定评估档案制度，并根据评估对象及有关保密要求，合理确定适宜的建档内容、档案查阅范围和保管期限。

附录一 二手车鉴定评估委托书（示范文本）

委托书编号：_____

委托方名称（姓名）：　　　　　　　　法人代码证（身份证）号：
鉴定评估机构名称：　　　　　　　　　法人代码证：
委托方地址：　　　　　　　　　　　　鉴定评估机构地址：
联系人：　　　　　　　　　　　　　　电话：

因 □交易 □典当 □拍卖 □置换 □抵押 □担保 □咨询 □司法裁决需要，委托人与受托人达成委托关系，号牌号码为_____，车辆类型为_____，车架号（VIN码）为_____的车辆进行技术状况鉴定并出具评估报告书，_____年____月_____日前完成。

委托评估车辆基本信息

				营运 □	
车辆情况	厂牌型号		使用用途	非营运 □	
	总质量/座位/排量		燃料种类		
	初次登记日期	年　月　日	车身颜色		
	已使用年限	年　个月	累计行驶里程/万公里		

续表

车辆情况	大修次数	发动机/次		整车/次	
	维修情况				
	事故情况				
价值反映	购置日期	年　月　日		原始价格/元	
备注：					

委托方：（签字、盖章）　　　　　　　　　受托方：（签字、盖章）

（二手车鉴定评估机构盖章）

年　月　日　　　　　　　　　　　　　　　年　月　日

1. 委托方保证所提供的资料客观真实，并负法律责任。
3. 仅对车辆进行鉴定评估。
4. 评估依据：《机动车运行安全技术条件》《二手车鉴定评估技术规范》等。
5. 评估结论仅对本次委托有效，不做它用。
6. 鉴定评估人员与有关当事人没有利害关系。
7. 委托方如对评估结论有异议，可于收到《二手车鉴定评估报告》之日起10日内向受托方提出，受托方应给予解释。

附录二　二手车鉴定评估报告（示范文本）

××××鉴定评估机构评报字（20　　年）第××号

一、绪言

＿＿＿＿＿＿（鉴定评估机构）接受＿＿＿＿＿＿的委托，根据国家有关评估及《二手车流通管理办法》和《二手车鉴定评估技术规范》的规定，本着客观、独立、公正、科学的原则，按照公认的评估方法，对牌号为＿＿＿＿＿＿的车辆进行了鉴定。本机构鉴定评估人员按照必要的程序，对委托鉴定评估的车辆进行了实地查勘与市场调查，并对其在＿＿＿＿＿＿年＿＿＿＿＿＿月＿＿＿＿＿＿日所表现的市场价值做出了公允反映。现将该车辆鉴定评估结果报告如下：

二、委托方信息

委托方：＿＿＿＿＿＿＿＿＿＿　　　　委托方联系人：＿＿＿＿＿＿＿＿＿＿

联系电话：_____ 车主姓名/名称：（填写机动车登记证书所示的名称）_____

三、鉴定评估基准日　　_____年_____月_____日

四、鉴定评估车辆信息

厂牌型号：_____　牌照号码：_____
发动机号：_____　车辆 VIN 码：_____
车身颜色：_____　表征里程：_____　初次登记日期：_____
年审检验合格至：_____年_____月　交强险截止日期：_____年_____月
车船税截止日期：_____年_____月
是否查封、抵押车辆：□是 □否　车辆购置税（费）证：□有 □无
机动车登记证书：　□有 □无　机动车行驶证：　□有 □无
未接受处理的交通违法记录：□有 □无
使用性质：□公务用车 □家庭用车 □营运用车 □出租车 □其他：_____

五、技术鉴定结果

技术状况缺陷描述：_____
_____
重要配置及参数信息：_____
技术状况鉴定等级：_____　等级描述：_____

六、价值评估

价值估算方法：□现行市价法 □重置成本法 □其他_____
价值估算结果：车辆鉴定评估价值为人民币_____元，金额大写：_____

七、特别事项说明[1]

八、鉴定评估报告法律效力

本鉴定评估结果可以作为作价参考依据。本项鉴定评估结论有效期为 90 天，自鉴定评估基准日至　　年　　月　　日止；

九、声明：

（1）本鉴定评估机构对该鉴定评估报告承担法律责任；

（2）本报告所提供的车辆评估价值为评估基准日的价值；

（3）该鉴定评估报告的使用权归委托方所有，其鉴定评估结论仅供委托方为本项目鉴定评估目的使用和送交二手车鉴定评估主管机关审查使用，不适用于其他目的，否则本鉴定评估机构不承担相应法律责任；因使用本报告不当而产生的任何后果与签署本报告书的鉴定评估人员无关；

（4）本鉴定评估机构承诺，未经委托方许可，不将本报告的内容向他人提供或公开，否则本鉴定评估机构将承担相应法律责任。

附件：

一、二手车鉴定评估委托书
二、二手车技术状况鉴定作业表
三、车辆行驶证、机动车登记证书证复印件

四、被鉴定评估二手车照片（要求外观清晰，车辆牌照能够辨认）

二手车鉴定评估师（签字、盖章）　　　　　　　复核人[2]（签字、盖章）

　　　　　年　　月　　日　　　　　　　（二手车鉴定评估机构盖章）

　　　　　　　　　　　　　　　　　　　　　　年　　月　　日

[1] 特别事项是指在已确定鉴定评估结果的前提下，鉴定评估人员认为需要说明在鉴定过程中已发现可能影响鉴定评估结论，但非鉴定评估人员执业水平和能力所能鉴定评定估算的有关事项以及其他问题。

[2] 复核人是指具有高级二手车鉴定评估师资格的人员。

备注：
1. 本报告书和作业表一式三份，委托方二份，受托方一份；
2. 鉴定评估基准日即为《二手车鉴定评估委托书》签订的日期。

附录三　二手车技术状况表（示范文本）

车辆基本信息	厂牌型号			牌照号码		
	发动机号			VIN 码		
	初次登记日期	年　月　日		表征里程	万公里	
	品牌名称		□国产　□进口	车身颜色		
	年检证明	□有（至__年__月）□无		购置税证书	□有　□无	
	车船税证明	□有（至__年__月）□无		交强险	□有（至__年__月）□无	
	使用性质	□营运用车　□出租车　□公务用车　□家庭用车　□其他				
	其他法定凭证、证明	□机动车号牌　□机动车行驶证　□机动车登记证书　□第三者强制保险单　□其他				
	车主名称/姓名			企业法人证书代码/身份证号码		
重要配置	燃料标号		排量		缸数	
	发动机功率		排放标准		变速器形式	
	气囊		驱动方式		ABS	□有　□无
	其他重要配置					
是否为事故车	□是　□否	损伤位置及损伤状况				
鉴定结果	分值			技术状况等级		

续表

	鉴定科目	鉴定结果（得分）	缺陷描述
车辆技术状况鉴定缺陷描述	车身检查		
	发动机检查		
	车内检查		
	启动检查		
	路试检查		
	底盘检查		

二手车鉴定评估师：_____　　鉴定单位：(盖章)_____

鉴定日期：_____年_____月_____日

声明：

本二手车技术状况表所体现的鉴定结果仅为鉴定日期当日被鉴定车辆的技术状况表现与描述，若在当日内被鉴定车辆的市场价值或因交通事故等原因导致车辆的价值发生变化，对车辆鉴定结果产生明显影响时，本技术状况鉴定说明书不作为参考依据。

说明：

本二手车技术状况表由二手车经销企业、拍卖企业、经纪企业使用，作为二手车交易合同的附件。车辆展卖期间，放置在驾驶室前风挡玻璃左下方，供消费者参阅。

同步测试

项目八　二手车流通政策法规